अरविन्द मोहन

अरविन्द मोहन हिन्दी पत्रकारिता का एक परिचित नाम है ज़ो जनसत्ता, हिन्दुस्तान, इंडिया टुडे (हिन्दी) और अमर उजाला के विभिन्न पदों पर रहते हुए गम्भीर लेखन और अध्ययन आधारित ज्ञान के लिये जाने जाते हैं। आजकल वे एबीपी न्यूज समेत कई चैनलों पर राजनैतिक विश्लेषण करने के साथ अध्यापन और लेखन करते हैं। वे दिल्ली विश्वविद्यालय और जामिया मिलिया समेत कई स्थानों पर अतिथि अध्यापक के तौर पर जुड़े हैं। पिछले दिनों वे महात्मा गांधी अंतरराष्ट्रीय हिंदी विश्वविद्यालय में अतिथि लेखक थे।

अरविन्द मोहन ने पत्रकारिता और अध्यापन के सांथ खूब लेखन और अनुवाद भी किए हैं। पिछले काफी समय से वे गांधीं के चम्पारण सत्याग्रह से जुड़े तथ्यों का अध्ययन कर रहे थे जिस पर उनकी कई किताबें आई हैं। यह किताब भी उनके अध्ययन और समझ को अच्छी तरह बताती है जो पंजाब गए बिहारी मजदूरों के जीवन-संघर्ष पर आधारित है।

बिहारी मजदूरों की पीड़ा

पंजाब गए मजदूरों से जुड़ा अध्ययन

अरविन्द मोहन

राधाकृष्ण पेपरबैक्स

राधाकृष्ण पेपरबैक्स में
पहला संस्करण : 2017

राधाकृष्ण पेपरबैक्स : उत्कृष्ट साहित्य के जनसुलभ संस्करण

राधाकृष्ण प्रकाशन प्राइवेट लिमिटेड
7/31, अंसारी मार्ग, दरियागंज
नई दिल्ली–110 002
द्वारा प्रकाशित

शाखाएँ : अशोक राजपथ, साइंस कॉलेज के सामने, पटना–800 006
पहली मंजिल, दरबारी बिल्डिंग, महात्मा गांधी मार्ग, इलाहाबाद–211 001
36 ए, शेक्सपियर सरणी, कोलकाता–700 017

वेबसाइट : www.radhakrishanprakashan.com
ई–मेल : info@radhakrishanprakashan.com

बी.के. ऑफसेट
नवीन शाहदरा, दिल्ली–110 032
द्वारा मुद्रित

मूल्य : ₹195

BIHARI MAZDOORON KI PEEDA
by Arvind Mohan

ISBN : 978-81-8361-847-2

स्वर्गीय पिता शम्भुनाथ मिश्र
की याद को सादर समर्पित

प्रस्तावना

प्रिय साथी,

बिहार के प्रवासी मजदूरों का पंजाब से गहरा रिश्ता रहा है। हरित क्रांति के बाद 70 के दशक में बिहार और पूर्वी उत्तर प्रदेश के मजदूर धान की खेती करने थोड़े समय के लिए पंजाब जाते थे। हालाँकि उत्तरोत्तर यह संख्या बढ़ती गई और खेती के अलावा यह मजदूर गृह निर्माण और खासकर लुधियाना की फैक्ट्रियों में काम करने जाने लगे। साथ ही पंजाब के युवाओं के अमरीका, कनाडा, जर्मनी और पश्चिमी यूरोप के अन्य देशों में पलायन से पंजाब की पूरी अर्थव्यवस्था बिहारी और पूर्वांचली मजदूरों पर आश्रित हो गई। यह बात लुधियाना के एक सिनेमाघर में भोजपुरी फ़िल्म के प्रदर्शन (2007) में हुए बम विस्फोट से और स्पष्ट हुई जिसमें 8 से 10 प्रवासी मजदूर मारे गए जिसके बाद काफी संख्या में प्रवासी मजदूर अपने प्रदेश लौट गए। इससे पंजाब की अर्थव्यवस्था और उत्पादन पर काफी ऋणात्मक प्रभाव पड़ा था। प्रवासी मजदूरों ने पंजाब के समाज और उसकी अर्थव्यवस्था पर काफी असर डाला है यहाँ तक कि उनके रहन-सहन पर भी। इन्होंने पंजाब के राजनीतिक जीवन में भी हस्तक्षेप किया है। पंजाब जाने से बिहारी मजदूरों की आमदनी बेहतर हुई और कुछ मजदूर जो वहाँ बस गए उनके जीवन में सुधार आया। लेकिन ज़्यादातर बिहारी मजदूर और पूर्वांचली मजदूर अभी भी बहुत अच्छी स्थिति में नहीं हैं।

श्री अरविन्द मोहन जी की यह किताब पंजाब में बिहारी मजदूरों की पीड़ा दिखाती है। श्री अरविन्द मोहन काफी लम्बे समय से इस विषय पर पड़ताल करते रहे हैं और आशा है कि उनकी किताब राज्य सरकारों और खासकर बिहार और पंजाब की सरकारों का ध्यान आकृष्ट करेगी।

पैरवी मानवाधिकार, लोकतंत्र और बेहतर शासन के विश्वव्यापी मूल्यों को प्रोत्साहित करने के प्रति अपनी प्रतिबद्धता प्रदर्शित करती रही

है। हम एक ऐसे न्याय संगत और समतामूलक समाज की स्थापना की वकालत करते हैं, जो भेदभाव रहित और व्यक्ति के अधिकारों के सम्मान पर आधारित हो। हम प्रवासी मजदूरों की बेहतरी, उनके अधिकारों की रक्षा और गरिमापूर्ण जीवन की वकालत करते रहे हैं।

यह पुस्तक हमारे इसी प्रयास की एक कड़ी है। आशा है हमारा यह प्रयास आपको पसंद आएगा।

धन्यवाद

—अजय झा

निदेशक

पैरवी, नई दिल्ली

नए संस्करण की भूमिका

यह किताब करीब बीस साल पहले छपी थी। उससे भी तीन-चार साल पहले के.के. बिडला फाउंडेशन की शोधवृत्ति के तहत यह अध्ययन किया गया था। कई संस्करण आए पर अब यह किताब अनुपलब्ध थी। इस बीच अपने यहाँ भी और दुनिया में भी मजदूरों के पलायन और प्रवासी बनकर नई जगह और वहाँ की अर्थव्यवस्था में योगदान करने की बढ़ती प्रवृत्ति को लेकर काफी अध्ययन हुए हैं और चर्चा हुई है। बल्कि आज तो यह सिद्धान्त ही गढ़ा जाता है कि जिस अनुपात में मजदूरों का पलायन होगा उसी अनुपात में आर्थिक विकास तेज होगा। इस हिसाब से और मजदूरों, खासकर बिहारी और पुरबिया मजदूरों के बढ़ते पलायन के सन्दर्भ में इस किताब की माँग बनी हुई है। पर बीस साल बाद भी पुराने आँकड़ों और सन्दर्भों के साथ ही नया रिप्रिंट लाना अच्छा नहीं लगता। कई दूसरी व्यस्तताओं और आँकड़ों को नया करने से लेकर इस अध्ययन वाले गाँवों और मजदूरों के प्रवास वाले ठिकानों को फिर से देख-ज़ानकर जरूरी बदलाव करने में लगने वाले साधनों की चिन्ता से यह काम टलता जा रहा था। अच्छी बात यह है कि अब इसका संशोधित संस्करण तैयार है और आपके सामने प्रस्तुत है। कई चीजों के साथ पुराने शीर्षक में भी एक शब्द का बदलाव उपयुक्त लगा, जिसका पहला सुझाव लेखक के वरिष्ठ और घनिष्ठ स्व. अशोक सेकसरिया जी ने दिया था और जो तब से मन में बसा था। इस बार 'प्रवासी' की जगह 'बिहारी' शब्द ला दिया गया है।

पर जितना बदलाव किताब या इसके शीर्षक में हुआ है उससे ज्यादा बदलाव प्रवासी मजदूरों के अपने गाँव-घर में, उनके प्रवास के प्रदेश और ठिकानों में, पलायन की कुल मात्रा या आकार-प्रकार में, पलायन की दिशा में और इन सबसे बढ़कर सरकार की नीतियों में हुआ है। इस बीच भूमंडलीकरण के चलते दुनिया भी वह नहीं रही पर इस मुहिम की सफलता-असफलता के बाद अब जो कठित राष्ट्रवाद या नई घेरेबन्दियाँ दुनिया भर में उभरने लगी हैं, उन सबका भी पलायन और मजदूरों की वैश्विक आवाजाही पर ही नहीं पूरी दुनिया की अर्थव्यवस्था पर असर पड़ने वाला है, पड़ रहा है। युरोपीय युनियन बनकर भी संकट में पड़ा है क्योंकि एक मुद्रा जैसी दिखावटी रिश्तेदारी के बावजूद गरीब देशों के मजदूरों की

बेरोकटोक आवाजाही ही नहीं सुविधाजनक आवाजाही (वीसा-पासपोर्ट से ही) नहीं हो पा रही है। जब गरीब देश अपने मानव संसाधन का भी इस्तेमाल नहीं कर पाएगा तो क्या खाएगा, सामाजिक योजनाओं पर क्या खर्च करेगा। अब तो उदारता और आजादी का प्रतीक रहे अमेरिका में भी डोनाल्ड ट्रम्प दीवारें ऊँची करने में जुट गए हैं। और वे अकेले भी नहीं हैं। दुनिया में आज एक उल्टी धारा भी बहती दिखती है।

पर दुनिया में अमीरी-गरीबी का फासला शायद सबसे ज्यादा रफ्तार से बढ़ता जा रहा है। गरीब देश और अमीर देश, गरीब इलाके और अमीर इलाके, अमीर लोगों और गरीब लोगों के बीच का अन्तर बढ़ता ही गया है। एक फीसदी आबादी के पास किसी देश की या दुनिया की कितनी सम्पदा आ गई है यह आँकड़ा हर साल बदल रहा है।

और हम यह भी देखते हैं कि विज्ञान के नियम समाज के मामले में वही काम नहीं करते जो सामान्य भौतिक स्थितियों में करते हैं। हम जानते हैं कि पानी या किसी तरल के दो स्तरों को आपस में जोड़ दिया जाए तो ऊँचाई वाले पात्र या जगह से तरल/पानी नीचाई वाली जगह की तरफ आ जाता है और जब दोनों का स्तर समान हो जाता है तब आवाजाही थम जाती है। तापमान की अदला-बदली भी इसी तरह उच्च तापमान से निम्न तापमान की तरफ होती है। पर अमीरी-गरीबी के मामले में उल्टा होता है—इस जुड़ाव से अमीर देश, अमीर इलाका, अमीर व्यक्ति और अमीर होता जाता है, गरीब ज्यादा गरीब। जाहिर है पलायन और प्रवासी मजदूरों के बारे में भी अनुभव यही है। सो अगर इस लेखक ने बीस साल पहले पंजाब और बिहार के बीच एक रिश्ता देखा था तो आज वह ज्यादा मजबूत हुआ है लेकिन इससे न तो बिहार का खजाना भरा है न पलायन करने वाले बिहारी मजदूरों की स्थिति। उल्टे सुशासन के सारे दावे के बावजूद मजदूरों का पलायन न सिर्फ जारी है बल्कि बढ़ा भी है। पर जाहिर तौर पर कई चीजें बदली हैं। इसमें इन इलाकों और परिवारों की आर्थिक स्थिति भी शामिल है जहाँ से ज्यादा मजदूर निकले हैं। पर यह भी हुआ है कि उनके जाने की दिशा बदली है। कभी वे कलकत्ता और असम जाते थे, फिर पंजाब, दिल्ली, हरियाणा, कश्मीर की तरफ दिशा हुई। इन दो इलाकों में प्रवासी मजदूर कुल मिलाकर कम होने की जगह बढ़े हैं। पर अब बिहार या झारखंड, पश्चिम बंगाल और ओडिसा के आदिवासी अंचल से निकलने वाले मजदूरों के जाने की दिशा उत्तर की जगह पश्चिम और दक्षिण हुई है। आज बड़े मजे से केरल की स्थानीय बसों में हिन्दी में लिखी पट्टियाँ दिख जाती हैं—वहाँ के सस्ते होटलों में बिहार-बंगाल के व्यंजन दिख जाएँगे। तमिलनाडु, कर्नाटक, आन्ध्र के दूरदराज के इलाकों में भी निर्माण वाली जगहों पर बिहारी मजदूरों का डेरा दिख जाएगा। सूरत के प्लेग के समय जाहिर हुआ कि वहाँ कितने बिहारी मजदूर काम करते हैं।

महाराष्ट्र में कई पार्टियों की राजनीति आज प्रवासी पुरबिया मजदूरों और छोटे कारोबारियों के खिलाफ आग उगलने पर ही चल रहा है।

पर जैसे ही वोट की बात आती है उनका भी स्वर बदलता है। सिर्फ वहीं क्यों आज तो दिल्ली, पंजाब, हरियाणा, असम, कोलकाता और मुम्बई में भी सभी प्रवासी मजदूर वोटरों को लुभाने में लग जाते हैं। कई बार यह भी लगता है कि अगर वोट का अधिकार न होता तो गन्दी बस्तियों, झुग्गी-झोपड़ियों और खुले आसमान के तले रहने वाले लाखों शहरी गरीबों, जो असल में गाँव-देहात से पलायन करके ही आए होते हैं, तो सचमुच के शहरी वहाँ रहने भी नहीं देते। पर मान-अपमान की परवाह से मुक्त इन लोगों ने अपने इस बुनियादी अधिकार का ढंग से प्रयोग करना सीख लिया है और इस चलते आज हर दल इनकी पूछ तो करता ही है उन नालायक बिहारी और पुरबिया नेताओं के भी भाव बढ़ जाते हैं जो अपने प्रदेश के लिए तो खास कुछ नहीं करते पर इस वोट बैंक के ठेकेदार होने का दावा करते हैं। वे प्रवासियों के ठिकानों पर जाते हैं और हर पार्टी उनकी सेवा लेना चाहती है। स्वामीनाथन अय्यर जैसे लोगों का मानना है कि 2014 के चुनाव में उन प्रवासी मजदूरों ने बिहार और पूर्वी उत्तर प्रदेश में नरेंद्र मोदी के लिए काफी जमीन तैयार की जो गुजरात में काम करते थे। उन्हे चुनाव के अवसर पर उनके गुजराती नियोक्ताओं ने बिहार-यूपी भेजा भी था।

और आज दिल्ली का चुनाव तो पूरी ही तरह पलट गया है। यहाँ की तीनों पार्टियों में सिर्फ पुरबिया या पहाड़ी, दक्षिण भारतीय और बंगाली वोटरों को लुभाने की होड़ ही नहीं लगी है आज इस जमात के लोगों को चुनाव लड़ाने, मंत्री पद देने और संगठन में ज्यादा महत्त्व देने का चलन भी शुरू हुआ है। मुम्बई में भी हर दल में एकाध बड़ा नेता पुरबिया हो चुका है। लुधियाना, जो इस लेखक के अध्ययन का एक केन्द्र रहा है, की चालीस लाख की आबादी में चौदह लाख प्रवासी होते ही सारे समीकरण बदल गए हैं। पंजाब के कई शहरी सीटों पर भी प्रवासी मजदूर चुनावी सन्तुलन झुकाने में सक्षम हो गए हैं। राष्ट्रीय राजधानी क्षेत्र के लगभग आधा दर्जन विधान सभा और तीन लोक सभा सीटों, जो उत्तर प्रदेश और हरियाणा में आते हैं, पुरबिया वोटर पर्याप्त प्रभावी हो चुके हैं। असम के कई इलाकों में कुली नाम से पहचाने जाने वाले वोटर काफी दिनों से बड़ी भूमिका निभा रहे हैं। पर वोटर कार्ड बनना और बनवाना बहुत बड़ी चीज है और अक्सर प्रवासी मजदूर इस पचड़े में नहीं पड़ता। जमीन लेकर बसना, परिवार लाना, राशन कार्ड और पहचान पत्र बनने का सवाल बहुत बाद में आता है और बहुत आसानी से नहीं होता।

पर इन्हीं 20-25 वर्षों में छठ पूजा ने इन पुरबिया मजदूरों में एक सांस्कृतिक एकता बनाने के साथ ही देश भर में एक सांस्कृतिक पहचान भी दी है। छठ इन मजदूरों के अपने इलाके का सबसे पुराना और सबसे महातम वाला व्रत है, पर

बीस-पच्चीस साल पहले तक बाहर वाला समाज इसके बारे में बहुत कम जानता था। और आम तौर पर पूरब के लोग इसे मनाने के लिए अपने गाँव जाना पसन्द करते थे। पर आज हर शहर, हर कस्बे में पानी के उपलब्ध ठिकानों पर छठ मनाते पुरबिया लोग दिख जाएँगे। यह चलन लालू-राबड़ी के छठ करने, ठाकरे खानदान के बौराए युवा नेताओं की धमकी और फिर बढ़े टीवी कवरेज (जिसके लिए सभी चैनलों में जमा पुरबिया स्टाफ भी जिम्मेदार है) ने इस पर्व को भी एक नया आयाम दिया है। और यह बंगालियों के दुर्गापूजा तथा मराठियों के गणेशपूजा जैसी स्थिति से भी आगे निकल गया है।

पर इस अवधि में बिहार भी बदला है और वह पंजाब भी जो काफी बड़ी संख्या में बिहारी मजदूरों को आकर्षित करता है। बिहार इस बीच बँट गया है। बिहार में पन्द्रह साल लालू-राबड़ी राज के बाद आए नीतीश राज ने चीजों को बदलने की कोशिश की। बार-बार बिहार के विकास दर को देश में सबसे ज्यादा माना गया तो नीतीश कुमार कई संस्थाओं द्वारा सबसे कुशल प्रशासक के तौर पर पुरस्कृत हुए। यह क्रम दशक भर से ज्यादा से चल रहा है पर अभी भी बिहार विकास के हर पैमाने पर सबसे नीचे ही बना हुआ है। कई चीजों में शासन दिखने लगा है पर ज्यादातर चीजों में अब भी सरकार की मौजूदगी नहीं दिखती। पर बिहार तो बदला है। सड़कों का हाल सुधरा है, बिजली जोड़ दी गई है, रहे न रहे। हर शहर में ही नहीं देहात तक में जेनेरेटर का धन्धा खूब फल-फूल रहा है। बिजली का भरोसा छोड़कर डीजल के भरोसे किसानों ने सारी खेती बदल दी है। ट्रैक्टर, थ्रैशर, पम्पसेट के जरिए ही खेती बदली है। प्रवासी की कमाई का भी इस बदलाव में योगदान है। बैल, हल, बैलगाड़ी तेजी से विदा हुए हैं तो गाय पालने, डेयरी को दूध बेचने और उससे जुड़ी अर्थव्यवस्था का जोर बढ़ा है। कमाई आई है तो गाँव-गाँव में दुकान और तरह-तरह की सेवाएँ शुरू हुई हैं। प्राइवेट स्कूल, बोतल और जार के पानी का चलन भी शुरू हुआ है। शहरीकरण तेज हुआ है। केबल/सेटेलाइट टीवी का जोर बढ़ा है। फोन का चलन सबसे तेजी से बढ़ा है। दारू का जोर तेज होकर अब बन्द पड़ा है। पर उद्योग-धन्धे नहीं शुरू हुए हैं। पचास लाइसेंस बँटने, मेमोरेंडम ऑफ अंडरस्टैंडिंग पर दस्तखत होते हैं पर दो योजनाएँ जमीन पर नहीं उतरती हैं। तब तक सरकार की तरफ से पलायन कम होने के दावे शुरू हो जाते हैं। अभी भी बाहर जाने वाले मजदूरों के पंजीकरण की बुनियादी जिम्मेदारी निभाना जरूरी नहीं माना जाता। जाहिर है अभी बिहार को पलायन रोकने या अपने बाहर गए लोगों में से कुछ को भी वापस बुलाने के लिए काफी कुछ करना बाकी है।

दूसरी ओर बीस-तीस वर्ष पहले पलायन के लिए आकर्षण रहे पंजाब की तेजी भी कम हुई है। पहले यह कहकर उसकी विकास की रफ्तार की गिरावट का कुछ बचाव कर लिया जाता था कि आतंकवाद के दौर ने उसका नुकसान कर दिया है।

पर वह दौर बीते भी जमाना हो गया और पूरे भूमंडलीकरण अभियान के दौर पर वही पंजाब पिछड़ता गया है जो हमारे यहाँ सबसे ज्यादा दुनिया से जुड़ा रहा है, जिसके लोगों की उद्यमशीलता के किस्से चलते हैं और जहाँ के लोग अपनी मेहनत और लगन के लिए जाने जाते हैं। इस दौर में भी पंजाब में पैसा आया है, जमीन काफी महँगी हुई है और जीवन बेहतर हुआ है, पर उस रफ्तार में नहीं जिसमें महाराष्ट्र, आन्ध्र, तमिलनाडु, कर्नाटक और गुजरात आगे बढ़े हैं। प्रति व्यक्ति आय में गोवा आगे बढ़ा है। खेती के विकास में हरियाणा और मध्यप्रदेश आगे बढ़े हैं। फल-सब्जी उगाने में हिमाचल और अब राजस्थान आगे बढ़ने लगा है। बल्कि अब ज्यादातर पैमानों पर हरियाणा पंजाब से आगे निकल गया है। पंजाब में हरित क्रान्ति के बाद औद्योगिक क्रान्ति तो नहीं ही हुई, नशे का धन्धा फलने-फूलने लगा। वहाँ दूसरे धन्धे भी बढ़े हैं। प्राइवेट स्कूल, अँगरेजी मीडियम स्कूल, ब्यूटी पार्लर का धन्धा खूब चला है। सरकारी स्कूलों में सारी सुविधाएँ आ गई हैं पर दलित बच्चों को छोड़कर बहुत कम ही लोग अपने बच्चों को वहाँ भेजते हैं।

पर पंजाब में प्रवासियों का आना और उन पर निर्भरता कम नहीं हुई है। उनकी संख्या में वृद्धि की रफ्तार कुछ कम पड़ी है पर कुल संख्या बढ़ती ही गई है। बीस साल पहले सबसे बड़े लुधियाना की जितनी कुल आबादी नहीं थी आज उतने प्रवासी मजदूर शहर की अर्थव्यवस्था में योगदान करते हैं। यह कहानी ज्यादातर शहरों और कस्बों की है। गाँवों में जरूर खेती को बढ़ाया नहीं जा सकता तो वहाँ संख्या कम बढ़ी है। लेकिन पंजाबी समाज का अपना बँटवारा और उन सबसे बढ़कर प्रवासी मजदूरों के प्रति व्यवहार बिगड़ता ही गया है। पंजाब में एक अजीब चीज देखने को मिल रही है। जिस तरह बिहार विधायक निधि, सांसद निधि और केन्द्र तथा राज्य सरकार की विभिन्न योजनाओं के सहारे सारी सड़कें, पुल-पुलिया बनवाने के दौर में है पंजाब उससे आगे निकल चुका है। वहाँ सड़क, पुल, स्कूल भवन, सामुदायिक भवन के बाद हर गाँव के श्मशान की बाउंड्री बनाने का दौर है। पर एक नहीं दो-दो श्मशान बन रहे हैं, बाकी समाज का एक और दलितों का दूसरा। पर दुखद सच्चाई यह है कि भैया मजदूरों को मरने के बाद इसमें से किसी में जगह नहीं मिल रही है। उन्हें अक्सर सड़क के किनारे या नदी-नालों के किनारे ही जगह नसीब होती है। अपमान और अलगाव की यह इंतिहा है।

पर मामला सिर्फ बिहार और पंजाब का या देश के विकास में इन दोनों राज्यों की स्थिति में आए बदलाव भर का नहीं है। इन बीस वर्षों में अन्तर राज्य पलायन कम करने या बढ़ाने या पलायन करने वालों के पंजीकरण से लेकर न्यूनतम सुरक्षा देने जैसे कदम भले न उठे हों पर जो नीतियाँ चली हैं उनका पलायन पर निश्चित असर हुआ है। उदारीकरण ने इस प्रक्रिया को तेज किया था तो उसके परिणामस्वरूप जो क्षेत्रीय गैर बराबरी बढ़ती गई है उसने इसे स्थायी भाव बनाया है। पर उन्हीं

सरकारों में से एक, यूपीए-1 ने ग्रामीण रोजगार गारंटी की योजना मनरेगा शुरू की तो उसके दो साफ प्रभाव दिखे—ग्रामीण मजदूरी में साफ वृद्धि और पलायन की रफ्तार में कमी। और इस साल के अर्थात 2016 के आर्थिक सर्वेक्षण में पहली बार पलायन पर विस्तार से चर्चा की गई है और इसमें हुई कमी को रेखांकित किया गया है। इसमें कहा गया है कि दूसरे राज्यों में जाकर काम करने वाले मजदूरों की संख्या 2013-14 में 94 लाख हो गई थी जो अब कम होकर 84 लाख रह गई है। एक तो यह आँकड़ा भी पूरा नहीं लगता और दूसरे गिरावट भी कम लगती है। हाल में हुई नोटबन्दी ने भी मजदूरों को वापस उनके गाँव भेजा है। इसकी खबरें विभिन्न शहरों से तो आई ही हैं मनरेगा के तहत काम की माँग और बजट बढ़ने की खबर भी आई।

पर इन सबके बावजूद अभी भी देश के नीति निर्माताओं और शासन चलाने वालों को मजदूरों को पलायन करने पर मजबूर करने वाली स्थितियों पर, नरक जैसी स्थिति में भी रहकर काम करने वाले इन कामगारों की, उनके पंजीकरण की, उनको न्यूनतम सुरक्षा और सहूलियत देने की सुध नहीं आई है। इस लेखक जैसे काफी सारे लोगों का मानना है कि सिर्फ सही पंजीकरण ही होने लगे तो जो संख्या आएगी वह सबको इस मसले पर ध्यान देन के लिए मजबूर सा कर देगी। आज जरा सा वोट देने भर का मसला अगर सभी दलों और राजनेताओं को मजदूरों के पास पहुँचने के लिए मजबूर करता है तो उनकी वास्तविक संख्या राजनीति में नया मुद्दा बनने की ताकत रखती है। पर कहना न होगा कि जिस तरह के पलायन का यह अध्ययन है वह पिछड़ेपन और श्रमिकों की कमजोरी की अन्तिम अवस्था है तो यह भी तय मानना चाहिए कि यह मुद्दा भी सबसे बाद में ही किसी बड़े विमर्श का हिस्सा बनेगा। पर अध्ययन के बाद के बीस वर्षों में यह जिन कारणों से, जिसमें लोकतंत्र और वोट का अधिकार ही सबसे ऊपर है, तेजी से ऊपर आया है वह हैरान करने वाला है। उससे जरूर यह उम्मीद बँधती है कि हमारे नीति-निर्माता और नेता अब ज्यादा समय इस सवाल की अनदेखी नहीं कर सकते।

(महाशिवरात्रि, 24 फरवरी, 2017)

भूमिका

सदियों के पिछले संगम के आसपास अर्थात उन्नीसवीं सदी के आखिरी और बीसवीं सदी के शुरुआती वर्षों में पंजाब में एक बड़ी शुरुआत हो रही थी। प्रान्त के उत्तर-पश्चिमी बंजर इलाके में बड़ी-बड़ी कॉलोनियाँ बसाई गई थीं, जिन्हें स्थानीय लोग बाड़ा कहा करते थे। नहरें खोदी जा रही थीं और खेती के विस्तार के अन्य प्रयत्न किए जा रहे थे। तब अंग्रेजी हुकूमत कायम हो चुकी थी और नहरों का निर्माण अंग्रेजों ने ही शुरू कराया था—मकसद था बदहाल पंजाब को खुशहाल करना और मूलतः अपना राजस्व बढ़ाना।

तब पंजाब सचमुच बदहाल था। 1783 के भयावह अकाल से उसकी कमर टूट चुकी थी। और फिर 19वीं सदी के शुरुआती 40 वर्षों में ही एक के बाद एक तीन अकाल पंजाब को लगभग खंगाल चुके थे। उस समय के किस्से यहाँ बंगाल के अकाल की तरह ही आज भी लोकमानस में मौजूद हैं। दूसरे किस्से हैं उन बाड़ों के जिससे उर्वर इलाके में आबादी का घनत्व काफी कम हुआ।

इन नहरों और बाड़ों ने पंजाब के जीवन में 'क्रान्ति' ला दी। लाखों एकड़ बंजर जमीन आबाद हुई। पश्चिमी यमुना नहर, बड़ी दोआब नहर, सरहिन्द नहर, चेनाब नहर ने पंजाब का जीवन बदल दिया। अंग्रेजों ने इस इलाके के, जो इतिहास में कभी भी अपनी समृद्धि और उत्पादकता के लिए प्रसिद्ध नहीं रहा था, विकास के लिए इतना जोर क्यों लगाया, यह विवाद का विषय है। इतिहासकारों का एक वर्ग मानता है कि 1857 के विद्रोह को दबाने में सिख रेजिमेंट की भूमिका का यह पुरस्कार था। सम्भव है यह कारण भी रहा हो पर अंग्रेजों की इस नीति का असर पंजाब में चली आजादी की लड़ाई पर नहीं पड़ा।

कुछ ऐसा ही हम बाद में भी देखते हैं। आजाद भारत की केन्द्र सरकारों ने भी पंजाब को उसके हिस्से से ज्यादा दिया या पंजाब ने अपने उद्यम से अपने हिस्से से ज्यादा लिया है; पर इस बात ने केन्द्र के प्रति पंजाबियों को नरम नहीं बनाया है। उनका 'मोर्चा' लगा हुआ है और बीच में काफी विकट रूप ले चुका था, खैर।

नहरों और बाड़ों ने पंजाब का जीवन बदल दिया। नए इलाके उपजाऊ बने, उधर लाखों लोग बसे। घनी बसावट वाले इलाकों पर बोझ कम हुआ। जिस जमीन पर पहले

कायदे से घास भी नहीं उगती थी वहाँ एक से एक अच्छे खेत बने, बाग बने, बागबानी हुई। ज्वार, बाजरा, जौ, गेहूँ, दलहन, अफीम, कपास, गन्ना पंजाब में पहले भी उगता था। इनकी मात्रा बहुत बढ़ी। गेहूँ, धान, गन्ना, कपास का जोर बढ़ा। तिलहनों पर खास ध्यान दिया गया। खूब आलू, मक्का, मूँगफली और चाय भी लगाई गई। सन्तरे, नासपाती के बड़े-बड़े बागान लगे। बाड़ों का जीवन जीने वालों ने बड़ी-बड़ी हवेलियाँ खड़ी कर लीं।

इस समृद्धि को जाने किसकी 'नजर' लगी। नहरों के माध्यम से अपने प्रिय पंजाब को समृद्ध करने वाले अंग्रेजों ने जाते-जाते उसे दो हिस्सों में बाँट दिया। हिन्दुओं, सिखों तथा मुसलमानों की अदला-बदली ने पंजाब को पस्त कर दिया। विभाजन में भारत के हिस्से में रहा पंजाब भारी घाटे में था। उसे मात्र 39 फीसदी इलाका और 45 फीसदी आबादी मिली। अधिकांश सिंचित इलाका (74 फीसदी), आमदनी के अधिकांश स्रोत (69 फीसदी), अधिकांश वन, लगभग पूरा खनिज, अधिकांश बड़े उद्योग और सड़कों से जुड़े इलाके पाकिस्तान के हिस्से में चले गए। नए लगे सन्तरे-नासपाती के बाग, बड़ी-बड़ी हवेलियाँ छोड़कर सिख-हिन्दू इधर आ गए।

विभाजन के कष्ट-दर्द और उसकी आर्थिक मार से पंजाब जब तक उबरकर खड़ा हो, तभी उसे एक और विभाजन देखना पड़ा। इस बार सिंचित इलाके का ज्यादा हिस्सा तो नहीं गया पर भाषा के आधार पर 1966 में हुए राज्यों के पुनर्गठन में उसके तीन टुकड़े हो गए—पंजाब, हरियाणा और हिमाचल प्रदेश। जो थोड़े बहुत उद्योग बचे और लगे थे, वे हरियाणा में चले गए। बची-खुची प्राकृतिक सम्पदा हिमाचल के पास।

और इसके बाद उठी आतंकवाद की आँधी ने पंजाब और देश को कितना पीछे छोड़ दिया, इसका अभी कायदे से हिसाब भी नहीं लगा है। कम-से-कम 11 हजार लोगों की जान लेने और हजारों को अपंग बनानेवाली इस आँधी ने पंजाब के हर आदमी के जीवन को किसी-न-किसी तरह प्रभावित किया। पंजाब ही क्यों इससे पूरा देश प्रभावित हुआ।

भूमंडलीकरण के दौर में पंजाब दक्षिण और पश्चिम के कई राज्यों जितनी तेजी से नहीं बढ़ा पर वह अब भी काफी आगे है। आज पंजाब आर्थिक समृद्धि के जिस दौर में आ गया है उसमें यह भविष्यवाणी करना मुश्किल नहीं है कि अब उदारीकरण चले या अमेरिकी दादागीरी चले, पंजाब आगे ही बढ़ता जाएगा। अब उसकी अर्थव्यवस्था इस स्थिति में आ गई है कि वह पिछड़ेगा नहीं। उसकी खेती की पैदावार दुनिया की विकसित अर्थव्यवस्थाओं से खास पीछे नहीं है (देखें चार्ट 1)। खेती से ही इतना पैसा बाहर निकल आता है कि उद्योग और विकास के अन्य कामों में लग सके। डॉलर भले ही 68 रुपए तक पहुँच गया हो, पर इस कीमत पर भी पंजाब बाहर अनाज बेच सकता है। उसके उद्योग अपने-अपने क्षेत्रों की हर प्रतिद्वन्द्विता झेल सकते

हैं। क्योंकि ये नवीनतम तकनीक और भारी पूँजी निवेश पर आश्रित न होकर श्रमप्रधान है।

और जिन-जिन इलाकों और शहरों में ऐसे उद्योगों का जमाव है, वहाँ फिर से 'बाड़े' उग आए हैं। इन नए बाड़ों और पिछली सदी में नहरों के बनाने तथा बंजर आबाद करने के लिए बसे बाड़ों में नाम के अलावा शायद और कोई मेल नहीं है।

चार्ट-1

	भारत	**बिहार**	**पंजाब**
जनसंख्या (2011)	121,08,54,977	10,38,06,937	2,77,09,236
क्षेत्रफल (वर्ग कि.मी.)	32,08,825	94,163	50,362
आबादी का घनत्व (प्रति कि.मी. आबादी)	382	1128	551
ग्रामीण आबादी (%)	68.86	88.70	62.51
शहरी आबादी (%)	31.14	11.30	37.49
साक्षरता (%)	74.04	61.80	75.84
औरत-मर्द अनुपात (प्रति 1000 मर्द पर औरतों की संख्या	943	918	895
सकल घरेलू उत्पादन (2014-15) (करोड़ रुपए में)	12,541,000	4,02,000	3,17,00
सिंचित क्षेत्र (%) (करोड़ हेक्टेयर)	5.81 (33.3%)	35 (लाख) (43.57)	39.10 (लाख) (92.7%)
खेती का क्षेत्रफल (लाख हेक्टेयर)	3287.26	45.5	42.18
गेहूँ की पैदावार प्रति (किलो प्रति हेक्टेयर)	3118 (लगभग)	2166 (लगभग)	5017
धान की पैदावार (किलो/प्रति हेक्टेयर)	2462 (लगभग)	3500 (लगभग)	3952
प्रति व्यक्ति बिजली की खपत (2014-15) (किलोवाट यूनिट)	1000	117.48	1663
प्रति व्यक्ति आय (रु.)	लगभग 90 हजार	36,143 (2014-15)	92,638

विभिन्न स्रोतों से लेखक द्वारा तैयार।

तब के बाड़े एकदम बंजर और खाली इलाके में बसे थे, आकार में काफी बड़े थे। पंजाब के ही घने बसे इलाकों से निकलकर लोग वहाँ गए थे और जो वहाँ रहने आया था, उसने बसने के साथ ही खेती की जमीन भी पा ली थी। आज के बाड़े सबसे भीड़-भाड़ वाले शहरों के बीच में हैं। सबसे गन्दे हैं। कमरों का आकार इतना

छोटा और विचित्र है कि इनकी तुलना सिर्फ मुर्गी के दड़बों से की जा सकती है। यहाँ रहनेवालों का यह सिर्फ 'डेरा' है और रहने के एवज में उन्हें न तो कोई बसने की जगह मिलनेवाली है, न ही खेती या कमाने-खाने लायक जमीन या साधन।

आज के बाड़ों में रहते हैं भैया मजदूर। बिहार, पूर्वी उत्तर प्रदेश, नेपाल, राजस्थान, हिमाचल से आनेवाले इन प्रवासी मजदूरों ने पंजाब की पूरी अर्थव्यवस्था को आज 'सँभाल' लिया है। लगभग तीन करोड़ आबादीवाले पंजाब में इनकी संख्या 50 लाख से अधिक है। और बाहरवाला हर मजदूर उत्पादक श्रम करता है। खेती हो या उद्योग या फिर तथाकथित 'सेवा' क्षेत्र, आज मुख्यतः इन बाहरी मजदूरों पर आश्रित हो गए हैं। प्रबन्ध और कुशलता वाले कामों में प्रदेश के अपने लोगों का बहुमत है पर श्रम वाले कामों में प्रवासी ही ज्यादा हैं। आज पंजाब का शायद ही कोई गाँव हो जहाँ साल भर खेती का काम करने के लिए भैया मजदूर न रहते हों—खेती के असली मौसम में तो इनकी बाढ़ ही आ जाती है।

पंजाब और बिहार (पूर्वी उत्तर प्रदेश-नेपाल) के बीच रिश्ता कोई नया नहीं है। मौर्यों से लेकर मुगलों-अंग्रेजों तक जब भी कोई केन्द्रीय सत्ता बनी भारत के काफी दूर-दूर बसे ये इलाके इसमें आ गए। पंजाब के जीवन को सबसे ज्यादा प्रभावित करने वाले गुरु नानक देव से लेकर गुरु गोविन्द सिंह जी तक प्रायः सभी गुरुओं का बिहार से सीधा सम्पर्क हुआ और रहा। शेरशाह सूरी ने भी जी.टी.रोड बनवाकर सीधे सम्पर्क का एक भौतिक रास्ता खोला था। दोनों राज्यों के लोग एक-दूसरे के यहीं आते-जाते भी रहे हैं और जीवन के सभी स्तरों पर पर्याप्त अच्छे-बुरे असर डालने वाले सम्पर्क रहे हैं।

पर भैया मजदूरों के आने के बाद जो रिश्ता बना है वह बिलकुल अलग और अब तक का सबसे प्रभावी रिश्ता है। पंजाब और बिहार इस प्रक्रिया के शुरू होने के पहले एक-दूसरे के जीवन से न तो इतना जुड़े थे और न ही एक दूसरे को इस कदर प्रभावित कर रहे थे। और यह क्रम शुरू ही हुआ है करीब 40-45 साल से। इन वर्षों में शुरुआती दस वर्षों को हम इतना असरकारी नहीं मान सकते। और अचरज नहीं है कि यही दौर है पंजाब में खेती हरित क्रान्ति से भी आगे बढ़ने का, उद्योग-धन्धों का जाल बिछने का, आरामतलबी के जीवन का। बिहार (और पूर्वी उत्तर प्रदेश वगैरह) से मजदूर पहले भी जाते रहे हैं—कलकत्ता, बम्बई। और कलकत्ता के पराभव का दौर भी यही है।

सच कहें तो पंजाब से लगभग साढ़े चार गुना आबादी और करीब चार गुना इलाका रखने वाले बिहार से मजदूरों के भागकर लुधियाना, रोपड़, लालड़ू, राजपुरा के बाड़ों में पहुँचने का किस्सा असल में मात्र 40-45 साल ही पुराना नहीं है। इसकी जड़ें लगभग पंजाब के (1783 के) अकाल के आसपास ही दिखेंगी, जब बिहार भी ईस्ट इंडिया कम्पनी के शासन में आकर दम तोड़ने लगा था। इतिहास के किसी भी

दौर में पूरब का इलाका पश्चिम से समृद्ध रहा है। अंग्रेजों की 'मार्शल रेस' वाली अवधारणा को भूल जाएँ तो हम पाएँगे कि कभी बिहारी, ओड़िया, बंगाली वगैरह भी वैसे डरपोक, कायर, अकर्मण्य नहीं थे जैसाकि अंग्रेजी हुकूमत और उसके चलते आज तक माना जाता रहा है।

अंग्रेजी प्रभाव में आने के पहले तक बिहार अपनी जरूरत का पूरा अनाज उगाता था, अपनी जरूरतों से ज्यादा कपड़े तैयार करता था। हल-फाल जैसे खेती के औजार, बरतन-भाँड़े लायक धातु खुद बनाता था। हथियार बनाता था (मुँगेर की बन्दूक फैक्टरी देश में सबसे पुरानी फैक्टरियों में एक थी)। शोरा, खाँड, नौसादर जैसे रसायन बनाता था। यहाँ के रेशमी और मलमल के कपड़ों की माँग दुनिया भर में थी। अफीम और शोरा खूब निर्यात होता था। दवा की जरूरतें स्थानीय स्तर पर ही पूरी हो जाती थीं। तब तक केन्द्रीय सत्ता का केन्द्र पाटलिपुत्र से बदलकर दिल्ली हो गया था (जिसे अंग्रेजों ने कलकत्ता बनाया)। सो हर साल बिहार लाखों रुपए का कर भी केन्द्रीय सत्ता को देता था। अपने सामान का निर्यात इसे नमक, मसाले, मेवे जैसी अन्य चीजों के आयात के लायक पैसे दे देता था।

अंग्रेजों ने कैसे करघों को नष्ट किया, बुनकरों को मारा, यह बात जगजाहिर है। फिर उन्होंने अपनी जरूरत लायक नील, पटसन, चाय वगैरह की खेती कराई और कैसे कराई, यह भी सभी जानते हैं। अपने माल का बाजार बनाया और जब तक अंग्रेज जाएँ, उसके पहले ही यहाँ मारवाड़ी, पारसी, गुजराती, सिन्धी और कुछेक पंजाबी व्यापारियों का डेरा जम गया। महाजनी, व्यापार, उद्योग में बिहारी जमींदारों की कोई दिलचस्पी या दखल नहीं रहा। नील गया तो चीनी मिल लग गए। निलहों की जगह बाहरी उद्योगपति-व्यापारी आ गए। कमाईवाले पदों पर अंग्रेजों की जगह बंगालियों, मद्रासियों, पंजाबियों ने ले ली। आज करीब सौ साल होने पर भी टिस्को में मात्र कुछेक दिनों के लिए एक बिहारी प्रमुख बन पाया है। सार्वजनिक क्षेत्र के उपक्रमों में भी बिहारी ऊँचे पदों पर नहीं हैं।

बिहार में इतने बड़े जमींदार थे पर अपनी पूँजी क्यों नहीं बनी, अपने लोगों ने उद्यम क्यों नहीं लगाए, यह एक बड़ा सवाल है (जो इस अध्ययन के दायरे से बाहर है) और क्यों पंजाब के, राजस्थान के, सिन्ध के, गुजरात के बनिया-व्यापारियों ने लाख मुश्किलें झेलकर, पेट काटकर पूँजी जमा की, उद्योग लगाए, यह भी महत्त्वपूर्ण सवाल है। पर बिहार में जब बाहर के लोगों ने, अंग्रेजों ने कल-कारखाने लगाए तो उनका मुख्यालय बाहर रखा, कमाऊ पद बाहरवालों को दिए और इनसे हर साल कितनी पूँजी या कर राजस्व प्रदेश से बाहर जाता रहा है, इसका हिसाब नहीं है। हाँ, सच्चिदानन्द सिन्हा जैसे लोगों द्वारा इंटरनल कॉलोनी (आन्तरिक उपनिवेश) की बात उठाने के बाद राजनीतिक हलके में यह सवाल जरूर बार-बार उठाया जाता रहा है।

इसके साथ ही ये इलाके वैसे भी हैं जिनमें हर साल बाढ़ और सूखा तबाही मचाते हैं; जहाँ आज तक बिजली, सड़क, स्कूल जैसी चीजें नहीं बनी हैं; जहाँ आज भी साँप काटने से, आयोडीन की कमी से, टीके न लगने से हजारों लोग मरते हैं या जीवन भर के लिए बेकार बन जाते हैं; जहाँ खेती भगवान और जमींदार के भरोसे चलती है और खेती के अलावा बाकी कोई काम नहीं रह गया है।

बिहार के पिछड़ेपन के ये कारण आज भी मौजूद हैं पर ये पुराने कारण हैं। 1971 के बाद नए कारण उभरे हैं। बैंकों-खदानों के राष्ट्रीयकरण के बाद एक बड़ा कारण पूँजी का पलायन है। प्रति व्यक्ति आय के मामले में बिहार आज सबसे नीचे भले न हो पर बहुत नीचे है। फिर, बिहार के लोग बैंकों में जो पैसा रखते हैं, उसका लगभग दो-तिहाई हिस्सा आज बिहार से बाहर जा रहा है। सुशासन के दावों के बावजूद बिहार में सीधा निवेश प्रायः शून्य है। बिहार में स्थापित उद्योगों के उखड़ने या बन्द होने के किस्से आम हैं।

और यह सिलसिला संसाधन पलायन, अपने संसाधनों का उपयोग न करने, व्यापार की कमाई बाहर जाने और पूँजी के बाहर जाने तक ही नहीं रुका है। आज मौजूदा विकास का एक नया चेहरा सामने आ रहा है। सब कुछ हड़पने के बाद अब यह बिहारी मजदूरों को, काम कर सकनेवाले हर जवान को, अपनी जमीन से बाहर ला रहा है। पंजाब ही नहीं, सूरत, अहमदाबाद, चेन्नई, हैदराबाद, केरल, दिल्ली, चंडीगढ़, फरीदाबाद, गुड़गाँव, गाजियाबाद, मुम्बई, बंगलूर जैसे विकास के हर केन्द्र पर ये मजदूर दिखते हैं। इन क्षेत्रों और जगहों के विकास में इनकी भागीदारी कितनी है, यह किसी से छिपी नहीं है।

यह पलायन अब इतिहास के उस सामान्य क्रम को पलटने वाला दिख रहा है जिसमें इलाके कभी ऊपर-कभी नीचे आते-जाते रहे हैं। वह इतिहास की चीज है। वर्तमान तो यह है और इसी से भविष्य भी दिखता है। बिहार का इतिहास चाहे कितना ही गौरवमय हो, प्राकृतिक संसाधनों के चलते बेशक उसका वर्तमान अभी अन्धकारमय न दिखता हो, पर विकास की मौजूदा दिशा उसके भविष्य को गहरे अन्धकार की तरफ ले जाती दिखती है। अभी तो कम-से-कम यही लगता है।

बिहार में आज भी सब कुछ है। सबसे उर्वर माने जानेवाले पंजाब की खेती योग्य जमीन से लगभग तीन गुना उपजाऊ जमीन उसके पास है। पुराने बिहार और आज के झारखंड के खनिज और वन-सम्पदा के बारे में अलग से कुछ कहने की जरूरत नहीं है। बिहार की नदियों में पर्याप्त पानी है। हिमालय से कुछ ही दूर पहले उतरने के कारण इनकी धारा इतनी तेज है कि पर्याप्त बिजली बनाई जा सकती है। पर्याप्त पानी और कोयला बिजली के दूसरे स्रोत हैं जिन पर सारे देश में बिजली तैयार हो रही है।

पंजाब के पास खनिज सम्पदा नहीं है, जंगल नहीं हैं। उपजाऊ जमीन है, मेहनती लोग हैं, अपेक्षाकृत बेहतर सरकार रही है और एक लम्बे समय से मददगार

केन्द्रीय सत्ता रही है। पर पंजाब ने काफी संकट भी झेले हैं—विभाजन का, विस्थापन का, दो-दो जंगों का, आतंकवाद का, बर्बादी का। इसके बावजूद पंजाब के विकास की रफ्तार रुकी नहीं है। वहाँ के असली 'जवान' पहले फौज में गए, फिर विदेश भागे, कुछ आतंकवाद बढ़ाने-फैलाने में जुटे, तब भी विकास का क्रम बन्द नहीं हुआ। जरा-सी समृद्धि आते ही औरतों को काम करने से रोक दिया गया, तब भी कोई फर्क नहीं पड़ा। वहाँ प्रति व्यक्ति उत्पादन राष्ट्रीय औसत से 65 से 80 फीसदी ऊपर ही रहा है।

दूसरी ओर बिहार राष्ट्रीय औसत के 58 फीसदी (1988-89) से गिरकर 50 फीसदी (1991-92) पर आ गया है। उसके सकल घरेलू उत्पादन में भी कमी आ रही है। 1980-81 की कीमत पर 1990-91 में यह 10238.54 करोड़ रु.था। उसी कीमत पर 1992-93 में यह 9760.89 करोड़ रु.हो गया था। यहाँ प्रति व्यक्ति आय देश में सबसे कम है। पर इसमें भी गिरावट आती जा रही है। 1990-1991 में यह 1195 रुपए थी जो 1992-93 में 1091 रुपए रह गई पर अब 36143 है जो पंजाब का एक तिहाई है।

बिहार के पिछड़ने से आम बिहारी को तो काफी कुछ लेना-देना है पर इसकी जिम्मेदारी उस पर बहुत ज्यादा नहीं है। बिहार के पिछड़ेपन के लिए आम पंजाबी या उस अर्थ में किसी भी विकसित क्षेत्र का आदमी प्रत्यक्ष रूप से जिम्मेदार नहीं है जबकि पंजाब के विकास में आम पंजाबी की पर्याप्त भूमिका तो है ही, अब बिहारियों का सीधा योगदान भी होने लगा है। एक मददगार केन्द्रीय सत्ता के सहारे आगे बढ़ने का दौर तो लगभग सौ वर्षों से ज्यादा समय तक चला है। इसमें बिहारवाले दर पर ही पंजाब में भी कोयला और अन्य खनिज पाना (यह सुविधा देश में हर जगह उपलब्ध कराई गई थी, अब खत्म हो रही है), बिहार के बाजार से मुनाफा लेना, बिहार की बचत में से पूँजी लेना शामिल रहा है। इन सब मामलों में पंजाब से कहीं आगे पश्चिम बंगाल रहा है। वहाँ आज तक बिहार/झारखंड की अनेक कम्पनियों का मुख्यालय और बिक्री दफ्तर है, जिससे करों की भारी आय बिहार की जगह उसे मिलती है।

पर जिस सीधी भागीदारी की बात ऊपर कही गई है, वह है प्रवासी मजदूरों के पंजाब आकर उत्पादक कामों में भाग लेने की। जब पूरा पंजाब आतंकवाद की लपटों में झुलस रहा था तब बिहारी मजदूरों की बाढ़ थोड़ी रुकी थी। पर उस दौर में भी पंजाब की अर्थव्यवस्था को न गिरने देने में इनका खासा योगदान रहा है। और जब शान्ति कायम होने लगी तो लगता था कि पूरा ही पूर्वी और उत्तरी बिहार पंजाब (दिल्ली, हरियाणा और इसके आसपास के इलाके ही नहीं, दूर दराज की काश्मीर घाटी तक) आने को तत्पर हो गया।

इस पुस्तक में प्रवासी मजदूरों की इस बाढ़ के कारणों और पंजाब तथा बिहार (जहाँ सबसे ज्यादा प्रवासी मजदूर जा रहे हैं और जहाँ से सबसे ज्यादा मजदूर

निकलते हैं) पर इसके बढ़ते असर को देखने की कोशिश की गई है। लगभग चार-पाँच दशक पुरानी इस धारा को समझने-समझाने का कोई बड़ा प्रयास अभी अकादमिक जगत ने नहीं किया है। पंजाब के ग्रामीण जीवन और खेती में प्रवासी मजदूरों के आने से पड़ते प्रभावों पर कुछेक शोध हुए हैं पर प्रवासी औद्योगिक मजदूरों को लेकर कोई शोध नहीं हुआ है। और बिहार (या मजदूर भेजने वाले किसी दूसरे इलाके) से मजदूरों के बाहर जाने के क्रम पर तो और भी सन्नाटा है। पंजाब में आतंकवाद का दौर लम्बा खिंचा है और माना जा सकता है कि अकादमिक जगत समेत सबका ध्यान उधर था। पर बिहार में किसी का भी ध्यान इधर गया हो और पलायन करनेवाले मजदूरों, इनके परिवार, घर, समाज को लेकर कोई काम हुआ हो, ऐसा नहीं दिखता। साहित्य, राजनीति, प्रशासन में गिनती के लोग ही इस बारे में सचेत लगते हैं। पंजाबी के साहित्य में इतनी सचेष्टता भी नहीं दिखती। प्रवासी पक्षियों तक के लिए लोकगीत हैं पर प्रवासी मजदूर अभी तक बेगाने ही बने हुए हैं।

इस लेखक ने के.के. बिड़ला फाउंडेशन की शोधवृत्ति (वर्ष 1994-95) के तहत पंजाब के कुछ गाँवों या किसी औद्योगिक इलाके को चुनकर प्रवासी मजदूरों या स्थानीय जीवन के किसी एक पक्ष पर अध्ययन करने की जगह बिहार के ऐसे इलाके की तीन पंचायतों के दस गाँवों को अपने अध्ययन का विशेष आधार बनाया, जहाँ मजदूरों के पलायन की बात प्रचारित नहीं है, या जो अपेक्षाकृत अधिक सम्पन्न समझे जाते हैं। इन गाँवों का सर्वेक्षण, यहाँ की आर्थिक-सामाजिक जीवन में पलायन के कारणों को पहचानने, पलायन की दिशा पता करने के साथ प्रवासी बनने के लाभ-हानि को भी देखने की कोशिश की गई। और ऐसा प्रयास सिर्फ आर्थिक और ग्रामीण जीवन में आए बदलावों के सन्दर्भ में ही नहीं किया गया है, बल्कि प्रवासी मजदूर, उसके परिवार, उसके गाँव, समाज पर पड़नेवाले आर्थिक, सामाजिक, सांस्कृतिक और भाषागत असर को भी रेखांकित किया गया है। पारिवारिक सम्बन्धों पर पड़ते तनाव और असर को रेखांकित करने के साथ मजदूर के घर से निकलने और वापस लौटने के बीच आए बदलावों का पता करने का प्रयास किया गया है।

इन गाँवों से निकले मजदूरों में से जो मजदूर पंजाब गए हैं, उनकी वास्तविक स्थिति जानने लेखक स्वयं पंजाब गया। वहाँ के समाज में, वहाँ आए दूसरे इलाकों के मजदूरों के बीच, वहाँ के शहरों-उद्योगों में वे किस तरह का जीवन बिताते हैं, किस तरह घुलते-मिलते हैं, कितनी भागीदारी करते हैं, यह सब कुछ लेखक ने अपनी आँखों से देखा है। उनकी कमाई, उनका रहन-सहन, उनका काम, उनका फुरसत बिताने का तरीका, उनका खान-पान और फिर स्थानीय समाज किस तरह उनके साथ व्यवहार करता है, उसके बारे में भी पता करने की कोशिश की।

बिहार के इन कुछेक गाँवों से निकले निष्कर्षों तथा बिहार, पूर्वी उत्तर प्रदेश, मध्य प्रदेश और ओड़िसा के आदिवासी इलाकों को हलके तौर पर देखने-समझने

के बाद निकले निष्कर्षों के आधार पर मजदूरों के पलायन की, जो मूलतः अपना पेट भरकर जीवित बचे रहने भर के लिए रह गई है, नई प्रवृत्तियों को समझने-बताने का प्रयास इस पुस्तक में किया गया है। पंजाब के कुछेक स्थानों पर जहाँ इन गाँवों के मजदूर आकर काम करते हैं, रहकर ज्यादा करीब से चीजों को देखने-समझने और प्रदेश के कई और इलाकों के चक्कर लगाने भर से जो चीजें दिखीं, उनके आधार पर पूरे प्रदेश के बारे में निष्कर्ष निकाले गए हैं। विस्थापनवाले इलाकों के बारे में बहुत लिखा-पढ़ा हुआ नहीं मिला, पर पंजाब के बारे में कुछेक शोधों से मिली सामग्री की मदद ली गई है।

पुस्तक में अध्ययन के उन हिस्सों को तो जस का तस रखा गया है जो बिहार में मजदूरों के जानेवाले इलाकों या पंजाब और बिहार की घनी बस्तियों से सम्बन्धित हैं। पंजाब और बिहार पर पड़नेवाले असर को भी रेखांकित किया गया है। विकास के मौजूदा ढाँचे में मजदूरों के पलायन की जगह तय करने की कोशिश भी की गई है। अनुभव के आधार पर पुस्तक लिखने में प्रवासी मजदूरों के जीवन की नब्ज टटोलने की भी कोशिश की गई है। प्रवासी मजदूर बिहार और पंजाब के बीच शटल कॉक की तरह यहाँ-वहाँ करता रहता है या होता रहता है। पुस्तक को भी उसी अन्दाज में लिखा गया है, जो एक मजदूर के जीवन की तरह इस किताब में कई-कई बार बिहार आया है तो कई-कई बार पंजाब। सम्भव है, कई बातें दोबारा भी आती लगें।

किन्तु इस अध्ययन से एक बात स्पष्ट हुई है कि हम अपनी एक-एक जरूरत, एक-एक जानकारी के लिए समाज पर किस तरह आश्रित हैं। जिन लोगों से मिली छोटी-बड़ी जानकारियों के आधार पर इस पुस्तक की सामग्री बनी है, उनकी सूची किताब से कम मोटी नहीं होगी। वह भी तब है जब अनेक सरकारी विभागों, संस्थानों, दफ्तरों में कई-कई चक्करों के बावजूद निराशा हाथ लगी। सैकड़ों चिट्ठियों में से, जो अक्सर परिचित, सचेत और जानकार लोगों को ही डाली गई थीं—मुट्ठी भर का ही जवाब मिला होगा और वह भी अक्सर बिना वांछित सूचनाओं के। कई लोगों ने वादा करके भी कुछ सूचनाएँ नहीं भेजीं, पर अचानक किसी के घर, दफ्तर, फैक्टरी पहुँचकर रुकना, बातचीत करना, सवाल पूछने का अनुभव आम तौर पर अच्छा रहा। सीधी बातचीत में शायद ही किसी ने कुछ बताने से मना किया हो, बिगड़ा हो (एड्स, सेक्स वाले सवालों पर जरूर कुछेक लोग उखड़े) या मेरे पूछने का बुरा माना हो।

लेखक सबसे पहले तो के.के. बिड़ला फाउंडेशन का और इसके सचिव बिशन टंडन का आभारी है। कब से अपने मन में बसे विषय पर साल भर काम करने का अवसर उपलब्ध कराना और समय-समय पर सुझावों से लाभान्वित करना ही सबसे महत्त्वपूर्ण बात थी।

फिर मैं उन सौ से अधिक लोगों का आभारी हूँ जो गाँव की मुश्किलों से निकलकर पंजाब गए हैं। उनको घर पर फुरसत के समय भी परेशान किया और पंजाब में काम के समय भी। भागीरथ साह, बबन सिंह, घनराज भगत, जोगी सिंह, असलम वगैरह का ज्यादा समय लिया। गाँवों से जुड़ी जानकारियाँ देने में चाचा चन्द्रशेखर मिश्र, सुगाँव के पूर्व मुखिया लक्ष्मीनारायण मिश्र जी, नागेश झा जी, नारद झा जी वगैरह ने बहुत मदद की।

संस्थाओं में नोएडा (गाजियाबाद) स्थित राष्ट्रीय श्रम संस्थान, चंडीगढ़ स्थित सेंटर फॉर रूरल एंड रीजनल डेवलपमेंट (क्रिड) और इंस्टीट्यूट फॉर कम्युनिकेशन एंड डेवलपमेंट, पंजाब कृषि विश्वविद्यालय, लुधियाना, जवाहरलाल नेहरू विश्वविद्यालय, नई दिल्ली और पटना के अनुग्रह नारायण सिन्हा इंस्टीट्यूट के पुस्तकालयों की किताबों और शोधकर्ताओं की बातचीत से मदद मिली।

विकास की प्रक्रिया को जानने और उसमें प्रवासी मजदूरों की स्थिति के बारे में बुनियादी समझ बनाने में वरिष्ठ लेखक सच्चिदानन्द सिन्हा और किशन पटनायक की किताबों तथा उनसे हुई बातचीत से काफी मदद मिली।

पत्नी ललिता, अपने साथी हरिमोहन तथा दो साथियों—रीता सिंह और त्रिदीब रमण के सहयोग पर आभार जताकर उनकी मदद को छोटा नहीं करूँगा।

पुस्तक को लिखते हुए हर पल बाबू की याद आई जो काम पूरा होते देखने के लिए अब नहीं हैं। फेलोशिप मिलने की खबर से वही सबसे ज्यादा खुश थे। उनसे इस काम में काफी मदद का भरोसा भी था जैसाकि जीवन भर के हर काम में रहा था। बिहार से जुड़ी सूचनाओं के मामले में उनकी मदद से बेहतर काम हुआ होता। इसे पूरा होते देखकर वे कितना खुश होते, यह कल्पना आज भी आँखों को नम कर देती है।

अनुक्रम

दूर देस के राही	27
परदेस का जीवन	32
पंजाब : उनका परदेस	42
परदेसी बनने की मजबूरी	50
परदेसी बनानेवाली स्थितियाँ	60
परदेसी का देस	75
आधुनिक विकास और परदेस गमन	84
प्रवासियों के बाड़े	91
पंजाब : विकास के नए दौर में	105
बिहार : पिछड़ेपन के अंतिम चरण में	121
बलम परदेसी	140
निष्कर्ष और सुझाव	144

परिशिष्ट

ग्रामीण श्रम पर राष्ट्रीय आयोग के प्रवासी मजदूरों सम्बन्धी सुझाव	*149*
अन्तर-राज्य प्रवासी कानून का संक्षिप्त विवरण	*157*
चम्पारण की चीनी मिलें	*161*
वर्ष 1988 में पंजाब राज्य में आतंकवादी गतिविधियों से हताहत बिहारी प्रवासी मजदूरों का ब्यौरा	*167*

अध्याय-1

दूर देस के राही

''रक्सौल, 10 जून (एक संवाददाता)। इस सीमावर्त्ती क्षेत्र से भारी संख्या में मजदूरों का पलायन हो रहा है। यहाँ के मजदूर काम की तलाश में पंजाब, दिल्ली तथा नेपाल जा रहे हैं। काम न रहने से उनके सामने भुखमरी की स्थिति पैदा हो गई है।

एक अनुमान के मुताबिक रोजाना तीन सौ से ज्यादा मजदूरों का इस क्षेत्र से पलायन हो रहा है।''

—11 जून, 1995; हिन्दुस्तान, पटना

'हिन्दुस्तान' के पटना संस्करण ने, जो बिहार का सबसे बड़ा अखबार है, इस खबर को भीतरी पन्नों पर बहुत छोटी जगह दी। किसी अंशकालिक संवाददाता की जैसे-तैसे लिखी रपट को दुरुस्त करने, खबर को ज्यादा महत्त्व देने की जरूरत भी सम्पादकीय डेस्क ने नहीं समझी। यह खबर इतनी आम हो गई है कि उनकी निगाह में सही अर्थों में 'खबर' भी नहीं रह गई है।

असल में काम की तलाश में दूर देश जाना न तो अकेले रक्सौल में हो रहा है, न पहली और आखिरी बार। रोज यही होता है। रक्सौल, नरकटियागंज, बेतिया, सुगौली, मोतिहारी, चकिया, दरभंगा, मधुबनी, जयनगर, निर्मली, फारबिसगंज, मुंगेर, पूर्णिया, सहरसा, बेगुसराय, अररिया, सीतामढ़ी, वैशाली, गोपालगंज जैसे कम-से-कम सौ ठिकानों पर रोज सैकड़ों की संख्या में मजदूर जुटते हैं। इन जगहों पर जमा होकर वे रेल-बस से बड़ी लाइनवाले बड़े स्टेशनों की ओर चल देते हैं। कई तो सीधे बस से ही अपने गंतव्य की ओर रवाना हो जाते हैं। पर अधिकांश कटिहार, बरौनी, समस्तीपुर, गोकामा, पटना, बक्सर, आरा, सासाराम, मुजफ्फरपुर, छपरा, सीवान जैसे बड़ी लाइनवाले जंक्शनों से रेल यात्रा करते हैं। दक्षिण बिहार के आदिवासी इलाके से ऐसी टोलियाँ तो नहीं जुटतीं, पर बाल-बच्चों समेत घर छोड़कर निकल पड़नेवालों का रेला पलामू, डाल्टेनगंज, दुमका, देवघर, मधुपुर, जामताड़ा, तीनपहाड़, साहेबगंज पहुँचता है। इनको अपने जाने की दिशा और स्थान

का पक्का पता नहीं होता, पर खुद ऐसे ठेकेदारों द्वारा बहला-फुसला, डरा-धमकाकर इनको भी पंजाब, दिल्ली ले जाने का काम बड़े पैमाने पर होता है। अक्सर ये लोग कलकत्ता और असम की तरफ ही जाते थे। पश्चिमी ओड़िसा के सम्बलपुर, कालाहाँडी, सुंदरगढ़, क्योंझर, बोलांगीर, कोरापुट से निकलनेवाले आदिवासियों की दिशा दिल्ली की तरफ हुई है।

अप्रैल से लेकर जुलाई तक और अक्टूबर से लेकर जनवरी तक इन इलाकों के बड़े स्टेशनों पर दिन-रात चहल-पहल रहती है। घर से पराँठे-रोटी, सत्तू, चिवड़ा, ठकुआ-खजूर (आटा-घी-गुड़ या चीनी से बने पकवान जो कई दिनों तक खराब नहीं होते) वगैरह बाँधकर लाए मजदूर यहाँ लुधियाना, दिल्ली, अम्बाला जानेवाली गाड़ियों का इन्तजार करते हैं। उनका अपना-अपना झुंड होता है। झुंड का सरदार होता है। कहीं से आए हैं, कहाँ जाना है, कौन गाड़ी पकड़नी है, किस डिब्बे में बैठने से जुर्माना लगेगा, किसमें बैठने से नहीं लगेगा, उसे ही मालूम होता है। भोजन की पोटली, पानी का डिब्बा और टीन का कनस्तर—अक्सर ये सामान ही होते हैं उनके पास। एक ट्रेन छूट गई या उसमें न चढ़ पाए तो दूसरी का इन्तजार होता है।

स्टेशन पर इन्तजार के वक्त बहुत काम होता है। खाना-पीना तो होता ही है सोने-पहरेदारी की बारी भी तय की जाती है। मन ऊबे तो ताश जैसे खेल, गाने-बजाने की बारी आती है। जेब कटती है, पुलिस-रेल कर्मचारियों से परेशानियाँ झेलनी होती हैं। मजदूरों के पलायन से ज्यादा खबरें तो रेल-कर्मचारियों और टीटी बाबू द्वारा की गई जबरिया वसूली की होती हैं।

और जैसे ही जननायक एक्सप्रेस, वैशाली एक्सप्रेस, शहीद एक्सप्रेस, आम्रपाली एक्सप्रेस, हावड़ा मेल, हावड़ा एक्सप्रेस, मुजफ्फरपुर-अमृतसर एक्सप्रेस, महानन्दा एक्सप्रेस, श्रमजीवी एक्सप्रेस, विक्रमशिला एक्सप्रेस, अवध-असम एक्सप्रेस जैसी गाड़ियाँ आती हैं लपककर चढ़ना होता है, अपने झुंड के लदे लोगों को चढ़ाना होता है। स्टेशन पर लोगों की अथाह भीड़ और गाड़ी में 'जनरल' डिब्बों की अदना-सी संख्या अक्सर 'सीजन' में मजदूरों के लिए छत पर ही गुंजाइश छोड़ती है। सो, बिहार और पूर्वी उत्तर प्रदेश से होकर जो गाड़ियाँ उत्तर-पश्चिम की ओर जाती हैं उनकी छत पर भी तिल रखने की जगह न हो तो यकीनन मान लीजिए कि गाड़ी पंजाब और दिल्ली जा रही है। ज्यों-ज्यों गाड़ी छपरा, सीवान, गोरखपुर, देवरिया, बस्ती या फिर मोकामा, पटना, बक्सर, मुगलसराय या गया, सासाराम की तरफ बढ़ती है, उस पर भीड़ बढ़ती जाती है।

गाड़ी के अन्दर या छत पर सोने-टाँग फैलाने की कौन कहे, साँस लेने तक की जगह नहीं होती। टिकट की गड़बड़ बताकर पैसे झटकनेवाले रेल कर्मचारियों की झिड़की-गाली खानी हो या जेब कटवानी या फिर छत पर बैठने को 'अशोभनीय' माननेवाले हों या; मजदूरों की जान बचाने की चिन्ता से 'परेशान' पुलिसवाले,

तमाम परेशानियाँ, सबकी नाराजगी उठाते मजदूर आगे बढ़ते हैं। गाड़ी में किसी स्टेशन से डीजल की जगह बिजलीवाला इंजन लगता है, वहाँ छत पर बैठनेवालों को उतार दिया जाता है। कई बार यह जगह स्टेशन से मील-दो-मील पहले भी होती है। कानपुर सिगनल से कुछ पहले ही एक बार इसी तरह रात दो-तीन बजे जब मजदूरों को जबरिया उतारा गया तो उस ट्रेन में यह लेखक भी था।

जानलेवा यात्रा : उतरने-उतारेजाने पर गाड़ियाँ बदलते अपनी मंजिल तक जाने का 'कष्ट' कुछ खास नहीं है। झिड़की, गाली और कभी-कभार हलका डंडा खा जाने का दर्द भी खास नहीं होता। खास होता है कम ऊँचाईवाले प्लेटफार्म की छत, सिगनल या किसी अन्य चीज से टकराकर नींद की झपकी आने पर सीधे छत से लुढ़क जाना, गिरकर खत्म हो जाना या अपाहिज बन जाना, लाश का भी पता न चल पाना, अपने झुंड के लोगों को भी इस 'गायब' होने की भनक न लगना। ऐसा एकाध बार नहीं होता, प्राय: होता रहता है। ऐसे कितने लोग मरते हैं, अपाहिज होते हैं, इसका रिकॉर्ड कहीं नहीं मिलेगा। रेलवे भी ऐसी कोई अलग सूची तो बनाता नहीं और न ही बना सकता है।

जून, 1979 में लुधियाना से लगे ढांडरी में एकसाथ 28 मजदूरों के छत से गिर जाने के बाद प्रशासकों और रेलवे के लोगों का ध्यान तो इस समस्या की ओर नहीं गया, पत्रकारों-अध्येताओं का ध्यान जरूर उधर हुआ। फिर कम-से-कम पंजाब में होनेवाली ऐसी मौतों की खबर ली जाने लगी। प्रवासी मजदूरों, खास कर खेती का काम करनेवालों से जुड़े अध्ययन करनेवाले पंजाब कृषि विश्वविद्यालय, लुधियाना के डॉ. एम.एस. सिद्धू और एस.एस. ग्रेवाल ने 1984 के अपने शोध के समय ऐसे मरनेवाले मजदूरों से जुड़े आँकड़े इकट्ठे लिए थे। वे इस प्रकार हैं :

ट्रेन की छत से गिरकर-कटकर मरने वालों की संख्या

वर्ष	बिना पहचाने गए	पहचाने गए	कुल
1980	67	79	146
1981	52	82	134
1982	72	99	171
1983	52	69	121
(20-11-83 तक)			

जाहिर है, यह चार्ट अधूरी कहानी कहता है। जब से बिहारी मजदूरों का पंजाब जाना शुरू हुआ है (मोटे अनुमान के अनुसार इसे हम 1975 से मान सकते हैं) तभी से ऐसे हादसे हो रहे हैं और आज तक जारी हैं। चार्ट सिर्फ चार वर्षों, और वह भी पंजाब में हुई घटनाओं के आँकड़े ही सामने लाता है। पर ये भी बहुत महत्त्वपूर्ण हैं।

इससे ट्रेन में टिकट के नाम पर रेल कर्मचारियों द्वारा की जानेवाली लूट, सर्दी-गर्मी-बरसात की परेशानियों, चोरी-लूट और मौत की घटनाओं की संख्या का फर्क सहज ही सोचा जा सकता है। और फिर सिर्फ एक राज्य की सीमा में हुईं ये दिल दहलानेवाली मौतें ही क्या यह बताने को काफी नहीं हैं कि मजदूरों को क्या-क्या सहना पड़ता है? इससे भी दहशतनाक बात यह है कि समाज कैसे इन घटनाओं से मुँह मोड़ रहा है। कभी भी इन बातों पर चर्चा नहीं होती जब कि कानून बने पड़े हैं।

लेखक विशेष अध्ययन के लिए जिन गाँवों में गया, उनमें भी इस तरह एक आदमी 'लापता' पाया गया और एक अपाहिज। कई बार तो यह होता है कि कोई आदमी पानी पीने गाड़ी से उतरा और गाड़ी चल दी। उसके साथी भी 'उसे' इसी तरह 'लापता' मानकर हफ्ते-पखवाड़े भर सन्न रहते हैं। न उसके घर खबर दी जा सकती है, न कुछ किया जा सकता है। जब वह किसी और तरह से उनके पास आ जाता है या उसके गाँव पहुँचने की खबर आ जाती है, तब जाकर चैन आता है। जिस प्रवासी मजदूर से बात करिए, वह अपने साथ हुए ऐसे हादसों या गफलतों के किस्से जरूर सुनाएगा।

पर उसे यह सुनाने की जरूरत महसूस नहीं होती कि जब वह घर से चलता है तो तेज गर्मी, बरसात और ठंड के दिन होते हैं। उसके बदन पर न पूरे कपड़े होते हैं, न जिस्म में इतनी गर्मी। और ट्रेन की छत पर बैठकर यात्रा करने में उसे कितनी तपिश, कितनी बारिश और कितनी ठंड झेलनी पड़ती है, इसका हिसाब वह नहीं लगाता, न कहता है।

वह अगर इसका हिसाब लगाने लगे, इसकी दास्तान सुनाने लगे तो शायद वह निकलेगा ही नहीं। इस तरह की यात्रा नहीं करेगा। पिछले काफी समय से भारत में रेल हैं, पंजाब, बिहार में सम्बन्ध है। जी.टी. रोड, जो अब शेरशाह सूरी मार्ग कहलाता है, दोनों राज्यों को जोड़ता है। पर बिहार से पंजाब आनेवाली गाड़ियाँ बहुत बाद में चली हैं। पहले एकाध चलती थीं, कलकत्ता को जोड़नेवाली। अब हर साल एकाध नई गाड़ी चलती है, एक्सप्रेस की जगह पूरी की पूरी पैसेंजर और बिना आरक्षणवाले डिब्बों के। फिर भी गाड़ियाँ कम पड़ती हैं। इस लेखक ने मुजफ्फरपुर और कटिहार, दो जंक्शनों से पंजाब के लिए कटनेवाले टिकटों की संख्या का पिछले कई वर्षों का रिकार्ड पाने की असफल कोशिश की थी। पर हर आदमी (रेलवे का कर्मचारी हो या सामाजिक रूप से चेतन व्यक्ति, खुद प्रवासी मजदूर हो या उसके घरवाले) यही कहता है कि यह संख्या साल-दर-साल बढ़ती जा रही है।

उत्तरी और पूर्वी बिहार (तथा पूर्वी उत्तर प्रदेश) का यह रेला सिर्फ पंजाब की तरफ ही जाता हो, ऐसा नहीं है। एक दौर में ज्यादातर मजदूर उत्तर-पश्चिम की ओर ही जाते थे। पंजाब और दिल्ली सबसे ज्यादा संख्या में जाते हैं। पर उत्तर-पश्चिम के शहरों में, हरियाणा में, चंडीगढ़ में भी कम मजदूर नहीं जाते। हरियाणा के कुछ

ग्रामीण इलाकों और शहरों की स्थिति तो ठीक पंजाब जैसी हो गई है। धान उपजानेवाले इलाकों और उद्योग-धन्धेवाले शहरों में बिहारी मजदूर उतनी ही संख्या में आते हैं जितने पंजाब के किसी गाँव या शहर में। और, तो और उत्तर में अब उनके पैर जम्मू और कश्मीर घाटी तक में पड़ने लगे हैं। घाटी में भी कोई अपवाद जैसी स्थिति नहीं है। अच्छी खासी संख्या में बिहारी मजदूर वहाँ गए हैं। हाँ, वहाँ जानेवालों की सामाजिक पृष्ठभूमि थोड़ी अलग जरूर है।

कलकत्ता और असम तथा पूर्वोत्तर का इलाका पहले बिहारी मजदूरों को आकर्षित करता था। पश्चिम बंगाल में साठ के दशक के बाद स्थिति बदली है। असम में भी हालात बदले हैं। पर आज भी कलकत्ता, असम और पूर्वोत्तर में बिहारी मजदूर लाखों की संख्या में हैं। वहाँ जानेवाले मजदूरों की संख्या में अब वृद्धि भले न हो रही हो, और बहुत कमी आ गई हो, ऐसा नहीं है। सीधी नौकरी न होने और कल-कारखानों, बागानों में रोजगार की स्थिति बदलने के बाद अब ये लोग छोटे-मोटे व्यवसाय, व्यापार और धन्धों में लगे हैं।

नया ट्रेंड पश्चिम, खासकर गुजरात और महाराष्ट्र तथा दक्षिण जाने का है। दक्षिण में भाषा की समस्या ज्यादा है पर भात और ज्यादा कमाई के चलते यह क्रम बढ़ता गया है। पश्चिम और दक्षिण की तरफ भी बिहारी मजदूरों का रुझान हुआ है। यह पहले नहीं था। अगर पहले बम्बई पूरब के लोगों को बुलाती भी थी तो उसकी पुकार जौनपुर, सुल्तानपुर, बनारस तक आकर ही रुक जाती थी। आज बम्बई में पहुँचनेवाली सबसे बड़ी जमात बिहारी मजदूरों की है—खासकर पुराने तिरहुत कमिश्नरी के जिसमें सारण, चम्पारण, मुजफ्फरपुर और दरभंगा जिले आते थे। आज इनमें कुल 13 जिले और तीन कमिश्नरियाँ हैं। वहाँ पहले मजदूर खाड़ी के देशों में जाने की ताक में रहते हैं, पर अब सिलाई के काम में इनकी संख्या और प्रतिष्ठा काफी अच्छी हो गई है।

सूरत में जब प्लेग फैला और लोगों को शहर छोड़कर भागना पड़ा तब पता चला कि वहाँ के साड़ी और जवाहरात उद्योग में कितने बिहारी मजदूर हैं। दक्षिण के शहरों, खासतौर से बंगलूर और चीनी उत्पादक इलाकों में भी बिहारी मजदूर पहुँचे हैं। इस लेखक के विशेष अध्ययनवाले क्षेत्र के कुछ मजदूर भी कर्नाटक में थे। पर बीस साल बाद लगभग सारा नया पलायन दक्षिण और पश्चिम में ही हुआ है।

अध्याय-2

परदेस का जीवन

धूप, बरसात, ठंड, गाली, डंडा, भूख-प्यास सहकर जैसे ही बिहारी मजदूर पंजाब की सीमा में दाखिल होता है, उसे लगता है वह अलग दुनिया में आ गया है। सहारनपुर, अम्बाला से आगे बढ़ते ही हर स्टेशन पर अपने ट्रेक्टर, ट्रेलर लिए किसानों की 'फौज' उनकी अगवानी के लिए खड़ी होती है। शहरों के उद्यमियों के आदमी उन्हें लेने आए होते हैं। मंडियों के आढ़तियों के मुनीम उनको बुलाने आए होते हैं। स्टेशनों पर ही मजदूरी और सहूलियतों का मोल-तोल, मान-मनौवल शुरू हो जाता है। कई बार तो अम्बाला-सहारनपुर से ही अगवानी शुरू हो जाती है। ग्रामीण इलाकोंवाले छोटे स्टेशनों पर उतरनेवाले मजदूरों को, जो मुख्यत: खेती और पशुपालन के काम करते हैं, पहले ठेकेदार-लम्बरदार ले आया करते थे। बहुत पहले नहीं, दस-पन्द्रह साल पहले तक, बहला-फुसलाकर भी और कई बार डरा-धमकाकर भी। कई बार पंजाबी किसान खुद भी दरभंगा, मधुबनी, मोतिहारी, कटिहार तक का फेरा लगाकर अपने तथा परिचितों की जरूरत के लायक मजदूर बुला लाते थे—एडवांस देकर, मजदूरी-सहूलियतों के बारे में सीधे उनसे सौदा करके, धीरे-धीरे यह कम हुआ और आतंकवाद का दौर बीतने के बाद वाले पंजाब में तो मजदूरों को न लाने-जाने की जरूरत रह गई है, न ठेकेदारों की सेवा लेने की।

पर अधिकांश सौदे स्टेशनों पर नहीं तय होते। साल-दर-साल उन्हीं गाँवों, उन्हीं इलाकों में आने पर मजदूरों का किसानों से, जिन्हें वे मालक कहते हैं, सीधा रिश्ता बन गया है। उनके बीच चिट्ठी-पत्री चलती है। अब तो मोबाइल से रिश्ता बना है। मजदूरी के साथ मोबाइल देने का चलन भी बढ़ा है। इनसे ही आने का प्रोग्राम तय होता है। और जिस किसी मजदूर या लम्बरदार का ऐसा रिश्ता बन गया है, वह एक-दो दिन स्टेशन पर चने-भटूरे खाकर भले ही रह ले, पर जाएगा अपने पुराने परिचित ठिकाने पर ही। जब मालिक आकर कह देगा कि काम नहीं है या हो चुका है, तभी वह कहीं और जाता है।

और अब मुख्यत: धान रोपने, गेहूँ काटने-सींचने, घास निकालने के लिए पंजाब के ग्रामीण इलाकों में आनेवाले ये मजदूर पूरे पंजाब की खेती और फसल चक्र को खूब अच्छी तरह जान गए हैं। वे जानते हैं कि मिट्टी की बनावट और सिंचाई सुविधाओं की स्थिति क्या है और किस तरह पंजाब खेती के आठ क्षेत्रों में बँटा है। यह बँटवारा बराबर-बराबर इलाके का नहीं है। किस तरह अमृतसर, गुरदासपुर से मई के शुरू में धान की रोपनी शुरू होती है और जुलाई के अन्त तक पटियाला (और हरियाणा के करनाल वगैरह में) आकर समाप्त होती है। इसी को ध्यान में रखकर वे अपनी यात्रा का कार्यक्रम तय करते हैं।

मुख्यत: मई, जून और जुलाई में कमानेवाले इन मजदूरों को इन तीन महीनों में जितना पैसा मिलता है, इसको लेकर अन्य मजदूरों में एक तरह की ईर्ष्या है। पंजाब के किसान और हाल तक खेती में मजदूरी करनेवाले पंजाबियों में भी, जो आमतौर पर निचली जातियों के हैं, इस कमाई की चर्चा है; पर खेती का काम करनेवाले बहुत कम मजदूर ही पूरे साल पंजाब में रहते हैं। वे आम तौर पर रोपनीवाले तीन महीने और फिर धान काटने, धान निकालने और गेहूँ बोने-पटानेवाले तीन महीनों (अक्टूबर से दिसम्बर या जनवरी) तक ही रहते हैं। और इन्हीं छह महीनों में वे फैक्टरी में काम करनेवाले अकुशल बिहारी मजदूरों की साल भर की कमाई जितना पैसा लेकर चले जाते हैं।

अगर तुलनात्मक रूप से देखें तो गाँवों की तरफ जानेवाले प्रवासी मजदूर थोड़ा बेहतर जीवन भी जीते हैं। काम तो अक्सर ठेके पर ही मिलता है, पर पैसे के साथ आटा, चावल और दाल भी ठेके का हिस्सा बन गए हैं। अक्सर वे किसान के पम्प सेट के पास रहते हैं। दोस्तों को रखते हैं। जगह बहुत कम और खस्ताहाल होती है, पर उन्हें कम-से-कम शुद्ध हवा, पानी, भोजन तो मिलता है। खेतों में रात भर या शिफ्टों में काम करने की गुंजाइश न होने से आराम भी मिल जाता है। साल भर रहनेवाले मजदूरों का भी जीवन बेहतर है। मालिकों से अच्छे रिश्ते बने हैं।

उनकी तुलना में शहरों, मंडियों में आनेवाले मजदूरों की स्थिति काफी खराब है। स्टेशन या बस अड्डों पर उतरने के साथ न तो उनका स्वागत होता है न मजदूरी तय करने में उनकी जरा भी चल पाती है। उनका रहना, खाना, सोना, काम करना भी बदतर है। पर कृषि के बाद औद्योगिक विकास की तरफ तेजी से बढ़ रहे पंजाब में उनके लिए न तो काम की दिक्कत है, न हर बार उनके साथ आनेवालों की टोली के लिए। वे जितना काम करना चाहें उतने घंटे का काम है। वे जितना काम सीखते जाएँ उतना पैसा बढ़ता जाता है। यह स्थिति ईंट भट्ठों में मजदूरी फैक्टरियों में बेलदारी और निर्माण के काम में लगे मजदूरों की भी है। इन लोगों की संख्या भी कोई कम नहीं है। कृषि के विकास का क्रम तो आतंकवादवाले दौर में भी बहुत फीका नहीं हुआ था, पर उद्योग-धन्धों, निर्माण-कार्यों और व्यापार में तेज वृद्धि रुक

गई थी। पर अब आई शान्ति ने अचानक बड़ी मात्रा में निवेश को आकर्षित किया है। और इनसे लगनेवाली फैक्टरियों, निजी कार्य और व्यापार ने दूसरे प्रदेश के मजदूरों को आकर्षित किया है।

पंजाब में सिर्फ बिहार से मजदूर नहीं आते। आज शायद प्रवासी बिहारी मजदूरों की संख्या सबसे ज्यादा हो गई हो, पर अन्य प्रदेशोंवाले भी कम नहीं हैं। यह जरूर है कि खेती के कामों में, खासकर धान की खेती में बिहारी मजदूरों की बहुतायत है। खेती में उनके बाद ओड़िया मजदूरों का नम्बर आता है। पर वे बिहारी खेतिहर मजदूरों से काफी कम हैं। संख्या में दूसरे नम्बर पर होंगे पूर्वी उत्तर प्रदेश के मजदूर। बम्बई की तरह पंजाब में भी पूर्वी उत्तर प्रदेश के लोगों ने सब्जी, फल, अखबार, पान, बीड़ी, सिगरेट जैसे छोटे धन्धों में काफी बड़ा हिस्सा हथिया लिया है। राजस्थानी मजदूर भी बहुत बड़ी संख्या में हैं, पर वे धान रोपना तो जानते ही नहीं हैं। निर्माण-उद्योग में उनकी संख्या अधिक है।

पंजाब के लोग हिमाचली मजदूरों को प्रवासी नहीं मानते। कल तक उनके प्रदेश का ही अंग रहे हिमाचल से भी काफी मजदूर आते हैं। पर उनका काम एकदम अलग है। सरकारी दफ्तरों में निचले स्तर के पद, होटलों-दुकानों पर काम करनेवाले प्रवासी मजदूरों में उनकी भागीदारी बड़ी है। पश्चिमी ओड़िसा से भी काफी बड़ी संख्या में मजदूर यहाँ आए हैं। वे खेती का काम करते हैं और उद्योगों में भी। पंजाब के शहरों में 'प्लम्बर' वाले काम में ओड़िया लोगों का एकाधिकार-सा है। उत्तर प्रदेश के पहाड़ के भी लोग पंजाब में हैं, पर शहरों में ही। चंडीगढ़ में उनकी संख्या बहुत अधिक है। लुधियाना, अमृतसर और फगवाड़ा की बड़ी फैक्टरियों में दक्षिण भारतीय भी कम नहीं हैं पर आम तौर पर वे लोग कुशल मजदूरीवाले श्रमिकों में हैं और अन्य प्रवासियों से बेहतर जीवन जीते हैं।

प्रवासी मजदूर आज पंजाब के आर्थिक जीवन का अभिन्न अंग बन गए हैं। लेकिन यहाँ के सामाजिक-सांस्कृतिक-राजनीतिक जीवन में उनका जुड़ाव अंश मात्र भी नहीं हुआ है। यह आंशिक जुड़ाव जहाँ पंजाब और प्रवासियों, दोनों की सिर्फ आर्थिक जरूरतों को बताता है, वहीं कई खतरों को भी जन्म देता है। इन खतरों के नतीजे अभी या आगे क्या होंगे, इस पर आगे चर्चा की गई है। पर सबसे महत्त्वपूर्ण आर्थिक जरूरत का सवाल काफी बड़ा है। यह ठीक है कि प्रवासी मजदूर यहाँ नहीं आएँगे तो खाएँगे क्या, इसका जवाब आसान नहीं है। पर वे न आएँ तो पंजाब का क्या होगा, इसका जवाब भी कोई बहुत मुश्किल नहीं है। पंजाब और देश ही क्या, दुनिया की सबसे बड़ी साइकिल कम्पनी हीरो साइकल्स की सहायक कम्पनी, हाइवे साइकल इंडस्ट्रीज लिमिटेड के बुजुर्ग महाप्रबन्धक एस.के. सल्होत्रा कहते हैं, "अगर भैया मजदूर न आएँ तो यहाँ की पूरी अर्थव्यवस्था बैठ जाएगी। सिर्फ हुकुम देने वाले रह जाएँगे। काम करने वाला कोई नहीं होगा।"

शहरों की आबादी में वृद्धि

(एक लाख आबादी से ऊपर के शहर)

शहर/जिला		आबादी						
		2011	1991	1981	1961	1941	1921	1901
0	1	2	3	4	5	6	7	8
1. लुधियाना	लुधियाना	1613878	10,42,740	60,7,052	2,44,072	1,11,639	51,880	49,649
2. अमृतसर	अमृतसर	1183705	7,08,835	5,94,844	3,76,295	3,91,010	1,60,218	16,249
3. जालन्धर	जालन्धर	873725	5,09,510	4,08,196	2,22,569	1,10,969	59,085	54,445
4. पटियाला	पटियाला	446246	2,53,706	2,06,254	1,25,234	69,850	47,531	53,545
5. भटिंडा	भटिंडा	285813	1,59,042	1,27,363	52,253	24,833	20,154	13,185
6. पठानकोट	गुरदासपुर	168943	1,28,198	1,10,039	54,810	12,354	7,353	6,091
7. हाशियारपुर	होशियारपुर	147875	1,22,705	85,648	50,739	33,345	21,285	17,549
8. मोगा	फरीदकोट	146897	1,10,958	80,272	47,779	23,785	14,145	6,725
9. अबोहर	फीरोजपुर	145238	1,07,163	86,334	46,863	21,222	8,916	—
10. बटाला	गुरदासपुर	158404	1,03,367	1,01,966	51,300	44,458	26,122	27,365

स्रोत : पंजाब स्टेटिस्टिकल एब्सट्रैक्ट, 2014

महज संख्या का गणित भी श्री सल्होत्रा के कथन की पुष्टि करता है। पंजाब के श्रम आयुक्त विश्वदीपक खन्ना के अनुसार आज (1995 में) इस प्रदेश में 45 लाख प्रवासी मजदूर हैं। और जब हम पाते हैं कि पंजाब की अनुमानित जनसंख्या तब दो करोड़ 12 लाख होगी (1991 में यह 2.05 करोड़ थी) तो इस प्रवासी फौजी पर पूरे पंजाब की निर्भरता का अन्दाजा सहज ही हो जाता है। 1981 में यहाँ करीब 17 लाख प्रवासी मजदूर थे। ये 1991 की जनगणना में 41 लाख हो गए थे। उसके बाद इस संख्या में वृद्धि की रफ्तार कम हुई है पर कुल संख्या कम नहीं हुई है। जनगणना के हिसाब को कोई भी आदमी बहुत ठीक नहीं मानता। पर जो भी प्रवासी आए हैं वे आम तौर पर नौजवान हैं, पुरुष हैं, शारीरिक श्रम करनेवाले हैं, जबकि स्थानीय आबादी में औरत (जिनमें काम करने का अनुपात लगातार गिरता गया है और औद्योगिक मजदूरी में तो मात्रा 6.16 फीसदी रह गया है) मर्द, बूढ़े, जवान, बच्चे सभी हैं। स्थानीय आबादी का 'क्रीम' भी विदेश में, देश की अच्छी नौकरियों में, बाहर व्यापार में, फौज में गया है। 1981 की जनगणना के अनुसार 13.11 लाख पंजाबी प्रदेश के बाहर गए थे। सो आज का पंजाब अपनी आर्थिक गतिविधियों के लिए काफी कुछ प्रवासी मजदूरों पर निर्भर हो चुका है।

इस संख्या तथा पंजाब की अर्थव्यवस्था में प्रवासी मजदूरों के महत्त्व को समझने वाले लोग भी कम नहीं हैं। जिन किसानों को, जिन उद्योगपतियों को, जिन व्यापारियों को मजदूरों और वह भी सस्ते मजदूरों की जरूरत रहती है, वे इन लोगों के महत्त्व को स्वीकारते हैं। उनका व्यवहार भी अलग है, ज्यादा से ज्यादा मालिक-मजदूर के रिश्तों जितनी टकराहटों से भरा। भविष्य की उनकी योजनाओं में प्रवासी मजदूर भी एक प्रमुख कारक है।

प्रवासी मजदूरों के चलते अभी पंजाब के ग्रामीण और शहरी जीवन में बहुत ज्यादा तनाव नहीं उभरे हैं। शहरों में 'स्लम' दिल्ली, बम्बई, कलकत्ता की तर्ज पर नहीं बने हैं। लुधियाना में इसकी हलकी शुरुआत हुई है। पर प्रवासी मजदूरों के अभी तक इन गाँवों-शहरों में जम जाने, बस जाने का चलन शुरू नहीं होने से गन्दी बस्तियों की बाढ़ नहीं आई है। ज्यादातर मजदूर अकेले होते हैं और पंजाब में सिर्फ मजदूरी करना उनका उद्देश्य होता है। वोटर लिस्ट में नाम डलवाने या राशन कार्ड बनवाने से भी उनको मतलब नहीं होता। पर यह चलन कुछ बदला है और आज लुधियाना समेत कई क्षेत्रों में ऐसे प्रवासी वोटर नतीजे प्रभावित करने लगे हैं। वोटर न होने के चलते राजनीति में उनकी न कोई पूछ थी, न उनके चलते स्थानीय लोगों को कोई खतरा दिखाई देता था। पर इन सबके बावजूद प्रवासी मजदूरों के प्रति एक आक्रामक नजरिया भी बनने लगा है।

'भैया' शब्द हिन्दी वालों के लिए चाहे लाख आदर वाला हो, पंजाब में इसे लगभग एक अपमानजनक शब्द के रूप में ही व्यवहार में लाया जाता है। प्रवासी

मजदूर आम तौर पर अपने काम में, अपनी जमात में मगन रहते हैं। स्थानीय लोगों से उनका बहुत मेल-जोल नहीं हुआ है। बीस-बीस वर्ष एक जगह काम करने के बावजूद वहीं पंजाबियों की जीवन-पद्धति पंजाबियों से उनके सम्बन्धों को लेकर ये मजदूर आपसी बातचीत में एकदम अलग राय बताते हैं। इनमें यह मान्यता तक घर करने लगी है कि बीमार होने पर पंजाबी डॉक्टर भैया मजदूरों को ठीक दवा नहीं देते। और दूसरी तरफ भैया मजदूरों से सीधा वास्ता न रखनेवाले स्थानीय उन्हें 'बोझ', अपनी संस्कृति, अपने देश को बर्बाद करनेवाला मानते हैं।

पंजाब में जब सिख उग्रवाद अपने चरम पर था तब भी एक नीति के तहत कभी भी भैया मजदूरों पर हमले नहीं हुए। आम तौर पर इन मजदूरों का आना-जाना जारी रहा। पर बीच-बीच में कभी भी हत्याएँ करके आतंक फैलाना हो, हिन्दुओं को भगाने की मंशा हो या भैया मजदूरों को ही भगाकर आम पंजाबी के जीवन को परेशान कर देने की मंशा हो, इन भैया मजदूरों को आसानी से निशाना बनाया गया। इन निर्दोष लोगों की तरफ से बदले की कार्रवाई का भी कोई अन्देशा नहीं था।

पंजाब के कुछ सिख उग्रपन्थियों ने अपने उद्देश्य को हासिल करने के लिए सबसे पहले हिन्दू-सिखों के बीच दरार पैदा करने की जो कोशिश की, उसका पहला शिकार बने थे—बिहारी मजदूर। जालन्धर रेडियो स्टेशन के सामने फुटपाथ पर सोए बिहारी मजदूरों पर मोटरसाइकिल सवार उग्रवादियों ने अन्धाधुंध गोलियाँ बरसाई थीं और उन्हीं मोटरसाइकिलों पर वे 'गायब' हो गए थे। हर बड़े हत्याकांड के अभियुक्तों का पता चल गया, उन्हें पकड़ा गया, कई को मुठभेड़ में मार डाला गया, लेकिन अस्सी के दशक की शुरुआत में हुए इस हत्याकांड के अभियुक्तों के बारे में आज तक कोई भी बात सामने नहीं आई। हत्यारे कौन थे, इन मजदूरों ने उनका क्या बिगाड़ा था और हत्या करके उन्होंने तत्काल क्या हासिल किया, यह सब आज तक मालूम नहीं है।

एक दशक से ज्यादा समय तक चले आतंकवाद की लहर ने हजारों लोगों की जान ली, हजारों को अपंग बनाया और उससे भी कई गुना लोगों को बेसहारा छोड़ दिया। पंजाब में जो उग्रवादी मारे गए, उन्हें तो अपनी गलतियों की सजा मिली। उनके खिलाफ राजनीतिक और हथियारबन्द लड़ाई लड़ते हुए मारे गए कार्यकर्ताओं और पुलिसवालों की मौत को भी एक उद्देश्य के प्रति समर्पण के रूप में देखा जा सकता है। आतंकवादियों या पुलिस के हाथों मात्र शक के आधार पर मारे या सताए गए लोग भी अपने राज्य में उग्रवाद की 'कीमत' चुकाते माने जा सकते हैं। पर पंजाब की इस 'लड़ाई' से दूर-दूर तक कोई मतलब न रखनेवाले सैकड़ों बिहारी मजदूर भी इस मारकाट की बलि चढ़ गए। उनका कुसूर सिर्फ इतना ही था कि अपना पेट भरने, अपने परिवार का पालन करने लायक मजदूरी कमाने के लिए वे अपना घर छोड़कर पंजाब आए थे।

चार्ट-2			
पंजाब में आतंकवाद के शिकार 1981-93			
वर्ष	**मारे गए नागरिक**	**मारे गए सुरक्षा जवान**	**मारे गए उग्रवादी**
1981	13	2	14
1982	13	2	7
1983	75	20	13
1984	359	20	77
1985	63	8	21
1986	520	42	78
1987	910	95	328
1988	1949	110	373
1989	1168	201	703
1990	2474	506	1411
1991	2591	496	2309
1992	1519	251	2109
1993	46	23	748

चार्ट-2/अ		
गिरफ्तार आतंकवादियों की संख्या और मुठभेड़ 1981-93		
वर्ष	**गिरफ्तार आतंकवादी**	**मुठभेड़**
1981	84	0
1982	178	5
1983	296	3
1984	1630	80
1985	491	20
1986	1581	109
1987	3750	410
1988	3882	416
1989	2466	582
1990	1759	706
1991	1949	1282
1992	1473	1389
1993	898	527

स्रोत : **अखबार की रिपोर्टें**
डॉ. प्रमोद कुमार के लेख, वायलैंस इन पंजाब : रेट्रोस्प्रैक्ट एंड प्रोग्नोसिस से साभार

ऐसे कुल कितने मजदूर मारे गए, इसका सही हिसाब-किताब न तो पंजाब सरकार के पास है, न बिहार सरकार के पास। कुछ आँकड़े हैं पर आधे-अधूरे। पंजाब सरकार ने आतंकवाद की भेंट चढ़े कुल लोगों की सूची तो रखी है, पर उसमें स्थानीय और प्रवासी का भेद नहीं किया है। उसकी चाहे जो भी मंशा रही हो पर करीब 11 हजार लोगों की इस सूची से ऐसा विभाजन करने की हिम्मत इस लेखक को भी नहीं हुई। ऐसी मौतों का रिकॉर्ड रखने, उन पर आवश्यक कार्रवाई करने, उनके आश्रितों को मुआवजा देने की कोई पक्की व्यवस्था दोनों में से किसी राज्य में नहीं है। पंजाब सरकार उग्रवाद से निपटने में व्यस्त रही पर उसी ने फिर भी मौत के शिकार हुए काफी सारे बिहारी मजदूरों को थोड़ा-बहुत मुआवजा दिया है। उनके आश्रितों को मकान और नौकरी देने का (जिसे लेने कोई विधवा बिहार छोड़कर पंजाब नहीं आई है) आश्वासन दिया है, लेकिन बिहार सरकार की तरफ से ऐसा एक भी काम नहीं हुआ। उलटे पंजाब से आई राहत राशि या पेंशन में 'हिस्सा' बाँटने के लिए उसके श्रम विभाग के अधिकारी, कर्मचारी तत्पर रहते हैं। पंजाब से आई पेंशन और मुआवजे का भुगतान कराना भी बड़ा काम है।

जैसाकि पहले कहा जा चुका है, हिंसा के पहले शिकार बिहारी मजदूर ही हुए थे, पर जब उग्रवादियों ने सीमावर्ती जिलों गुरदासपुर, अमृतसर, फीरोजपुर में हिन्दुओं को भगाकर पूरे पंजाब में पलायन का हंगामा खड़ा करने की रणनीति पर अमल शुरू किया तब भी आम हिन्दुओं को डराने के लिए बिहारी मजदूरों को ही निशाना बनाया गया। और यही कारण है कि ऑपरेशन ब्लू स्टार के बाद वाले दौर में पूरे सीमावर्ती इलाकों में मजदूर मिलने मुश्किल हो गए। अपनी रणनीति में उग्रवादी एक सीमा तक ही सफल हुए और बहुत कम हिन्दुओं को ही भगा पाए पर उनसे कहीं ज्यादा संख्या में बिहारी मजदूर भागे। उन दिनों तक अकेले लुधियाना शहर में ढाई लाख बिहारी मजदूर काम करने लगे थे। और जब यह दौर शुरू हुआ तो इनकी संख्या घटते-घटते मात्र 50 हजार तक आ गई थी। यही हाल अन्य जगहों का भी था।

लेकिन सबसे ज्यादा बिहारी मजदूर उस दौर में मरे जब सरकार उग्रवाद को कुचलने के अभियान में तेजी ले आई थी और ऑपरेशन मंड और ऑपरेशन नाइट डोमिनेंस के तहत सीमावर्ती ग्रामीण इलाकों से उग्रवादी जमातों के पैर उखाड़ने के लिए कमर कस चुकी थी। तब सरकारी अभियान का ध्यान बँटाने के लिए उग्रवादी गिरोहों ने सीमावर्ती इलाकों में ही नहीं, अपेक्षाकृत शान्त और उग्रवाद से मुक्त इलाकों में भी बेवजह बड़ी संख्या में हत्याएँ कीं। 18 मई, '88 को रोपड़ जिले में आठ बिहारी मजदूर मारे गए। उसी दिन अमृतसर के अजनाला में 13 निर्दोष मजदूर मार दिए गये। 1990 में दो ही वारदातों में 12 मजदूरों की हत्या कर दी गई। (देखें परिशिष्ट IV)

आतंकवाद जब अपने उतार पर आया तब भी उसने बिहारी मजदूरों की बलि लेना नहीं छोड़ा। 1992 में लुधियाना के दो गाँवों सिलोन और दोबुर्जी में हुई दो वारदातों में 15 मजदूर मारे गए। ये लोग लिंक नहर बनाने के काम में लगे थे। इन मृत मजदूरों की सूची को गौर से पढ़ना भी दिल दहला देता है। जैसे बुर्जी गाँव में मरे सभी आठ एक ही गाँव कजरा बसन्तपुर, कटिहार के और एक ही गोत्र 'टमटा' के थे। सभी की उम्र 16 से लेकर 42 वर्ष तक थी। सिलोन गाँव में मरे 17 लोगों में से 11 अररिया जिले के खपरा गाँव के 'मंडल' थे। तीन खपरा से लगे दौलतपुर के थे, जिनका ननिहाल खपरा में ही था। दस लड़के तो अविवाहित थे, जबकि इस इलाके के 'मंडलों' में कम उम्र में विवाह बहुत आम है।

इस लेखक को जब मृतकों की आधी-अधूरी सूचियाँ मिलीं (देखें, परिशिष्ट IV) तब उसने कम-से-कम एक ऐसे गाँव में जाने का फैसला किया जहाँ के काफी लोग मारे गए थे। पहला काम तो वहाँ पहुँचकर घरवालों के जख्मों को सहलाना ही था। लेकिन इस लेखक की दिलचस्पी दो और बातें जानने में भी थी—एक तो मुआवजे का पता करना—कितना मिला, कब मिला—कितनी परेशानी से मिला? और दूसरी बात यह देखनी थी कि एक साथ इतने नौजवानों को गँवाने के बाद भी क्या इस गाँव से मजदूरों का पंजाब जाना रुक गया है?

इस सारे हिसाब से अररिया का खपरा गाँव ही ज्यादा उपयुक्त लगा। चुनाव का दौर, वाहनों की धर-पकड़, रेल बन्द वाले दौर में किसी तरह गाँव के सबसे निकट के बस-स्टैंड (खूँटी चौक) से लम्बी पैदल यात्रा के बाद खपरा पहुँचना भी एक अनुभव था।

मात्र 40-50 घरों के इस टोले में किसी को यह बताने की जरूरत नहीं पड़ी कि सिलोन गाँव में मारे गए मजदूरों का घर कौन-सा है। जहाँ भी खड़े होकर बात कीजिए, वहीं कोई-न-कोई ऐसा घर मिल जाता जिसने अपने जवान बेटे को गँवाया था। उचितलाल मंडल के दो बेटे तो मरे ही, नाती भी मारा गया। उस दिन का किस्सा सुनना आज भी रोंगटे खड़े कर देता है जब गाँव में 11 जवानों के अस्थि-कलश एक साथ पहुँचे थे। गाँव के किसी व्यक्ति को भी उस दिन खबर नहीं मिली। घायलों में एक इसी गाँव का था। उसी ने नाम-पता बताया और पंजाब सरकार के अधिकारियों ने अन्तिम संस्कार करके अस्थियाँ घर भेज दीं, फिर गाँव में श्राद्ध वगैरह हुआ।

गाँव के सभी लोगों को मुआवजा मिल गया है। बिहार के तत्कालीन श्रममंत्री वशिष्ठ नारायण सिंह खुद गाँववालों से मिले। वे सिलोन भी गए थे। स्थानीय श्रम अधीक्षक हक साहब ने सारा काम तत्परता से करवा दिया। सिर्फ पलासी ब्लाक के लेबर इंस्पेक्टर ने 14 लोगों से सौ-सौ रुपए घूस लिए थे, वह भी गाँव के जागरूक लोगों के न रहने पर। अब पेंशन की चिट्ठी भी आ गई है। पंजाब जाने पर घर नौकरीवाली शर्त का लाभ लेने के लिए इन घरों में कोई बचा भी नहीं है। कई घरों

में बुजुर्ग स्त्री-पुरुषों की शिकायत थी कि मुआवजा-पेंशन विधवा के नाम आया और निचली जातियों में पुनर्विवाह का रिवाज होने के चलते इन विधवा औरतों ने दूसरी शादी कर ली। सो अब बुढ़ापे में वे एकदम असहाय हो गए हैं।

लेखक की दिलचस्पी का सवाल था कि अब मजदूर जाते हैं या नहीं। और मार्च की जिन तारीखों में वह इन गाँवों में गया था तब तक स्थानीय खेती का काम खत्म हो गया था और गाँव के नौजवानों की एक नई टोली फिर से पंजाब जाने की तैयारी कर चुकी थी। इस टोली के जाने के पहले भी पाँच नौजवान पंजाब गए थे और ठीक उसी गाँव में रह रहे थे, जहाँ गाँव के इतने नौजवानों को निगलनेवाला हत्याकांड हुआ था। अब फर्क सिर्फ यह हो गया है कि वे उस किसान के दरवाजे पर रहते हैं, न कि पम्प सेट के पास। हत्या पम्प सेट के पास हुई थी। इस लेखक के पहुँचने के समय जो टोली जानेवाली थी उसकी अगुवाई कसम लाल मंडल को करनी थी। वे पहले भी पंजाब जा चुके थे। क्या फिर से जाने में डर नहीं लगता? इतनी मौतों का क्या कोई असर नहीं हुआ है? 26 वर्ष के कसम का जवाब था— ''न जाएँगे तो यहीं कैसे जिन्दा रह पाएँगे? यहाँ कुछ धरा भी तो नहीं है। बाढ़-सूखे की मार तो है ही, हमारे पास जमीन भी नहीं है, काम भी नहीं है।''

मददगार सन्दर्भ

1. एम.एस. सिद्धू और एस.एस. ग्रेवाल : ए स्टडी ऑफ माइग्रेंट एग्रिकल्चरल लेबर इन पंजाब, पंजाब कृषि विश्वविद्यालय, लुधियाना, 1979
2. प्रो. सुच्चा सिंह गिल : माइग्रेंट लेबर इन पंजाब, नेशनल कमीशन ऑन रूरल लेबर, श्रम मंत्रालय, भारत सरकार, 1990
3. डॉ. के. गोपाल अय्यर और मनजीत सिंह : माइग्रेंट लेबर इन रूरल पंजाब, नेशनल लेबर बुलेटिन, खंड-7, अंक-3, 1981
4. अरुण कुमार गुप्त : सोशियोलॉजिकल इंप्लीकेशन्स ऑफ रूरल टू रूरल माइग्रेशन, ए केस स्टडी ऑफ रूरल माइग्रेंट इन पंजाब, पीएयू, लुधियाना, 1986
5. डॉ. मनमोहन शर्मा : इम्पैक्ट ऑफ माइग्रेंटरी लेबर ऑन द रूरल इकॉनामी ऑफ पंजाब, मैन एंड डेवलपमेंट, खंड-4, अंक-3, सितम्बर, 1982, क्रिड, चंडीगढ़
6. अरविन्द मोहन : मौत भी उनको नहीं रोकती, दैनिक हिन्दुस्तान, नई दिल्ली, 1995

अध्याय-3

पंजाब : उनका परदेस

पंजाब की खुशहाली, समृद्धि के बारे में कम नहीं लिखा गया है। और आर्थिक समृद्धि सफलता मापने का कोई पैमाना ऐसा नहीं है, जिस पर पंजाब देश के अन्य राज्यों से ऊपर न आए। प्रति व्यक्ति उत्पादन हो या प्रति व्यक्ति आय का हिस्सा, पंजाब सबसे ऊपर है। पूरे राष्ट्र के सकल घरेलू उत्पादन में उसका हिस्सा उसके आकार-प्रकार से काफी बड़ा है। देश के मात्र 1.5 फीसदी क्षेत्रफलवाला यह प्रदेश पूरे देश में पैदा होनेवाले गेहूँ का 22 फीसदी, धान का 9 फीसदी, कपास का 24 फीसदी हिस्सा पैदा करता है। पिछले दो दशकों से सेंट्रल पूल के अनाज में इसका हिस्सा आधे से अधिक रहा है। क्षेत्रफल-जनसंख्या और खनिज संसाधनों के मामले में काफी पीछे होने के बावजूद यह औद्योगिक उत्पादन में तीसरे नम्बर पर आ गया है। सिंचित इलाके, खाद, कीटनाशक, उन्नत बीज,पम्प सेट की गिनती का हिसाब छोड़ भी दें तो यह प्रति व्यक्ति दूध की खपत (900 ग्राम), प्रति व्यक्ति बिजली की खपत (1663 किलो वाट), मांस, मछली, फल की खपत, स्वास्थ्य सम्बन्धी सारे मानदंडों पर भी यह राज्य सबसे ऊपर है। यह देश का ऐसा पहला राज्य है, जहाँ शायद ही कोई व्यक्ति भोजन किए बगैर सोता हो। गरीबी रेखा के नीचे जीवन बसर करनेवालों की संख्या कुल आबादी के मात्र आधा प्रतिशत से भी नीचे पहुँच गई है। एन.एन.एस. के 1990-91 के सर्वेक्षण से भी यह बात सामने आई कि गाँवों में कोई भी ऐसा परिवार नहीं है जिसे 365 दिन दोनों जून भोजन न मिला हो। प्रो. हरजिन्दर शेरगिल और गुरमेल सिंह के अध्ययनों ने साबित किया है कि पिछले तीन दशकों में राज्य में गरीबों की संख्या और अनुपात में लगातार कमी आई है। पहले हुए कई अध्ययनों में यह कहा जा रहा था कि हरित क्रान्ति की समृद्धि के बावजूद ग्रामीण गरीबी में कमी नहीं आ रही है। पंजाब देश का शायद एकमात्र प्रदेश है जहाँ पंजीकृत बेरोजगारों की संख्या गिरती जा रही है। 1990 में इनकी संख्या 7.51 लाख थी जो 1992 में 7.47 और 1993 में 6.45 लाख हो गई। 2013 में तो रोजगार दफ्तरों में मात्र 880 लोग पंजीकृत बेरोजगार थे। पंजाब में

क्र. सं.	राज्य/संघ राज्य क्षेत्र	वर्तमान कीमतों पर निवल राज्य घरेलू उत्पाद 1999 2000	2004 2005	2005 2006	2006 2007	2007 2008	2008 2009	2009 2010	2004 2005	2005 2006	2006 2007	2007 2008	2008 2009	2009 2010
		(रु. करोड़)							(पिछले वर्ष की तुलना में प्रतिशत परिवर्तन)					
1	2	3	4	5	6	7	8	9	10	11	12	13	14	15
1.	आन्ध्र प्रदेश	116360	190207	214280	247220	292098	338907	368737	10.32	12.66	15.37	18.15	16.03	8.80
2.	असम	32011	47513	52390	58353	64395	71164	78822	10.68	10.26	11.38	10.35	10.51	10.76
3.	बिहार	46071	66041	70686	89763	103064	129082	140457	10.62	7.03	26.99	14.82	25.24	8.81
4.	झारखंड	30229	44588	47362	54621	59799	65334	उन	22.07	6.22	15.33	9.48	9.26	उन
5.	गुजरात	92541	155184	187223	218898	255780	281266	उन	8.88	20.65	16.92	16.85	9.96	उन
6.	हरियाणा	47329	85562	96857	119285	141602	168322	193519	12.70	13.20	23.16	18.71	18.87	14.97
7.	कर्नाटक	90532	136705	160885	179674	211663	240473	264652	19.68	17.69	11.68	17.80	13.61	10.05
8.	केरल	61359	95572	109554	126842	145235	167469	उन	12.97	14.63	15.78	14.50	15.31	उन
9.	मध्य प्रदेश	72655	93654	102796	115783	130722	150296	170428	1.06	9.76	12.63	12.90	14.97	13.39
10.	छत्तीसगढ़	23840	37857	44268	56971	70272	83104	94408	11.93	16.93	28.70	23.35	18.26	13.60
11.	महाराष्ट्र	217198	332070	375473	444646	526500	597542	717630	12.87	13.07	18.42	18.41	13.49	20.10
12.	उड़ीसा	38399	62700	68067	83257	105470	117924	132845	16.69	8.56	22.32	26.68	11.81	12.65
13.	पंजाब	61139	85761	96108	107591	128303	148008	173993	7.42	12.06	11.95	19.25	15.36	17.56
14.	राजस्थान	74174	102376	111323	133476	153697	176066	191539	4.21	8.74	19.90	15.15	14.54	8.80
15.	तमिलनाडु	119704	177222	205596	243351	268667	299119	उन	15.17	16.01	18.36	10.40	11.33	उन
16.	उत्तर प्रदेश	156809	217577	241922	271532	310334	359836	42386	8.54	11.19	12.24	14.29	15.95	19.05
17.	पश्चिम बंगाल	125299	190248	207495	239334	277869	317837	उन	9.90	9.07	15.34	16.10	14.38	उन
18.	दिल्ली		51175	83861	96492	114497	132052	152403	उन	14.45	15.06	18.66	15.33	15.41
अखिल भारत निवल घरेलू उत्पाद (99.00 आधार)		1605104	2548660	2902074	3342347	3811441	4353400	उन	12.87	13.87	15.17	14.03	14.22	उन
अखिल भारत निवल घरेलू उत्पाद (2004-05 आधार)			2646370	3032585	3516950	4051770	4653421	5221199		14.59	15.97	15.21	14.85	12.20

(स्रोत : आर्थिक समीक्षा 2010-11)

बेरोजगारी भत्ता लेनेवालों की संख्या भी काफी कम है। और व्यवहार में इनमें से कितने लोग हाथ पर हाथ धरे बैठे होंगे, यह अलग शोध का विषय है पर निश्चित रूप से उनकी संख्या पंजीकृत बेरोजगारों से काफी कम होगी। पंजाब में पंजीकरण मुख्यतः बेहतर अवसर के लिए कराए गए हैं।

पर पंजाब के इस मुकाम तक पहुँचने की कहानी बहुत सीधी-सपाट नहीं है। यह सही है कि इस प्रान्त को पहले अंग्रेज हुकूमत और बाद में केन्द्र की देसी सरकारों की नीतियों का लाभ मिला। अंग्रेजों ने इसकी उन्नति के लिए नहरों का जाल बिछाने की शुरुआत की (जिसके पीछे 1857 के विद्रोह को कुचलने में सिख रेजिमेंट का हाथ होना भी कारण होगा) और आज तक की सरकारें नहर, सिंचाई और बिजली पर सबसे ज्यादा ध्यान दे रही हैं। पर पंजाब की सफलता समृद्धि का असली श्रेय यहाँ के मेहनती किसानों-मजदूरों को जाता है। अगर पंजाब को केन्द्रीय सत्ता की नीतियों का लाभ मिला है तो इसे दो-दो विभाजनों और एक दशक से ज्यादा समय तक चले उग्रवादी आन्दोलन का दंश भी झेलना पड़ा है।

पंजाब के जनमानस में जो इतिहास मौजूद है, वह काफी बाद से शुरू होता है—मुगल शासन और सिख गुरुओं के प्रादुर्भाव से। महाराजा रणजीत सिंह के समय तक इस क्षेत्र की आर्थिक हालत बहुत ठीक नहीं थी। तब के किस्सों में समृद्धि-सम्पन्नतावाले प्रकरण नहीं हैं। अगर कुछ किस्से हैं तो इसी से सम्बन्धित कि कैसे 1858 से 1876 के बीच पड़े तीन भयंकर सूखे और दो अकालों में लोग पटपटाकर मरे और घर छोड़कर भागे। अंग्रेजों ने पंजाब की मदद और (मुख्यतः) अपनी आमदनी बढ़ाने के लिए इस क्षेत्र में नहरों की शुरुआत की। प्रदेश के दक्षिण-पश्चिमी जिलों में बंजर जमीन की भरमार थी। वहीं नहरें बनीं और इनको आबाद करने के लिए हजारों की संख्या में लोग बसाए गए। विभिन्न नहरों के लिए अलग-अलग बाड़े बने। सिख जनमानस के आम किस्से-कहानियों में भी इन बाड़ों के जीवन का बहुत जिक्र आता है।

ये नहर और इनकी कॉलोनियों ने ही पंजाब के जीवन में बदलाव शुरू किया। 1886-87 में मुल्तान क्षेत्र में नहर बनी और 1.77 लाख एकड़ जमीन सिंचित हुई। 1892 में लायलपुर, झंग क्षेत्र के इलाके और शेखपुरा के 25 लाख एकड़ इलाके को सिंचित करने के लिए लोअर पंजाब नहर बनी। 1892 में बनी लोअर झेलम नहर से 5 लाख एकड़ जमीन की सिंचाई होने लगी। 1905 से 1917 के बीच बनी बड़ी दोआब नहरों, पश्चिमी यमुना नहर, सरहिन्द नहर वगैरह ने 13 लाख एकड़ जमीन में सिंचाई की व्यवस्था की। इन 25-30 वर्षों में ही पंजाब का आर्थिक नक्शा बदल गया। किसानों ने बहुत कष्ट उठाए, बहुत श्रम किया पर उन्होंने रेत में सोना उगाना शुरू कर दिया।

1857 की भूमिका के चलते ही फौज में सिखों की भर्ती बढ़ी। 1914 तक आते-आते फौज के 47 फीसदी जवान पंजाब के हो गए थे। 121 इनफैंट्री यूनिटों में से 57 पंजाब की थीं। प्रथम विश्व युद्ध और द्वितीय विश्व युद्ध में भाग लेने गई

इस फौज ने पंजाबी लोगों को बाहरी दुनिया से भी परिचित करा दिया। और जल्दी ही सरदार पूरी दुनिया भर में दिखाई देने लगे। अमरीका, कनाडा, ब्रिटेन और यूरोप के अन्य देशों ही नहीं, अफ्रीका और लातिन अमरीका तक ये लोग पहुँचे हैं। आजादी के बाद विभाजन ने पंजाब को भारी झटका दिया। इसके तब के कुल 29 में से 16 जिले, 56 फीसदी सिंचित जमीन, 62 फीसदी लोग पाकिस्तान के हिस्से में चले गए। फिर उधर से शरणार्थियों का भारी रेला आया। खास करके उन लोगों का जिन्होंने दक्षिण-पश्चिम की नहर कॉलोनियों में रहकर उस बंजर इलाके को हरा-भरा किया था। भारत के हिस्सेवाले पंजाब के साथ यह विभाजन अन्यायकारी था। इसे करीब 45 फीसदी आबादी, 38 फीसदी इलाका और मात्र 31 फीसदी आमदनी के स्रोतों पर गुजर करने को छोड़ दिया गया। यहाँ आबादी का घनत्व 130 व्यक्ति प्रति कि.मी.था, जबकि पश्चिमी पंजाब में 99 व्यक्ति प्रति कि.मी.।

अपनी आबाद जमीन, सन्तरे के बाग, कपास के खेत, हवेलियाँ और अनाज के भंडार छोड़कर आए सिख किसानों ने जैसे ही अपने हिस्से के पंजाब को फिर से हरा-भरा किया और हरित क्रान्ति के सरकारी प्रयास का लाभ लेकर अपने प्रदेश को आगे किया, उन्हें दूसरा विभाजन देखना पड़ा। इस बार, 1966 में भाषा के आधार पर राज्यों के पुनर्गठन के क्रम में पंजाब तीन हिस्सों में बँट गया। जो थोड़े-बहुत उद्योग लगे थे वे हरियाणा के हिस्से में गए और जलस्रोत और वनवाले इलाके हिमाचल प्रदेश में। सो आज का पंजाब मात्र 50 हजार वर्ग कि.मी. का रह गया है और 1991 की जनगणना के अनुसार यहाँ 2.02 करोड़ लोग रहते हैं।

और इस नन्हे पंजाब को भी विभाजनों से उबरते ही एक नए संकट से जूझना पड़ा। ऐसे समाजशास्त्री लोगों की कमी नहीं है जो पंजाब में आए आतंकवाद को उसकी आर्थिक समृद्धि और विदेश गए सिखों की समृद्धि तथा वहाँ मिलनेवाले तिरस्कार से जुड़ा मानते हैं। एक अलग सिख देश या सिख प्रभुत्ववाले इलाके की माँग के साथ हुए इस आन्दोलन ने न सिर्फ अरबों की बर्बादी की, आर्थिक विकास की रफ्तार को कुंद किया बल्कि हजारों लोगों की जान ली। कभी हिन्दू और सिख का विभाजन न देखे पंजाबी समाज में यह साम्प्रदायिक दरार तो बढ़ी ही, खुद सिखों की अपनी गिरोहबन्दी भी सामने आई। सौभाग्य से स्थिति एक और विभाजन या अलगाव तक नहीं गई और आज पंजाब लगभग शान्त है। फिर से उन्नति के रास्ते पर तेजी से बढ़ रहा है। वहाँ के तत्कालीन मुख्यमंत्री बेअन्त सिंह की हत्या से इस गति को ठप्प करने की कोशिश की गई थी, पर ऐसा नहीं हो सका।

बहुत ही मुश्किल स्थितियों में बहुत ज्यादा शारीरिक श्रम से विकास करना और देश में सबसे ऊपर पहुँच जाना ही पंजाब के आर्थिक विकास की असली विशेषता नहीं है। असली विशेषता है कृषि के माध्यम से विकास कर लेना। जिस दौर में पंजाब आगे बढ़ा है, उस दौर में दुनिया में शायद ही कोई ऐसा इलाका होगा, जो मात्र कृषि

के आधार पर विकसित हुआ हो। अमीर देशों की खेती और प्रति एकड़ पैदावार का हिसाब यदि पंजाब से ऊपर है, तो इसके पीछे वहाँ जमीन की अधिकता है और दूसरे, उसमें सरकारी सब्सिडी का योगदान भी काफी बड़ा है। यूँ तो पंजाब को भी ऐसे अनुदान और सरकारी समर्थन मिले हैं, पर अमीर देशों की तुलना में काफी कम।

यह दौर विशुद्ध औद्योगिक तरक्की का है और विकास के सारे मॉडलों में (जिनकी चर्चा आगे की जाएगी) कृषि की कोई जगह नहीं है। पंजाब भी आज विकास के इसी रास्ते पर है। खेती के बाद उद्योगों और (तथाकथित) सेवा क्षेत्र का विकास बहुत तेजी से हो रहा है। उद्योगों का जाल गाँव-गाँव तक पहुँच रहा है। खेती पर आश्रित लोगों की संख्या घटती जा रही है। 1971 में कृषि और सहयोगी कामों में 63-62 प्रतिशत लोग लगे थे। 1981 में यह संख्या 61.55 फीसदी और आज यह 58.1 फीसदी पर आ गई है। प्रदेश के सकल घरेलू उत्पादन में कृषि का हिस्सा 1985-86 के 35.3 फीसदी से गिरकर 1993-94 में 30.61 फीसदी रह गया। 2013-14 में यह अनुमान घटकर 26.27 फीसदी रह गया। इसके बावजूद किसानों में जमीन का मोह कम होने की जगह बढ़ा है। उनकी कीमत बढ़ी है। उनमें निवेश बढ़ा है, उनकी पैदावार भी बढ़ी है। यह पंजाब की अपनी विशेषता के चलते हुआ है। विशेषज्ञों की लाख मनाही के बावजूद किसान आज भी अनाज उगाने पर ही सबसे ज्यादा ध्यान दे रहा है। उसे बागबानी, नकदी फसलों, दलहन-तेलहन की खेती बढ़ाने का पाठ रोज चारों ओर से पढ़ाया जा रहा है, तब भी वह धान-गेहूँ की जोड़ी पर आ गया है, जो पुराने अनुभव और वैज्ञानिक आधार पर बहुत लाभकारी नहीं माना जा सकता। 1970-71 में धान की खेती मात्र 3.9 लाख हेक्टेयर जमीन पर होती थी। 1993-94 में यह क्षेत्र बढ़कर 21.79 लाख हेक्टेयर और 2014-15 में 28.51 लाख हेक्टेयर हो गया है। गेहूँ, कपास, गन्ना का इलाका, प्रति हेक्टेयर पैदावार और सिंचित क्षेत्र बढ़ा है। 1970-71 में गेहूँ की पैदावार प्रति हेक्टेयर 22.38 किलो थी जो 1993-94 में 4011 किलो और आज 5017 किलो प्रति हेक्टेयर हो गई थी। पंजाब में फसलवाले कुछ क्षेत्र में भी वृद्धि (1960-61 के 47.32 लाख हेक्टेयर से बढ़कर 1993-94 में 76.23 हेक्टेयर) हुई है। सिंचित इलाके में वृद्धि (1960-61 के 20.2 लाख हेक्टेयर से बढ़कर 1993-94 में 39.28 लाख हेक्टेयर) हुई है। खाद, कीटनाशक, उन्नत किस्म के बीज की खपत में वृद्धि की रफ्तार इन सबसे अधिक है।

पंजाब में खनिज प्रायः नहीं हैं। चारों ओर से जमीन से घिरे होने से अंग्रेजी हुकूमत के दौर में भी यहाँ व्यापार-उद्योग का कोई खास विकास नहीं हुआ था। अंग्रेजी हुकूमत के समय बन्दरगाह से लगे शहरों का विकास हुआ। यहाँ वह भी नहीं हुआ। पर यहाँ का अपना व्यापारी वर्ग रहा है जो काफी समय से पेट काटकर भी पैसा बचाता रहा है। कुछ इस वर्ग का पैसा और कुछ खेती की कमाई, दोनों ने

मिलकर पंजाब में छोटे उद्योगों की भरमार कर दी है। पास में खनिज न होने से यहाँ बुनियादी उद्योग तो नहीं लगे पर कपास, गन्ना और कृषि आधारित उद्योगों के लिए यहाँ शुरू से अच्छी 'जमीन' उपलब्ध थी। सो कपड़ा, चीनी, शराब ही नहीं, कृषि आधारित दूसरे छोटे उद्योग (चावल मिल वगैरह) भी काफी संख्या में आए। साथ ही खेल के सामान, हौजरी, पशुपालन, खेती के उपकरण, साइकिल और अन्य पुर्जों जैसे श्रम बहुल्य तथा कम पूँजी वाले उद्योग भी खूब लगे।

यह सब तो पंजाब का इतिहास और वर्तमान है। और इसके आधार पर बननेवाला भविष्य भी बेहतर ही होगा। आतंकवाद के ग्रहण से लगभग मुक्त पंजाब में आज आर्थिक गतिविधियों में भारी तेजी आई है। लुधियाना, जालन्धर, अमृतसर, रोपड़ (जिसे अब रूपनगर कहा जाता है), चंडीगढ़ से लगे लालडू में जबरदस्त औद्योगिक चहल-पहल है। मात्र तीन वर्षों में जमीन की कीमत दस गुना तक बढ़ी। कम-से-कम 20000 करोड़ के नए निवेश आ रहे हैं, जिसमें से अकेले लालडू में 10,000 करोड़ रु. के निवेश की तैयारी है। करीब 4,000 मेगावाट बिजली पैदा करने के नए उपकरण लग रहे हैं। सिंचाई की कम-से-कम दो दर्जन नई योजनाओं पर काम चल रहा है। विश्व व्यापार संगठन में शामिल होने के बाद कैसी खेती, कैसा उद्योग चलेगा इस पर शोध होने लगे हैं।

लेकिन इन सबके बावजूद ठोस वास्तविकता यही है कि खेती, पशुपालन, निर्माण-कार्य, बागबानी और उद्योगों ने पंजाब की समृद्धि में काफी योगदान किया है और जो आँकड़े बताए गए हैं या जिस तरह से मात्र कृषि आधारित अर्थव्यवस्था होने के बावजूद पंजाब सबसे ऊपर आया है, उसमें इन सबका बड़ा योगदान है। पर पंजाब की समृद्धि अभी इतनी नहीं है कि उसकी ख्याति से ही यहाँ पहुँचनेवाले प्रवासियों की बाढ़ उमड़ पड़े। न ही उसके यहाँ अभी पूँजी, कौशल और नवीनतम तकनीक से लैस लोग ही आए हैं। आए हैं तो सिर्फ अनपढ़, अकुशल, पिछड़े इलाकों के मजदूर।

और इन मजदूरों को आकर्षित करने का असल कारण पंजाब का जीवन, यहाँ की समृद्धि, यहाँ दिखनेवाला उज्ज्वल भविष्य नहीं, मात्र रोटी खिला सकनेवाले काम हैं। और ये काम उपलब्ध हैं पंजाब की खेती में, उसके श्रम आधारित उद्योगों में, आर्थिक समृद्धि से आई सम्पन्नता के चलते पैदा सेवा क्षेत्र में। फौज की नौकरी, विदेश में, कमाई के लोभ में जानेवालों की फौज और खेती में मजदूरी करनेवाले रामगढ़िया समुदाय के—मुख्यतः कृषि उपकरणों की मरम्मत, रख-रखाव, परम्परागत तकनीकी कौशल के अन्य कामों, निर्माण, भट्ठा उद्योग और छोटे उद्योगों में चले जाने से, पंजाब में कम कमाईवाले शारीरिक श्रम करनेवालों की भयंकर कमी हो गई है।

यह कुछ अजीब हुआ है कि खेती में श्रमप्रधान फसलों का जोर बढ़ा है। छोटे उद्योग आए हैं। औद्योगिक श्रमिकों की माँग बढ़ी है। पर पंजाब की अपने जवान

मर्दों की फौज विदेश की ओर मुँह किए है। पंजाबी समुदाय ने अपनी औरतों के काम पर लगभग पूरी ही रोक लगा दी है। पहले व्यवसाय से जुड़े समुदाय की औरतें बाहर काम नहीं करती थीं (पुरुष भी श्रमवाले काम नहीं करते थे)। फिर खेतिहर किसानों ने अपनी औरतों को बाहर जाने से रोका और अन्त में इन सबकी देखा-देखी खेतिहर मजदूरों ने भी औरतों का बाहर जाकर काम करना बन्द करा दिया। सारे देश में औद्योगिक श्रमिकों में औरतों का हिस्सा बढ़ रहा है। पंजाब में शिक्षा-स्वास्थ्य के हिसाब से औरतों की स्थिति सुधर रही है। पर औद्योगिक श्रमिकों में उनकी हिस्सेदारी गिरकर सात फीसदी से भी कम रह गई है और यहाँ भी वे बटन टाँकने, कशीदाकारी जैसे काम ही करती हैं।

सो, अचरज नहीं कि पंजाब दिन-ब-दिन जितना आगे बढ़ता जा रहा है उतना ही बाहरी श्रमिकों पर निर्भर हो रहा है। उनकी माँग उतनी ही बढ़ती जा रही है। यह चीज पंजाब के विकास की उसी विशिष्टता से जुड़ी है जिसकी चर्चा पहले की जा चुकी है। वरना हम देखते हैं कि प्रति व्यक्ति आय, प्रति व्यक्ति उत्पादन और सम्पन्नता के बाकी सभी पैमानों पर पंजाब से कहीं आगे बैठनेवाले (पश्चिमी) समाज आज भले ही सामानों और पूँजी की आवाजाही पर से हर तरह के प्रतिबन्ध उठाने का अभियान चलाए हुए हैं, पर आदमियों के आने-जाने पर रोक बढ़ाते जा रहे हैं।

पंजाब में धान की खेती बड़ी है और धान की खेती करने और तैयार धान निकालनेवाली कोई मशीन नहीं आई है। जो मशीनें आई हैं वे महँगी और खराब काम करनेवाली हैं। गेहूँ की खेती बढ़ी है। कपास की खेती बढ़ी है और सब में श्रमिकों की जरूरत बढ़ी है। कीनू, अंगुर, नासपाती, टमाटर, आलू, गोभी की खेती बढ़ी है। इनमें और अधिक श्रमिक चाहिए। पशुपालन, मुर्गीपालन बढ़ा है। इनमें भी खेती से ज्यादा श्रमिक चाहिए। उद्योग लगे हैं तो हौजरी, रेडीमेड कपड़े, डेयरी, खेल सामग्री, साइकिलें, इंजीनियरिंग के छोटे कारखाने, बेकरी, चावल मिल, भट्ठे, चारा मिलों जैसे ही, जिनमें श्रमिक ज्यादा संख्या में चाहिए। इन उद्योगों में असली काम श्रमिक ही करेंगे और इनमें पूँजी भी कम लगती है।

सो जैसे-जैसे 'देश का कोठार' माना जानेवाला यह प्रदेश खेती में और उसके बाद उद्योगों के मामले में आगे बढ़ता जा रहा है वैसे-वैसे यहाँ मजदूरों की जरूरत भी बढ़ती जा रही है। और भले ही स्व. भिंडरावाले की जुबान में स्थानीय लोगों (संस ऑफ स्वायल) के प्रति झुकाव था पर आम तौर पर अभी तक पंजाबी समाज के लिए स्थानीय-बाहरीवाला मुद्दा अभी नहीं आया है। इसमें कुछ तो उनकी जरूरत का हाथ है; कुछ इनकी सांस्कृतिक पृष्ठभूमि का और कुछ बाहर से आनेवालों के अपने रंग-ढंग का भी, जिन्होंने रोटी कमाने के अलावा अभी किसी दूसरी तरफ नजर उठाना शुरू नहीं किया है।

मददगार सन्दर्भ

1. प्रो. एस.एस. गिल : नेशनल कमीशन ऑन रूरल लेबर, भारत सरकार, 1990
2. एस.पी. मेहता : पंजाब टुडे, न्यू एकेडमिक पब्लिकेशन्स, जालन्धर, 1983
3. डॉ. गोपाल सिंह (सं.) : पंजाब टुडे
4. खुशवंत सिंह : माइ ब्लीडिंग पंजाब, यूबीएसपीडी, नई दिल्ली, 1992
5. एच.एस. मानी और डॉ. एस. टिवाणा : ज्योग्राफी ऑफ पंजाब, नेशनल बुक ट्रस्ट, नई दिल्ली, 1995
6. अनिल कुमार : बिहार का भूगोल, नेशनल बुक ट्रस्ट, नई दिल्ली, 1995
7. आर्थिक सर्वेक्षण, भारत सरकार, 2010-11
8. स्टेटिस्टिकल एब्स्ट्रैक्ट, पंजाब सरकार, 2014
9. माइलस्टोन्स, पंजाब सरकार, 1995
10. सेंटर फार मानिटरिंग ऑफ इंडियन इकॉनामी, बेसिक स्टेटिस्टिक्स, स्टेट्स, सितम्बर, 1994
11. सेंसस ऑफ इंडिया, 2011 सिरीज 20, पंजाब
12. इंडिया 1984, भारत सरकार
13. एम.एस. रंधावा, ग्रीन रिवोल्यूशन, विकास पब्लिशिंग हाउस, नई दिल्ली, 1974
14. आर.एन. दुबे : इकॉनामिक एंड कमर्शियल ज्योग्राफी, किताब महल, इलाहाबाद, 1980

अध्याय-4

परदेसी बनने की मजबूरी

पंजाब को जिस तरह के मजदूरों की जरूरत है, वैसे मजदूरों की देश में कमी नहीं है। अगर देश में कमी पड़ भी जाए तो पास-पड़ोस के देशों से आ जाएँगे क्योंकि वहाँ ऐसे मजदूरों की संख्या और अनुपात हमसे ज्यादा ही होगा। आजादी के 70 वर्ष बाद भी अगर बिहार की तरह प्राकृतिक संसाधनों और उर्वर जमीनवाला प्रदेश भी प्रति वर्ष मात्र 9760 करोड़ रुपए का उत्पादन कर पाए, प्रति व्यक्ति वार्षिक आय 25 हजार रुपए के आसपास तक ही पहुँच पाए, देश के 452 में से 314 जिलों में साक्षरता का स्तर 50 फीसदी से नीचे रह जाए, स्वास्थ्य सेवाओं का यह हाल है कि दो पैसे के आयोडीन की कमी के चलते आज भी लाखों लोग जीवन भर के लिए विकलांग रह जाएँ, पीने का शुद्ध पानी न पा सकें तो देश में मजदूरों की कमी नहीं पड़ेगी।

आज जो मजदूर बिहार से चलकर, ओड़िसा से चलकर, पूर्वी उत्तर प्रदेश से, नेपाल से, राजस्थान से आकर पंजाब में काम करता है, दिल्ली में काम करता है, बम्बई-सूरत-अहमदाबाद जाता है, श्रीनगर और कश्मीर घाटी तक जा रहा है, वह एक अलग श्रेणी का है। उसे 'प्रवासी' की पुरानी परिभाषा से नहीं समझा जा सकता। वह लगभग 'पलायन' करता है—बाल-बच्चों, घर को छोड़कर और फिर खुद को। और इन सबको बचाए रखने के लिए हाड़तोड़ मेहनत करता है। शिक्षा, तकनीकी ज्ञान, कमाई बढ़ाने लायक भाषा, ढंग उसके पास नहीं है।

परदेसी तो पंजाब के भी कम लोग नहीं हुए हैं; बल्कि पंजाब की समृद्धि में उनका भी हाथ है। अकेले जालन्धर जिले में प्रथम विश्वयुद्ध के पहले हर साल 25 से 30 लाख रुपए या मनीऑर्डर आया करते थे। 1934 में हुई पंजाब बैंकिंग इनक्वायरी के अनुसार तब जालन्धर और होशियारपुर में प्रति वर्ष 12 लाख रुपए अकेले इंपीरियल बैंक (आज के भारतीय स्टेट बैंक) के माध्यम से ही आते थे। 1905 से 1908 के बीच कनाडा में जो 5197 भारतीय गए, उनमें अधिकांश पंजाब के थे और वहीं बस गए। ब्रिटेन की आबादी में 4 फीसदी भारतीय हैं जिसमें आधे से अधिक पंजाबी हैं। अमेरिका, यूरोप और अब खाड़ी के देशों में भी गए भारतीयों में पंजाबियों का अनुपात अपने प्रदेश के आकार से काफी अधिक है।

और तो और अभी, हाल तक (सत्तर के दशक के मध्य तक) अपने देश के विभिन्न शहरों-कस्बों में ही पंजाब से जितने लोग जाते थे, पंजाब में बाहर से आनेवालों की संख्या उससे काफी कम थी। 1981 की जनगणना के बाद यह समीकरण उलटा है। आज भी पंजाब से बाहर जानेवालों की संख्या कम नहीं है। और अगर वे अपने यहाँ रोजगार और कमाई के पर्याप्त अवसरों को छोड़कर आज तक जा रहे हैं तो इसका कारण बेहतर कमाई है। सो पंजाब आने और पंजाब से जानेवाले परिभाषा से तो दोनों ही प्रवासी कहलाएँगे पर उनकी श्रेणी एक नहीं है।

यही कारण है कि मजदूरों के बाहर जाकर कमाने के बारे में देश-विदेश में जो भी अध्ययन हुए हों उनसे निकाले निष्कर्षों के आधार पर आज पंजाब पहुँचनेवाले मजदूरों की 'प्रवृत्ति' को ठीक से विश्लेषित नहीं किया जा सकता। दुनिया के स्तर पर भी मजदूरों की इस प्रवृत्ति को जानने, समझने के बहुत अध्ययन नहीं हुए हैं और भारत में तो और भी कम। बीस-पच्चीस वर्षों से देश के सबसे पिछड़े इलाकों से अनपढ़, अकुशल, जवान मजदूरों का जो पलायन हो रहा है उस बारे में तो और भी कम अध्ययन हुए हैं। पंजाब और दिल्ली में इस बारे में थोड़ी जागरूकता दिखती भी है तो जिन इलाकों से पलायन हो रहा है, वहाँ एकदम खामोशी है।

जितने अध्ययन दुनिया के स्तर पर हुए हैं और उनसे जो निष्कर्ष निकाले गए हैं, वे इस नई प्रवृत्ति पर न तो प्रकाश डाल पाते हैं न ही उनके निष्कर्षों को आधार मानकर नया काम ही किया जा सकता है।

मजदूरों के पलायन और प्रवासी होकर कमाई करनेवाली प्रवृत्ति पर सबसे पहले रावेन्स्टीन ने जर्नल ऑफ रॉयल स्टेटिस्टिकल सोसाइटी में 1884 और 1889 में छपे अपने दो शोधपत्रों के जरिए एक सिद्धान्त गढ़ने की कोशिश की। इंग्लैंड के अनुभवों पर आधारित उनके तीन सिद्धान्तों को आज तक प्रासंगिक माना जाता है, पर पूर्ण नहीं। उनका पहला निष्कर्ष था कि पलायन के निर्णय के पीछे आर्थिक कारण सबसे प्रभावी होते हैं। फिर उन्होंने यह कहा कि पलायन में दूरी भी एक प्रभावी कारण है और अपनी जगह छोड़नेवाला आदमी नजदीक से नजदीक जमना चाहता है। दूरी जितनी बढ़ती जाती है वहाँ जानेवालों की संख्या उसी अनुपात में घटती जाती है। उनका तीसरा निष्कर्ष था कि ग्रामीण इलाकों से मजदूर शहरों की तुलना में ज्यादा संख्या में भागते हैं। ए.बी. हिल, कोलफील्ड थामस ने इंग्लैंड के ही अलग-अलग अध्ययनों के आधार पर लगभग इन्हीं निष्कर्षों की पुष्टि की। एम. ग्रीनवुड ने भारत के अध्ययन के आधार पर यही किया। जी.के. झिप्ट ने पी 1 पी 2/डी सिद्धान्त दिया जो जनसंख्या, उत्पादकता और दूरी के अन्तर्सम्बन्धों को एक फार्मूले का रूप देता है। दरअसल यह वह दौर था जब समाजविज्ञान ने अपना स्वतंत्र अस्तित्व ही नहीं बनाया था और सभी कुछ भौतिक विज्ञान की शब्दावली में समझाया जाता था। उपरोक्त सारे ही निष्कर्षों को एक मोटे वर्ग 'ग्रेविटी मॉडेल' (गुरुत्वाकर्षण मॉडल) कहा जाता था।

इस पूरे मॉडल को सबसे पहले 1941 में एस. स्टॉफर ने चुनौती दी और पलायन के 'अवसर' को मुख्य कारक माना। उन्होंने दूरी, कमाई वगैरह को नकारा नहीं, पर माना कि असली कारण 'अवसर' (अपार्चुनिटी) उपलब्ध होना है। ए.एम. रोज ने लगभग इसी दिशा में सोचते हुए निष्कर्ष निकाला कि अधिक पढ़े लोग सबसे पहले पलायन करते हैं।

अभी हाल में भी एम.सी. टोडारो जैसे विशेषज्ञों ने कई अन्य निष्कर्ष निकाले जो काफी हद तक स्वीकृत हुए। उनके इस निष्कर्ष को बहुत मान्यता मिली कि ज्यादा पढ़े-लिखे और संचार के माध्यमों से जुड़े लोग ही सबसे पहले विदा होते हैं। अपने यहाँ तो यह पुरानी मान्यता रही है कि पढ़ा-लिखा अमीर वर्ग जमीन से जुड़ाव महसूस करने के मामले में सबसे पीछे है।

1960 के दशक के आने तक मजदूरों का पलायन एक बड़ी सामाजिक प्रवृत्ति का रूप ले चुका था और द्वितीय विश्वयुद्ध के बाद विकसित आर्थिक मॉडलों की, जिनमें अब सीधे उपनिवेश बनानेवाली प्रवृत्ति खत्म हो चुकी थी, कार्यप्रणाली भी साफ हो गई थी। और इन प्रवृत्तियों को ज्यादा साफ और बेहतर ढंग से विश्लेषित करके ई.एस. ली ने 1966 में 'पुश एंड पुल फैक्टर' वाला नया सिद्धान्त दिया जो काफी हद तक पलायन और उसके कारणों को समझने में मददगार है। ली के अनुसार पलायन और प्रवास, दोनों जगहों पर मौजूद अनेक कारण पलायन करनेवालों को भगाने, ठेलने और बुलाने, आकर्षित करने का काम करते हैं। और इन्हीं कारणों को वे 'पुश एंड पुल' कारक मानते हैं। उन्होंने इन कारणों का विस्तार से जिक्र भी किया है पर साथ ही यह हिसाब भी लगाया है कि मजदूर इन कारणों के साथ ही अपनी तकलीफों को 'तौलता' है। इसके अलावा उसके अन्दर की स्वाभाविक प्रवृत्ति भी इसमें मददगार होती है। लगभग इसी निष्कर्ष को आर.एल. बुरफोल्ड ने अलग ढंग से बताया है। उनका मानना है कि पलायन में भौतिक दूरी की जगह मनोवैज्ञानिक दूरी ज्यादा कारगर भूमिका निभाती है।

ली का सिद्धान्त काफी हद तक चीज़ों को साफ करता है, लेकिन इसमें कहीं भी न तो 'पुल' वाले कारकों का 'वजन' बताया गया है, न 'पुश' वालों का। हाँ, विकास के इस दौर की ज्यादा अच्छी समझ के चलते ली ने 'पुश'-'पुल' के भारत्तोलन में अपना पलड़ा जरूर 'पुश' वाले कारकों की तरफ झुकाया, जो सही भी है। पर इससे भी कई चीजें अस्पष्ट रह जाती हैं। भारत ही नहीं, दुनिया के तमाम शहरों में पर्याप्त बेरोजगारी है, जीवनयापन मुश्किल है, तनाव बेइन्तहा है। शुद्ध हवा-पानी मिलना मुश्किल है—अर्थात्, पुशवाले कारकों की भरमार है। फिर भी न तो शहरों से बड़ी संख्या में पलायन होता है और न ही गाँवों से शहरों की तरफवाला पलायन रुक रहा है। कहा जा सकता है कि रोजगार के मामले में गाँवों की स्थिति बदतर है। पर विकास के स्तर में जो क्षेत्रीय अन्तर है उसमें तो गरीब

इलाके के शहरों-कस्बों से समृद्ध इलाके में पलायन होना चाहिए, पर ऐसा कहीं नहीं दिखता। अपने यहाँ जब असम, झारखंड, पूर्वोत्तर जैसे इलाकों से प्रवासियों को 'खदेड़ने' के आन्दोलन चल रहे थे तो अमरीकी समाजशास्त्री माइरन वायनर ने एक विस्तृत अध्ययन किया जो 'संस ऑफ स्वायल' (भूमिपुत्र) नाम से छपा है। प्रवास और पलायन को विकास और राष्ट्रीय एकता से जुड़ा मानते हुए इसमें कई अलग तरह के निष्कर्ष निकाले गए। आम राय के विपरीत वायनर का मानना था कि प्रवासी सबसे कमजोर नहीं होते, उनके स्थान बदलने के पीछे 'पुश' से ज्यादा 'पुल' कारकों का हाथ होता है, पर उनकी संख्या स्थानीय लोगों को भौतिक लाभ तो देती है लेकिन एक हद के बाद वे राजनीतिक-आर्थिक-सामाजिक-सांस्कृतिक वजूद के लिए खतरे का अहसास भी दिलाने लगते हैं। लेकिन कुल मिलाकर यह प्रवृत्ति आर्थिक उन्नति के लिए जरूरी है। जो अवसर स्थानीय लोगों को नहीं दिखते या जो काम वे नहीं करते, वह सब प्रवासी ताड़ लेते हैं, कर लेते हैं। स्वेच्छा से करते हैं, उत्साह से करते हैं। यही रुझान विकास में सहायक है।

पर आज भारत और पूरी दुनिया में श्रमिकों के पलायन के मामले में जो नई प्रवृत्तियाँ दिख रही हैं, उनकी व्याख्या न तो इन विद्वानों के निष्कर्षों से की जा सकती है न ही भारतीय मानस की पुरानी धारणा से। बल्कि आज यह सिद्धान्त प्रबल हुआ है कि विकास और पलायन में सीधा रिश्ता है, जितना अधिक पलायन, उतना अधिक विकास। पर जहाँ से पलायन होता है वहाँ विकास कम होता है। नवीनतम तकनीक, संचार-साधनों, विश्व की नई राजनीतिक व्यवस्था, उपभोक्तावाद, बाजारवाद वगैरह के माध्यम से पूरी दुनिया के बाजारों और संसाधनों पर मुट्ठी भर लोगों-कम्पनियों का नियंत्रण-सा बन जाने के बाद श्रमिकों के पलायन का जो दौर शुरू हुआ है वह बेहतर अवसर, बेहतर कमाई और बेहतर जीवन स्तर के लिए नहीं है। वह पूरी तरह अपने-आपको, अपने बाल-बच्चों को, अपने आश्रितों को जीवित बचा लेने भर के लिए है। आज जीवन बचा लेना ही मुख्य उद्देश्य हो गया है और इस दौर में पलायन उन्हीं क्षेत्रों में सबसे ज्यादा हो रहा है जो आधुनिक विकास के किसी भी तरह के लाभ से वंचित हैं, आधुनिक संचार प्रणाली से दूर हैं, जहाँ साक्षरता लगभग शून्य है और पुरुष बेरोजगारों की बहुलता है।

यही पलायन हमारे अध्ययन का विषय है और हमारी चिन्ता का भी। और हमारी ही क्यों, विकास की इस प्रवृत्ति को जान-समझ लेनेवाले सभी जागरूक लोगों की। इनसाइक्लोपीडिया ब्रिटानिका की परिभाषा है, "अपने कामवाले इलाके के निवासी हुए बिना वहाँ अस्थायी रोजगार या उसकी तलाश में व्यवस्थित रूप से जानेवाले मजदूर ही 'प्रवासी' मजदूर कहलाते हैं।" पढ़ा-लिखा आदमी जब बेहतर कमाई और जीवन स्तर के लिए कहीं पहुँचता है तो धीरे-धीरे वहाँ जमता जाता है। परिवार लाता या बसाता है और लगभग वहीं का होकर रह जाता है। खरीद-फरोख्त

में एक से दूसरी जगह लाए गए गुलाम या गिरमिटिया मजदूर भी नई जगह के निवासी बन गए—पर आज मजदूरों के जिस वर्ग में पलायन का जोर है, वह निरन्तर अपनी जड़ों की ओर लौटता है, वहाँ से रिश्ता रखता है, कमाकर 'घर' भेजता है। संकट में, बीमारी में, बुढ़ापे में घर लौट आता है।

1987 में तत्कालीन प्रधानमंत्री राजीव गांधी ने अपने बजट भाषण में ग्रामीण श्रमिकों की स्थिति का अध्ययन करने के लिए एक राष्ट्रीय आयोग गठित करने की घोषणा की थी। उसी साल अगस्त में प्रसिद्ध गांधीवादी नेता झीणाभाई दारजी के नेतृत्व में यह आयोग गठित भी हुआ। बाद में सरकार बदलने पर दारजी ने इस्तीफा दे दिया और सांसद सी.एम. हनुमन्त राव इस आयोग के अध्यक्ष हुए। आयोग के अधिकांश निष्कर्ष ग्रामीण श्रमिकों की वास्तविक स्थिति को सामने लाते हैं और उसके सुझाव क्रान्तिकारी लगते हैं—कम से कम प्रवासी मजदूरोंवाले सुझाव तो निश्चित ही (देखें परिशिष्ट-1)। 1991 में उसने अपनी रिपोर्ट दी पर आज तक इसकी एक भी सिफारिश पर अमल करने की पहल शुरू नहीं हुई है।

इस आयोग में भी प्रवासी मजदूरों की स्थापित परिभाषा की जगह नई परिभाषा देने और उसी को ध्यान में रखकर निष्कर्ष तथा सुझाव दिए हैं। उसने माना है कि, "प्रवासी मजदूर के तहत सफेदपोश नौकरी, कमाऊ व्यवसाय और व्यापार करनेवाले सभी लोग आते हैं जो वर्षों से एक जगह जाकर काम करते हैं और कमोबेश वहीं बस से गए हैं। पर इसमें वे मजदूर भी शामिल हैं जो साल के कुछ महीनों में अपना श्रम बेचने के लिए घर से निकलते हैं और कमाकर वापस अपने घर लौट आते हैं।" और बड़ी परिभाषा के बाद आयोग ने स्पष्ट किया है कि मौजूदा अध्ययन के लिए प्रवासी मजदूर की परिभाषा दूसरे वर्गवाली ही होगी।

आयोग की परिभाषा बहुत हद तक मानते हुए भी यह स्पष्ट करना जरूरी है कि प्रवासी मजदूरों की परिभाषा में घर से दूर जाना और साल में कुछ समय काम करने जैसे दो आधार ही पर्याप्त नहीं हैं। ये मजदूर आम तौर पर अनपढ़ हैं, असंगठित हैं, ग्रामीण और पिछड़े इलाकों से आते हैं। पर ये 'विशेषताएँ' उनको दूसरों से अलग नहीं करतीं। घर से दूर जाने और अस्थायी काम के अलावा उनके काम का एक खास चरित्र यह है कि उन्हें नियमित वेतन या दैनिक मजदूरी की जगह काम के हिसाब से मजदूरी मिलती है या काम ही ठेके पर मिल जाता है। स्थानीय मजदूर की तुलना में सस्ती दर पर काम करने, ज्यादा मोल-तोल की स्थिति में न रहने, मजदूरी के अलावा दूसरी सुविधाओं की माँग न करने या मालिक नियोक्ता की तरफ से ऐसी कोई व्यवस्था करने की बाध्यता न रहने से स्थानीय मजदूरों की तुलना में उनको ज्यादा काम मिलने लगता है। प्रवासी मजदूर की 'विशेषताओं' में यह पहलू भी शामिल है। अपने घर-बार से हजारों मील दूर जाकर भी स्थानीय मजदूरों से कम दर पर काम करना, उनमें बदतर हालत में रहना, किसी भी सुविधा की माँग करने की स्थिति में न होना, उनको अन्य मजदूरों से अलग करता है।

संगठित न होना उनकी इस स्थिति के लिए जिम्मेदार है। उनके काम का चरित्र उनको संगठित नहीं होने देता। आज जहाँ काम मिल रहा है, वहाँ कर लेना उनकी मजबूरी है और कल कहाँ-क्या काम मिलेगा, इसका पता उन्हें नहीं होता। फिर अन्य मजदूरों से मेल-मिलाप के अवसर भी कम होते हैं। रहने की तंग जगहों पर वे साथ जरूर होते हैं, पर संगठित होकर कुछ माँग कर सकें, सौदे कर सकें, माँगे न पूरी होने पर कोई कार्रवाई कर सकें, यह सब उनके वश में नहीं होता। साथ के किसी मजदूर की मौत या दुर्घटना पर वे आपस में चन्दा करके खर्च बाँट लेते हैं, पर उसके मुआवजे की माँग के लिए कहीं जाने की स्थिति में नहीं होते।

श्रम और उत्पादन सम्बन्धों में इस युग के सबसे बड़े व्याख्याकार कार्ल मार्क्स की सर्वहारा की परिभाषा भी प्रवासी मजदूरों पर लागू नहीं होती। वर्ग चेतना, लाभ या अपने हकों के प्रति चेतन होकर संघर्ष करने की कौन कहे, अपना, अपने परिवार और बाल-बच्चों का पेट पालकर कैसे भी जीवित रह लेने की बुनियादी चिन्ता से ही ये लोग मुक्त नहीं हो पाते। हम देखते हैं कि अपने यहाँ किसानों और भूमिहीन मजदूरों के आन्दोलन समय-समय पर होते रहते हैं। हाल में तो महेन्द्र सिंह टिकैत, शरद जोशी, एम.डी. नजुंदास्वामी, किशन पटनायक, अजमेर सिंह लाखोंवाल जैसे किसान नेताओं के जरिए लगातार किसान आन्दोलन हुए हैं और इसके चलते देश की राजनीति, उसकी अर्थनीति में किसानों की उपेक्षा भी मुश्किल है। अर्थनीति की दिशा किसान समर्थक भले ही न हो पर लोकतंत्र में समाज के इतने बड़े वर्ग (और वह भी जब आवाज उठाने लगे तो) की उपेक्षा सम्भव नहीं है। पर प्रवासी मजदूरों का न तो कोई संगठन है, न उनकी तरफ से किसी बात के लिए संगठित आन्दोलन हुआ है, न इसकी कोई सम्भावना ही दिखती है।

बिहार से बाहर गए मजदूरों की जिलेवार संख्या

(सरकारी आँकड़ों के अनुसार 1992)

	जिला	राज्य से बाहर जानेवाले श्रमिकों की संख्या	ठेकेदार के माध्यम से जानेवाले श्रमिकों की संख्या
1.	कटिहार	19,518	शून्य
2.	मुंगेर	1,479	शून्य
3.	समस्तीपुर	11,949	1,051
4.	सुपौल	23,421	शून्य
5.	पूर्णिया	22,421	शून्य
6	मधेपुरा	20,102	1542
7.	भोजपुर	2991	शून्य
8.	दुमका	677	शून्य
	कुल	**1,02,744**	**2,593**

स्रोत : सामाजिक सुरक्षा विभाग, बिहार सरकार

सो देश की राजनीति, अर्थनीति और कुल चर्चा में उनका अस्तित्व कहीं नहीं दिखता, महसूस नहीं होता। संख्या के लिहाज से तो वे सार्वजनिक क्षेत्र में काम करनेवाले कुल मजदूरों (1992-93 के आर्थिक सर्वेक्षण के अनुसार 192.10 लाख) में आधे से अधिक ही होंगे; पर उनको पूछनेवाला कोई नहीं है। सच कहें तो उनकी बदहाली का इससे बड़ा सबूत क्या होगा कि उनकी संख्या का ही कोई सही अनुमान नहीं है। बिहार, जो इस शोधकर्ता के अध्ययनवाला एक प्रदेश है, के निम्नांकित सरकारी आँकड़ों के हिसाब से तो मात्र 1.27 लाख मजदूर ही राज्य से बाहर गए थे। पर जब चुनाव और मतदाता पहचान-पत्र बनाने का सवाल आया तो राज्य के तत्कालीन मुख्यमंत्री लालू प्रसाद यादव ने कहा कि प्रदेश के एक करोड़ से ज्यादा लोग बाहर गए हैं। सो पहचान-पत्र का काम व्यवस्थित ढंग से और सही-सही नहीं हो सकता।

बिहार में आँकड़ों की गड़बड़ की मुख्य वजह तो प्रशासनिक अराजकता रही है, जहाँ दशकों तक कोई भी सरकारी-गैरसरकारी अंग काम करता नहीं दिखता था। पर तकनीकी गड़बड़ यह है कि प्रदेश से बाहर जानेवाले मजदूरों का हिसाब-किताब पंचायत सेवकों, मुखिया, सरपंच, प्रखंड श्रम निरीक्षक और अन्य निचले स्तर के अधिकारियों को न देकर सीधे कलक्टर के जिम्मे सौंप दिया गया है। अन्तरराज्य प्रवासी मजदूर कानून के तहत प्रदेश से बाहर जानेवाले मजदूरों और उनको ले जानेवाले ठेकेदारों के पंजीकरण का कानून है; पर न तो इस कानून पर अमल होता है, न मजदूर खुद-बखुद कलक्टर के यहाँ पंजीकरण कराने पहुँचते हैं। पूरे जिले के लाख कामों के बोझ तले दबे कलक्टर सब कुछ जानकर भी आँकड़े जुटवाने की स्थिति में नहीं होते। सो आज मुख्यमंत्री-श्रममंत्री से लेकर गाँव के ग्रामसेवक तक मानते हैं कि मजदूरों के पलायन के आँकड़े अपर्याप्त हैं, पर कोई कुछ नहीं करता। और जहाँ आँकड़े सारी सच्चाई सामने ला देते हैं, वहीं प्रवासी मजूदरों सम्बन्धी बिहार सरकार के आँकड़े इस प्रवृत्ति की वजह से सरकार को ही नंगा करके सामने ला देते हैं।

अन्य राज्यों की स्थिति क्या है, इसकी जानकारी इस लेखक को नहीं है, पर इतना स्पष्ट है कि पूरे देश के नीति-निर्माताओं का ध्यान अभी तक प्रवासी मजदूरों की तरफ गया नहीं है। 1991 की जनगणना के विस्तृत आँकड़े अभी तक नहीं आए हैं, पर 2011 के जो आँकड़े उपलब्ध हैं, उसके अनुसार 4.23 करोड़ लोग अपने जन्म स्थान से अलग प्रदेश में गए हैं। पहले की जनगणनाओं में बाहर जाने की सीमा, (गाँव से शहर, जिले से बाहर, राज्य से बाहर, विदेश) वगैरह का उल्लेख नहीं होता था। सो विवाहित औरतों के पीहर जानेवाली संख्या भी इसमें शामिल रहती थी। 1981 में सीमा, बाहर जाने का कारण वगैरह भी दिया जाने लगा। 2011 में बाहर गए 4.23 करोड़ लोगों में से करीब 40.3 [37.6 फीसदी पुरुष और 3.2

फीसदी महिला] फीसदी रोजगार के लिए अपने प्रदेश से बाहर गए थे। इसका मतलब हुआ करीब 1.61 करोड़।

भारत की जनसंख्या : (1951-2001)								
क्र. सं.	राज्य/ सं.रा. क्षेत्र	1951	1961	1971	1981	1991	2001	2011
1.	उत्तर प्रदेश	60274	70144	83849	105137	132062	166198	199581
2.	महाराष्ट्र	32003	39554	50412	62783	78937	96879	112372
3.	बिहार	29085	34841	42126	52303	64531	82999	105468
4.	पश्चिम बंगाल	26300	34926	44312	54581	68078	80176	91347
5.	आन्ध्र प्रदेश	31115	35983	43503	53551	66508	76210	84665
6.	तमिलनाडु	30119	33687	41199	48408	55859	62406	72138
7.	मध्य प्रदेश	18615	23218	30017	38169	48566	60348	72597
8.	राजस्थान	15971	20156	25766	34262	44006	56507	68621
9.	कर्नाटक	19402	23587	29299	37136	44977	52851	61130
10.	गुजरात	16283	20633	26697	34086	41310	50671	60383
11.	उड़ीसा	14646	17549	21945	26370	31660	36805	41947
12.	केरल	13549	16904	21347	25454	29099	31841	33383
13.	झारखंड	9697	11606	14227	17612	21844	26946	32966
14.	पंजाब	9161	11135	13551	16789	20282	27704	24359
15.	हरियाणा	5674	7591	10036	12922	16464	25353	21145
		331874	401514	496286	617563	764183	926341	1210854

स्रोत : भारत के महापंजीयक का कार्यालय, गृह मंत्रालय।

2011 की जनगणना भी हो चुकी है। इसके कुछ प्रारम्भिक आँकड़े आ चुके हैं। पर चार साल बीतने पर भी सारे आँकड़े, सारे निष्कर्ष नहीं आए हैं। इन दस वर्षों में काफी कुछ बदला है। जनसंख्या में अगर वृद्धि हुई है तो साक्षरता, स्वास्थ्य, समृद्धि के आँकड़ों में उतनी प्रभावी वृद्धि नहीं दिखती। क्षेत्रीय असन्तुलन बढ़ता दिखता है। नई आर्थिक नीतियों के तहत निवेश, उसके उद्देश्य और उसके उत्पादन पर किसी तरह के सवाल से हाथ खींचकर सरकार ने इस असन्तुलनकारी प्रवृत्ति को और बढ़ाया ही है। इसमें खेती-उद्योग-सेवाओं का समीकरण भी खेती के खिलाफ गया है। गाँव-शहर में समीकरण गाँव के विपरीत होना ही है। सो तय है कि इन दस वर्षों और उसके बाद के पाँच वर्षों में पलायन की प्रवृत्ति मजबूत ही हुई है।

एक संकेत तो पंजाब आए प्रवासी मजदूरों की संख्या है। राज्य के श्रम आयुक्त विश्वदीप खन्ना के अनुसार इनकी संख्या 45 लाख से ऊपर है। अगर दिल्ली की जनसंख्या में 1981-91 के बीच हुई फीसदी की वृद्धि के असली कारण ढूँढ़ेंगे तो राजधानी के स्त्री-पुरुषों की उर्वरता बढ़ने की जगह प्रवासियों का आना ही मिलेगा। और ये प्रारम्भिक संकेत हैं कि 1981 के बाद पलायन करनेवालों की संख्या में भारी वृद्धि हुई है; क्योंकि उनके यहाँ स्थितियाँ बिगड़ी हैं, खेती पिछड़ी है, गाँव पिछड़े हैं, अनपढ़ लोग पिछड़े हैं। आज तो पेट पर आफत है, कल जान पर भी आ सकती है!

अन्तरराज्य पलायन : 1971 और 1981					
	प्रदेश में आने वाले ('000)			प्रदेश से जाने वाले ('000)	
राज्य	**1971**	**1981**	**2001**	**1971**	**1981**
आन्ध्र प्रदेश	746	900	1032	1.061	1.338
अरुणाचल प्रदेश	70	125		2	3
असम	1,502	–		214	–
बिहार	**1,176**	**1,331**	**1619**	**2,201**	**2,512**
गोवा	109	176		121	115
गुजरात	944	1,299	2182	865	1,062
हरियाणा	1,407	1,626	2675	838	1,115
हिमाचल प्रदेश	180	231		223	280
जम्मू-काश्मीर	111	123	158	80	97
कर्नाटक	1,88	1,665	2074	1,121	1503
केरल	271	360	454	943	1,132
मध्य प्रदेश	2,107	2,362		977	1,494
महाराष्ट्र	3,625	4,678	7313	1,140	1,500
मणिपुर	38	33		12	20
मेघालय	117	124		30	15
मिजोरम	21	34		@	8
नागालैंड	50	82		7	6
ओड़िसा	587	762		494	538
पंजाब	**1,667**	**1,740**	**1749**	**1,193**	**1,311**
राजस्थान	1,118	1,472		1,366	1,700
सिक्किम	21	59		8	11
तमिलनाडु	969	1,208	727	1,083	1,447
त्रिपुरा	555	500		29	27
उत्तर प्रदेश	1,749	1,967	2824	3,461	4,899
प.बंगाल	5,332	5,584		780	963
केन्द्रशासित प्रदेश					
अंडमान	57	87		2	6
चंडीगढ़	192	323		20	51
दादरा-नागर	12	23		5	7
तब गोवा के साथ था दमन-दीव					
दिल्ली	1,961	2,821	5324	280	408
लक्षद्वीप	2	2		0	1
पांडिचेरी	104	142		86	119

स्रोत : सेंटर फॉर मोनिटरिंग इंडियन इकोनॉमी। बेसिक स्टेटिस्टिक, सितम्बर, 1994 (जनगणना 2001)

मददगार सन्दर्भ

1. आर.ई. बिल्सबरो, ए.एस. ओबराय और जी. स्टैंडिंग : माइग्रेशनल स्टडीज इन लो इनकम कन्ट्रीज, गूम हेल्थ, लन्दन, 1984
2. इनसाक्लोपीडिया ब्रिटानिका
3. रिपोर्ट ऑफ द नेशनल कमीशन आन रूरल लेबर, भाग II, भारत सरकार, श्रम मंत्रालय, 1991
4. नजमा खान : इंटर्नल माइग्रेशन, राजेश पब्लिकेशन्स, नई दिल्ली, 1983
5. माइरान वायनर : सन्स ऑफ स्वायल, आक्सफोर्ड यूनिवर्सिटी प्रेस, दिल्ली, 1978
6. एम.एस.ए. राव : स्टडीज इन माइग्रेशन, मनोहर, नई दिल्ली, 1986
7. एस. नरसिंहन : लेबर आउट माइग्रेशन टू सीरीज : सर्च फारइन एप्रोप्रिएट थियरी, मैन एंड डेवलपमेंट, खंड XVII, अंक-1 क्रिड, चंडीगढ़
8. ए.एस. ओबराय : माइग्रेशन, अर्गनाइजेशन एंड डेवलपमेंट, आई.एल.ओ., जिनेवा, 1987
9. विद्युत जोशी (सं.) : माइग्रेंट लेबर एंड रिलेटेड इश्यूज, ऑक्सफोर्ड यूनिवर्सिटी प्रेस और इंडिया बुक हाउस, नई दिल्ली, 1987

अध्याय-5

परदेसी बनानेवाली स्थितियाँ

पटना में मौजूद श्रम विभाग के बड़े अधिकारियों के लिए यह एक खबर थी कि चम्पारण से भी, जो अब दो जिलों में बँट गया है, मजदूरों का पलायन होता है। उनके रजिस्टरों में श्रमिकों के पलायनवाले इलाकों में चम्पारण ही नहीं, पुराने मुजफ्फरपुर और छपरा जिलोंवाले क्षेत्र भी नहीं आते, जो अब सात जिलों में बँटे हैं। जाहिर है कि वे इन इलाकों से पलायन के बारे में कुछ भी बताने की स्थिति में नहीं थे। दरअसल रक्सौल की जिस खबर के जिक्र से पुस्तक की शुरुआत की गई है, वह चम्पारण में ही पड़ता है। इस लेखक ने उनको गलत साबित करने के लिए पूर्वी चम्पारण के तीन पंचायतों की करीब 25000 आबादी का अध्ययन करने का फैसला किया क्योंकि इन गाँवों से पुराना परिचय होने के कारण यहाँ से बड़ी संख्या में पलायन की जानकारी के बाद ही अध्ययन के लिए उन्हें चुना। ये तीनों पंचायतें सुगौली प्रखंड की हैं। वही सुगौली, जो भारत-नेपाल संधि-स्थल के रूप में इतिहास की किताबों में दर्ज है। पजिअरवा, बगही और सुगाँव नामक इन तीन पंचायतों में सात अन्य गाँव भी शामिल हैं।

पूर्वी चम्पारण के मुख्यालय मोतिहारी और नेपाल की सीमा से सटे बड़े शहर रक्सौल के बीच स्थित यह प्रखंड आजादी की लड़ाई के दौरान जिले और प्रदेश की राजनीति में तेजी से उभरा। महात्मा गांधी के चम्पारण आने के समय मोतिहारी जिला स्कूल के जिन छात्रों को उनकी अगवानी करने जाने के लिए सजा मिली थी उनमें से एक सुगाँव का था। असहयोग आन्दोलन और 1942 के भारत छोड़ो आन्दोलन में सुगौली थाना और खास कर इन तीन पंचायतों के लोगों ने बहुत ही सक्रिय रूप से बढ़-चढ़कर हिस्सा लिया था। 1942 में सुगौली थाने पर आजादी का झंडा लहराए जाने पर और इसे बाहरी सम्पर्क से काटकर अलग कर दिया गया था।

अंग्रेजों के राज में सुगौली एक महत्त्वपूर्ण छावनी थी और भारत-नेपाल को जोड़नेवाला राष्ट्रीय राजमार्ग भी तभी बना था। मुजफ्फरपुर से रक्सौल जानेवाली यह सड़क काठमांडू को सीधे जोड़ती है। यह सड़क सुगौली प्रखंड की पश्चिमी

सीमा से काफी नजदीक है और इसके समानान्तर ही चलनेवाली पूर्वोत्तर रेलवे की मुजफ्फरपुर-रक्सौल रेल लाइन भी तभी बनी थी जो अब बड़ी लाइन में बदल गई है। कभी रक्सौल से हठौड़ा (नेपाल) तक एक और छोटी लाइन थी। लाइन आज भी है पर उस पर ट्रेन नहीं चलती। इसी रक्सौल-सुगौली लाइन पर स्थानीय शिक्षक शम्भुनाथ मिश्र की काफी लिखा-पढ़ी, भाग-दौड़ और तत्कालीन कांग्रेसी सांसद विपिन बिहारी वर्मा की तत्परता से 1958 में धरमिनिया हाल्ट खुला। रोड पर बसों-वाहनों की संख्या तो काफी बढ़ी है, पर रेलवे में आजादी के बाद के 48 वर्षों में यही एक अतिरिक्त सुविधा मिल पाई है।

भौगोलिक रूप से सुगौली प्रखंड दो हिस्सों में बँटा है। बूढ़ी गंडक, जिसे इस इलाके में सिकरहना कहा जाता है, इसे ठीक बीच से काटती है। पश्चिम से पूरब की तरफ बहती इस नदी के उत्तर का हिस्सा काफी उपजाऊ है और इसमें हिमालय से निकलकर आनेवाली दो छोटी नदियाँ—तिलावे और बंगरी—भी बहती हैं, जो आगे चलकर सिकरहना में मिल जाती हैं। सिकरहना का उद्गम हिमालय से नहीं होता। हिमालय में बरसात हो तो तिलावे-बंगरी भर जाती हैं। तराई के इलाके में बरसात हो तो सिकरहना में बाढ़ अक्सर अलग-अलग समय पर आती है। वह अपने साथ नई मिट्टी लाती है। कीट-पतंगों को साफ करती जाती है। सो उत्तर के पूरे इलाके का धान के लिए बड़ा नाम रहा है। पहले तो सौ मन बीघा तक उपज होना सामान्य बात थी। यहाँ का बीघा गाँव-गाँव में बदलता है।

साठ के दशक में तिलावे-बंगरी और सिकरहना के बीचोबीच एक नहर निकाली गई—गंडक नहर की एक शाखा। जाने किस इंजीनियर ने इसका नक्शा बनाया था कि आज तक इस नहर से कहीं भी सिंचाई नहीं हो पाई है। इसमें लगी जमीन और पैसे की बर्बादी को तो छोड़ ही दें। नदियों के पानी के स्वाभाविक प्रवाह के बीच दोहरा बाँध हो जाने से इस तरफ की बाढ़ इधर की फसल ले जाती है तो दूसरी तरफ की बाढ़ उधर की फसल को। पहले गाँवों के लोग हिमालयवाली छोटी नदियों को गर्मियों में जगह-जगह बाँध लेते थे। वहाँ ऊपर चढ़ आया पानी गाँव-गाँव के लिए बने नहरों (पइनों) से हर जगह पहुँच जाता था। यह पानी खेतों में नमी लाने, धान की पौध पहले तैयार करा देने का काम तो करता ही था, गाँवों के आस-पास के गड्ढों-तालाबों में भरकर नहाने-धोने, जानवरों को पीने, आग लगने पर (जो गर्मियों में बहुत आम है) उसे बुझाने के काम भी आता था। इस पानी से आम की पैदावार काफी अच्छी हो जाती थी।

पर नहर बनानेवालों ने न तो इस पुराने चलन का अध्ययन किया, न उसको व्यवस्थित किया (हर साल जिन स्थानों पर बाँध बनते थे और अभी भी कुछ जगह बँधते हैं, वहाँ सोल्युज गेट लगाए जा सकते थे) और न ही अपनी व्यवस्था को चलने लायक बनाया। सो सुगौली के उत्तरी हिस्से की बदहाली का एक बड़ा कारण

यह नहर है। मात्र यही नहीं, इस पूरे इलाके में से गुजरनेवाले राष्ट्रीय राजमार्ग को छोड़कर और कहीं भी पक्की सड़क नहीं है। (बीते 20 वर्षों में यह स्थिति बदली है।) 1966-67 में इधर की कई पंचायतों में बिजली लगाने का फैसला हुआ था। गाँववालों ने मीटर वगैरह के पैसे भी जमा कर दिए थे, पर कहीं भी बिजली नहीं आई। अपवाद सिर्फ एक गाँव चैनपुर है—जहाँ के एक व्यक्ति बिजली विभाग में अधिकारी थे। उन्होंने काफी भागदौड़ करके बगल के प्रखंड रामगढ़वा की तरफ से लाइन जुड़वा दी। पर अब बिजली आई है तो रहती नहीं।

बिजली, सड़क और संचार के अन्य साधनों के न होने, हर साल दो-तीन बार बाढ़ की मार झेलने की मजबूरी के कारण उत्तरी सुगौली को सही अर्थों में आजादी के बाद के विकास का कोई मतलब नहीं मालूम है। उनके लिए विकास का मतलब एक विनाशकारी नहर है, जिसने खेत और फसल तो बर्बाद किए ही हैं, हर साल आनेवाली बाढ़ की संख्या बढ़ा दी है। विशेष अध्ययनवाली दो पंचायतें—बगही और पजिअरवा—इसी इलाके में हैं। बगही पंचायत राष्ट्रीय राजमार्ग और सुगौली-रक्सौल रेल मार्ग से लगी है तथा पजिअरवा सबसे अलग-थलग। इससे आगे पूरब के गाँवों की स्थिति और भी खराब है। पर ब्राह्मणों का गाँव होने और पढ़ने-पढ़ाने की सैकड़ों वर्ष पुरानी जीवित परम्परा के चलते इन गाँवों में पढ़े-लिखे लोगों की संख्या काफी अच्छी है। वे किस तरह और कहीं जाकर पढ़ते होंगे, इसका ठीक हिसाब लगाना भी मुश्किल है, पर पढ़ाई करके सरकारी और निजी क्षेत्र की अच्छी नौकरियों में जानेवाले काफी लोग हैं।

लगभग 4000 मतदाता और 4000 एकड़ रकबेवाला सुगाँव पंचायत सिकरहना के उत्तरी हिस्से में स्थित है, जहाँ की मिट्टी भाठ है। यह धान-गेहूँ के लिए तो कम उपजाऊ है, पर इसमें फल-सब्जियाँ खूब होती हैं। गाँव मोतिहारी, बेतिया और रक्सौल को जोड़नेवाली मुख्य पक्की सड़क के तिराहे, छपवा और रेलवे जंक्शन सुगौली के बीच में स्थित हैं, बाढ़ से लगभग अप्रभावित रहता है। अंग्रेजों के दौर की कुख्यात नील की कोठियों में से एक कोठी यहाँ भी है। सुगौली चीनी मिल पास में ही है। मिल एक बार बन्द होकर सरकारी बन गई है पर कामकाज नहीं सुधरा है।

अब यह मिल बहुत खस्ताहाल हो चुकी है और किसानों के गन्ने का भुगतान अनियमित हो गया है। कई-कई बरस का भुगतान रुका पड़ा है, सो सुगाँव पंचायत में गन्ने की खेती बहुत कम हो गई है। अब यहाँ गेहूँ की खेती का जोर बढ़ा है, पर आम, कटहल जैसे फलों और सब्जियों, हल्दी, अदरक, मिर्च, धनिया, मेथी वगैरह की खेती भी पर्याप्त मात्रा में होती है। शहर पास है। पक्की सड़क और रेलवे लाइन पास है। सो गाँव के काफी लोग आस-पास व्यवसाय-मजदूरी करने निकलते हैं, और रोज घर लौट आते हैं। सुगौली मिल में ही गाँव के करीब 100 लोग स्थायी और अस्थायी मजदूर हैं। इनसे लगभग तीन गुने लोग रिक्शा चलाते हैं, ठेला खींचते

हैं, पल्लेदार का काम करते हैं। इस गाँव के राजमिस्तरी और बढ़ई नामी हैं और उनकी संख्या भी 45–50 हैं। बस का महत्त्वपूर्ण पड़ाव, छपवा पंचायत की सीमा में ही आने से, जाने कब से यहाँ के लोगों के कंडक्टर, क्लीनर और ड्राइवर बनने का क्रम जारी है। बस से जुड़े कामों में भी 70 से ऊपर लोग हैं। फिर छपवा चौक पर पान की गुमटी, छोटी दुकानों, ढाबा, गाड़ी मरम्मत की इकाइयों वगैरह में भी 100 से ज्यादा लोगों को रोजगार मिला है। सब्जी, फल-मछली के काम और व्यापार से भी करीब 200 लोगों को काम मिला है। गाँव की लगभग आधी आबादी ब्राह्मणों और कायस्थों की है, जिनके यहाँ पढ़ाई-लिखाई का रिवाज काफी पहले से है। सरकारी या निजी क्षेत्र की नौकरियों में भी 250 से ज्यादा लोग हैं।

इस प्रकार साढ़े आठ हजार आबादीवाली इस पंचायत के करीब 1200 लोगों को डॉक्टर, इंजीनियर, बैंक मैनेजर से लेकर रिक्शा खींचने तक का लगभग नियमित काम और वह भी घर के आसपास ही मिला हुआ है। सम्भव है, इसमें कई को बहुत ज्यादा मेहनत करके भी ज्यादा कमाई न होती हो, पर उनका घर मुख्यतः इन्हीं कामों से चलता है, खेती की आय सहायक ही है। बाकी लोग खेती-बाड़ी तथा सेवा और खेती से जुड़े परम्परागत पेशों पर ही निर्भर हैं।

इतने लोगों को आस-पास की सुविधा से मिल सकनेवाले उत्पादक कमाऊ और लाभकारी कामों में खपा देने के बाद सुगाँव पंचायत के पास पंजाब भेजने के लिए लोग नहीं बचते। जब इस लेखक ने इस गाँव का सर्वेक्षण किया था तब मात्र 12 लोगों के और सबके-सब हरिजन, पंजाब जाने का पता चला। पर जब वह लुधियाना आया तो इस गाँव के जो लोग मिले उन्होंने यह गिनती 20 तक पहुँचा दी। पर ये सभी एक या दो साल में ही गाँव से निकले हैं। इस गाँव से एकदम मजबूर होकर लगभग इतने ही लोग पहले भी निकले हैं और वे मुख्यतः दिल्ली में हैं।

सुगाँव में कोई भी बड़ा भू-सामंत नहीं है। एकाध संयुक्त परिवारों के पास हदबन्दी से ज्यादा जमीन थी। एक घर कलवार, एक घर यादव, तीन घर कायस्थ और एक घर भूमिहार के अलावा पाँच एकड़ से ज्यादा जोतवाले सारे लोग ब्राह्मण ही हैं। गाँव में दुसाध, चमार, मुसहर, धाँगड़ और मेहतर (इन दो जातियों के लोग निश्चित रूप से हर नील की कोठी के पास बसे मिलते हैं। आदिवासी इलाके से आए धाँगड़ नील के खेतों में बेगार करते थे और मेहतर गोरे साहबों की टट्टी साफ करते थे) आदि हरिजन जातियों की संख्या काफी है। यहाँ एक आवासीय हरिजन स्कूल भी है, जिसके होने का बहुत लाभ तो इस गाँव के हरिजनों को मिला नहीं दिखता। शेष आबादी मझोली जातियों यानि मंडल के तहत आनेवाली पिछड़ी जातियों की है।

सड़क, रेल, बिजली, फोन से जुड़ने, आसपास बाजार होने, बाढ़-सूखे से बचे रहने, गाँव के काफी सारे लोगों को आसपास काम मिल जाने से यहाँ बदलाव और

समृद्धि के जो भी लक्षण दिखने चाहिए, दिख जाते हैं। कई रिक्शावालों और छोटे दुकानदारों के घर भी ईंट के बन गए हैं, उनके यहाँ रेडियो-टीवी हैं। बच्चे स्कूल जाते हैं, बैंक में खाते हैं, मांस, मछली, फलों की खपत बहुत बड़ी है। शराबखोरी इस गाँव की 'विशेषता' थी जिसके लिए यह आसपास के इलाके में कुख्यात है। गाँव में लायक जमीन नहीं है। माँग ज्यादा है, सो पिछले दस वर्षों में ही जमीन की कीमत 5 गुना बढ़ी है। जो जमीन सड़क या तिराहे के जितना पास है उसकी कीमत उतनी ही अधिक है। मजदूरी लगभग कई गुना बढ़ी है। पहले तीन किलो अनाज दिया जाता था, फिर छह किलो दिया जाता था। अब सौ-डेढ़-सौ से कम पर छोटे काम करनेवाले भी नहीं मिलते। अब रुपए में मजदूरी देने का चलन भी खूब हो गया है। आधे से ज्यादा लोगों के मकान, जो उनकी हैसियत के हिसाब से छोटे-बड़े हैं, पक्के हैं।

पर बाजार, चौक, रेलवे जंक्शन के चलते गाँव की खेती नहीं पिछड़ी है। यहाँ 13 ट्रैक्टर हैं, 53 पंपिंग सेट हैं, करीब 50 थ्रेसर मशीनें हैं। ये सभी मशीनें मालिक का काम करके भाड़े पर चलती हैं—गाँववालों के लिए भी और आसपास के गाँवों में भी। 13 चावल-आटा-चिवड़ा मिलें हैं। खेती का स्वरूप भी बदला है। पहले गन्ना लगाकर किसान 'सो' जाता था। धान की फसल में ही मंसूर-तीसी-खेसारी-केराव (एक किस्म का मटर) बोकर निश्िंचत हो जाता था। जो हो गया, वह बहुत है। आज धान, सब्जियों, मसालों की खेती तो होती ही है, गेहूँ की खेती ज्यादा तत्परता से होती है। यह खेती खर्च तो बहुत कराती है, पर निश्चित आमदनी भी करा देती है। धान में अब ऐसी गारंटी नहीं रही। मिल से भुगतान एकदम अनियमित होने से गन्ने की खेती बहुत कम हो गई है।

बगही पंचायत सिकरहना के उत्तर में स्थित है, पर रेलवे के हाल्ट धरमिनिया और राष्ट्रीय राजमार्ग से लगा हुआ है। बाढ़ की मार इसे झेलनी होती है। पर लोगों के निकलने का कोई रास्ता भी नहीं था। जवाहर रोजगार योजना वगैरह के फंड से स्टेशन और बस स्टैंड तक जानेवाली कच्ची और खड़ंजावाली सड़क बन गई। बिजली भी आ गई है, जो भले ही बहुत कम समय रहती हो। पंचायत चार गाँवों—बगही, ननकार, चैनपुर और सिरखिंडी को मिलाकर बनी है। कोई बड़ा जमींदार नहीं है। चैनपुर-बगही में पढ़ने-लिखने की परम्परा बहुत पुरानी रही है। कायमी खेती न होने और पढ़ाई से बेहतर जीवन लायक कमाई का रास्ता दिखने पर इन गाँवों में होड़ लगाकर पढ़ने-कंप्टीशन पास करने का जो दौर चला वह कम-से-कम बगही में आज भी चल रहा है। परिणाम यह हुआ कि हर साल इंजीनियरिंग-मेडिकल और दूसरी प्रतियोगिताओं में चुने जानेवालों की संख्या काफी रहती है। सभी बाहर नौकरी करते हैं। गाँव में मनीआर्डर आता है। आसपास के शहरों, स्कूलों, बैंकों में पोस्टिंग करा लेनेवाले भी काफी लोग हैं। और जो

अच्छी नौकरी में गया, एकाध भाई-भतीजे को भी कहीं खपाने में सफल ही हुआ है। सो अकेले बगही से करीब 300 लोग सरकारी नौकरियों में हैं। चैनपुर में आबादी काफी कम है (72 परिवार) पर यहाँ से भी 72 लोग सरकारी या निजी क्षेत्र की नौकरियों में हैं। ननकार और सिरखिंडी में मुख्यत: मझोली जातियाँ बसती हैं और इनके यहाँ शिक्षा की परम्परा नहीं है। फिर भी ननकार के पाँच लोग बैंक में हैं और तीन सेना में। सिरखिंडी और ननकार गाँव का जीवन अलग तरह से चलता है। इन गाँवों में किसी के पास बहुत जमीन नहीं है और सारे निवासी खुद से मेहनत करनेवाले हैं। यहाँ धान, गेहूँ और रबी की खेती तो होती ही है, सब्जियों की खेती भी बड़े पैमाने पर होती है। जमीन के नीचे पानी का स्तर काफी ऊँचा है, सो चापाकल से भी सब्जी की सिंचाई कर ली जाती है। फिर सब्जी को तोड़ना, बेचने के लिए बेतिया, मोतिहारी, रामगढ़वा, धरमिनिया, रघुनाथपुर के बाजारों में ही नहीं, रक्सौल और सीमा पार नेपाल में भी जाना होता है। यहाँ का आलू-प्याज कलकत्ता तक जाता है।

पर अब न तो ननकार-सिरखिंडी की सब्जी की खेती, इस पूरे पंचायत की उपजाऊ जमीन और यहाँ के करीब 400 लोगों की नौकरी ही गाँव के सभी लोगों की जरूरतों और तमन्नाओं को पूरा करने के लिए पर्याप्त है। सो गाँव से मजदूर का पलायन शुरू हो गया। सिरखिंडी और ननकार में मजदूरों के ऐसे छोटे-बड़े कई झुंड बन गए हैं जो आसपास होनेवाले कामों में मिट्टी कटाई, बोझ ढोने और निर्माण कार्यों में जाकर मजदूरी करते हैं। सिरखिंडी के ऐसे दल आसपास के गाँवों में ठेके पर पुआल काटने, धान की पौध उखाड़ने, रोपनी करने जैसे कामों के लिए भी जाते हैं।

स्टेशन और रोड पास होने से आसपास के शहरों में कुली, पल्लेदारी, रिक्शा चलाने जैसे काम भी काफी लोग करते हैं। अकेले चैनपुर से 23 लोग रक्सौल में रिक्शा चलाते हैं। पंचायत भर में विभिन्न जरूरतों की करीब 40-45 छोटी-बड़ी दुकानें खुल गई हैं। बगही से भी कम-से-कम 50 लोग रोज इस तरह की दिहाड़ी मजदूरी के लिए आसपास के शहरों में जाते हैं और लौट आते हैं।

सीमा पास होने से और वहाँ से सीधा रेल और रोड का सम्पर्क होने से बगही के काफी सारे नौजवान और महिलाएँ देशी-विदेशी चीजों का 'आयात-निर्यात' भी करते हैं। इस क्रम में ये लोग माल पहुँचाने दिल्ली और कलकत्ता तक जाते हैं। पर ऐसे लोगों की सही संख्या बताने का जोखिम कोई मोल नहीं ले सकता। इनमें से जो कुछ लोग मिले, वे भी नहीं। पर इनकी कमाई का असर गाँव में साफ दिखता है। इसी पंचायत से लगे धरमिनिया बाजार जितनी महँगी चीजें आसपास के किसी बाजार में नहीं बिकतीं। जमीन का रेट भी इन लोगों के चलते बहुत बढ़ा है। गाँव के सबसे बड़े जमींदार राधाजी की सारी जमीन बिक चुकी है

और शहीद (जो अब चारा घोटाले में फँसे है) नामक 'सज्जन' ने सबसे ज्यादा जमीन खरीदी है।

पर इन सबके बावजूद मजदूरी करने के लिए बाहर जानेवालों की 'फौज' इन गाँवों से भी निकल रही है। चैनपुर से 100, बगही से करीब 200, ननकार-सिरखिंडी से करीब 50 लोग बाहर निकले हैं। पर एक ही पंचायत के इन सभी लोगों की दिशाएँ अलग-अलग हैं। इनमें से सिर्फ बगही के 30-35 लोग (हरिजन और मुसलमान) ही पंजाब गए थे। बढ़ई, राजमिस्तरी, लोहार, कुर्मी परिवारों के करीब 60-65 लोग काठमांडू और नेपाल के अन्य ठिकानों पर गए हैं। चैनपुर से जो करीब 100 लोग निकले हैं, उनमें आधे तो बंगलौर गए हैं। इतने ही काठमांडू गए हैं। शेष दिल्ली, हरिद्वार और हल्द्वानी में हैं।

बगही में पहले हर महीने ढाई से तीन लाख रुपए मनीआर्डर में आते थे। जो लोग सरकारी और निजी क्षेत्र की अच्छी नौकरियों में हैं, वे अब अपने ऊपर काफी खर्च करते हैं। शहर में जायदाद खरीदने, बैंकों में रखने और निवेश में भी अभ्यस्त हो गए हैं। सो यह पैसा मुख्यत: छोटी नौकरियों और मजदूरी करनेवाले ही भेजते हैं। इसी पंचायत में स्थित चैनपुर के डाकघर में भी हर महीने साठ से सत्तर हजार रुपए का मनीआर्डर आता था। अब शायद ही कोई मनीआर्डर करता है अब एटीएम लोकप्रिय है। इन पैसों का क्या होता है, यह हिसाब आगे होगा।

यहाँ यह देखा जाए कि इतने कमाऊ लोगों के गाँव से निकलने और बाढ़ के बावजूद खेती का काम न रुकने से और क्या कुछ हुआ है। इस पंचायत में सात ट्रैक्टर आ गए हैं। भाड़े पर चलनेवाली तीन कार, दो जीप आ गई हैं। 11 मिल हो गई हैं। 43 पंपिंग सेट हैं और 36 थ्रेशर मशीनें हैं। उल्लेखनीय है कि इनमें शायद ही किसी मशीनवाले परिवार में बाहर की मजदूरी की कमाई आती है। ज्यादातर स्थायी किस्म की नौकरी-पेशा लोगों या बड़ी जोत के किसानों के यहाँ ही ये मशीनें आई हैं। ये मशीनें मजदूरों की कमी की क्षतिपूर्ति तो हैं ही, मजदूरों से काम छीननेवाली भी हैं। हर अच्छे किसान के पास इन मशीनों के आ जाने से मजदूरों का काम कम हुआ है। पर मजदूरों के बाहर जाने और खेती की असली जरूरत के समय बनिहारा न मिलने से मशीनों से काम करना जरूरी भी हो गया है।

बगही पंचायत के बाद एक और पंचायत का इलाका छोड़कर पजिअरवा पंचायत के गाँव आते हैं, सड़क, रेल, बिजली, संचार के किसी भी सम्पर्क से कटे। यहाँ का सबसे पास का स्टेशन धरमिनिया हाल्ट भी पंचायत के किसी गाँव से सात किलोमीटर है तो किसी से दस किलोमीटर। हाल तक साल भर पैदल के अलावा बरसात-बाढ़ से मुक्त दिनों में ही बैलगाड़ी भी स्टेशन तक आ पाती थी। बरसात में तो जहाँ-तहाँ से टूट गई कच्ची सड़क और गड्ढों में भरा पानी उसके लिए रास्ता नहीं छोड़ता। साइकिल, मोटरसाइकिल ले जाना भी मुश्किल हो जाता

था अब सड़क बन गई है जैसाकि पहले ही बतलाया जा चुका है, पहले विकास के नाम पर एकमात्र नहर आई है, और उसका क्या असर हुआ है, यह भी पहले बताया जा चुका है।

पंचायत में छोटे-बड़े चार गाँव आते हैं—पजिअरवा, पचभिड़वा, परसौना और श्यामपुर। 2011 की जनगणना के अनुसार 5561 आबादीवाला पजिअरवा जहाँ अब करीब 2500 लोग होंगे, सबसे बड़ा है और लगभग 500 आबादी वाला परसौना सबसे छोटा। पजिअरवा में प्रधानता ब्राह्मणों और मुसलमानों की है जबकि पचभिड़वा और श्यामपुर में राजपूतों की। पर कुल आबादी में इन दो अगड़ी जातियों का हिस्सा करीब 30 फीसदी ही है। राजपूतों में पढ़ाई-लिखाई का संस्कार और परम्परा नहीं रही है—ब्राह्मणों में रही है। इसलिए यह गाँव ब्राह्मणों को बेतिया राजा से उनके ज्ञान और विद्वता के एवज में दान में मिला था।

अंग्रेजी राज के आखिरी दिनों में पजिअरवा गाँव में एक 'लोअर स्कूल' खुला—तीसरी कक्षा तक, पर गाँव में उससे काफी पहले से अपनी स्वतंत्र शिक्षा व्यवस्था थी। पंडित कोदन मिश्र तो अपने दरवाजे पर और अमराई में संस्कृत का स्कूल चलाते थे जिसमें पढ़ने-रहनेवाले छात्रों को सीधा (भोजन का अन्न) भी वही देते थे। खुद ज्योतिष और गणित के जानकार थे। उनके पिता सिंहेश्वर मिश्र और दादा शिवप्रसाद मिश्र भी साहित्य और दर्शन के विद्वान थे। इन लोगों की लिखी हस्तलिखित पोथियाँ अभी भी उनके वंशजों के पास मौजूद हैं। और पचास के दशक के आखिरी दिनों में जब गाँव के पहले युवक ने एम.ए. पास किया तब मुजफ्फरपुर और दरभंगा के संस्कृत कॉलेजों से आचार्य की डिग्री (जो एम.ए. के बराबर मानी जाती है) लेने वाले आठ लोग मौजूद थे। इस गाँव ने आजादी की लड़ाई में भी बढ़-चढ़कर भाग लिया था और असहयोग आन्दोलन में इस गाँव के दो लोग गिरफ्तार हुए थे।

राजनीतिक-सामाजिक रूप से जागरूक और संस्कृत विद्वानों का यह गाँव पचास के दशक से ही बदलने लगा और अंग्रेजी शिक्षा का जोर बढ़ा। गाँव के प्रतिभाशाली लोग विद्वता की जगह नौकरी पर ध्यान देने लगे। दो आचार्य बाहर के स्कूलों में शिक्षक बने और उन्होंने लगभग एक-चौथाई गाँव को शिक्षित कर दिया। इसमें ब्राह्मणों की संख्या तो अधिक रही पर इनमें से एक ने, जो गांधीजी के बुनियादी शिक्षावाले प्रयोग में लगे हुए थे, प्रयास करके हरिजन और अन्य पिछड़े को भी पढ़ाया—नौकरी में मदद की। अन्य जातियों के लोग भी पढ़े और इन दोनों ने निरन्तर अपने पास रखकर विद्यार्थियों को पढ़ाया। सो जिस प्रवृत्ति की चर्चा बगही गाँव के सन्दर्भ में की गई थी, वह यहाँ उसके पहले से मौजूद रही है। परिणाम हुआ है कि गाँव के लोग सरकारी और निजी क्षेत्र की नौकरियों में हैं तथा 50 से अधिक लोग काफी अच्छे पदों पर पहुँचे हैं। पर घर से निकलनेवाली दो

पीढ़ी पहले की इस जमात को अब गाँव से बहुत मतलब नहीं रह गया है। गाँव का लोअर स्कूल मिडिल तक आ गया है। (उसी गांधीवादी शिक्षक की लिखा-पढ़ी की बदौलत) दो किलोमीटर दूर बाजार का मिडिल स्कूल अब हाई स्कूल में बदल गया है। पचभिड़वा, परसौना, श्यामपुर में भी प्राथमिक स्कूल खुल गए हैं। पर इन दोनों संस्थाओं में अब नाममात्र की पढ़ाई रह गई है। लड़के भी कम रह गए हैं। गाँव में संस्कृत पढ़ाई की परम्परा तो कब की मर चुकी है। सूत कातना समाप्त-सा है। बाढ़ से बाग-बगीचे सूख गए हैं, खेती भगवान भरोसे हो गई है। सूखा-बाढ़ एकदम नियमित हो गए हैं।

पर हाल में गाँव के ही एक संन्यासी हो गए सज्जन ने अपने पिता के नाम पर एक बढ़िया निजी स्कूल खोलकर इस गाँव के साथ आसपास के गाँवों के बच्चों को एक अच्छी फीस पर पढ़ाई का काम शुरू करा दिया है।

ये संकट पंचायत के अन्य गाँवों के लिए भी वैसे ही हैं और यहाँ (पचभिड़वा) किसी एक परिवार में पढ़ाई-नौकरी का जुनून चढ़ा भी, तो यह गाँव के चरित्र का हिस्सा नहीं बना। इस गाँव और इससे लगे परसौना के कुछ लोग पचास के दशक में सीमा पार से सामान (खासकर गाँजा) पार करने में लगे थे, पर आपसी मारकाट ने इनको खत्म तो किया ही, इस धन्धे को भी खत्म कर दिया। इनमें से किसी गाँव में कोई उद्योग, कोई व्यवसाय, कोई नकदी फसल नहीं है।

पजिअरवा के पुराने लोग बताते हैं कि चालीस और पचास के दशक में भी यहाँ से कुछ लोग पंजाब जाते थे। ये हरिजन टोली के लोग ही थे और जब इनमें से एक की वहाँ मलेरिया बुखार से मौत हो गई, तब से मजदूरों का जाना रुक गया।

पर सत्तर के मध्य से जो धारा बह निकली, वह तो विकराल ही होती गई है। सबसे पहले शेख टोली और बरई (पनवाड़ी) टोली के दो-तीन लोग दूसरे गाँव के अपने परिचितों के माध्यम से 1973 में पंजाब गए थे। बरई टोली के इन दोनों भाइयों-रामानन्द भगत और दयानन्द भगत—की तो बारी-बारी से पंजाब में ही मौत हो गई, पर ये मौतें गाँव के मजदूरों के पंजाब जाने में बाधक नहीं बनीं। आज अकेले पजिअरवा गाँव से और पूरे पंचायत से लगभग 40 फीसदी लोग पंजाब में हैं या आते-जाते हैं। उनमें से आधे लोग ऐसे हैं जो कब पंजाब जाते हैं, कब नहीं जाते, कब लौट आएँगे, कब काफी समय रह जाएँगे, इसका ठीक पता उनको भी नहीं रहता। घर और साल के फसल की स्थिति तथा पंजाब में काम और माहौल के हिसाब से उनके रहने-जाने का फैसला होता है। अगर गाँव में एक छोटा झगड़ा भी फँस गया तो लुधियाना की पक्की नौकरी छोड़कर गाँव में रुक जानेवाले भी हैं।

और इन लोगों को पलायन करनेवाली श्रेणी से निकालना आसान न भी हो तब भी गाँव के कम-से-कम 250 लोग तो निश्चित रूप से और लगभग स्थायी

तौर पर पंजाब में रहते-काम करते हैं। इस पंचायत के लोगों का पहला सम्पर्क लुधियाना से बना। रामानन्द वहीं के सिमराला चौक के पास रहता था जहाँ बाद में उसका छोटा भाई दयानन्द भी आया। पर वे लोग जिस घर में रहा करते थे, उसे भुतहा माना गया। दोनों की अस्वाभाविक मौत ने (रामानन्द बीमारी से मरा जबकि दयानन्द मोटरसाइकिल दुर्घटना में) इस अन्धविश्वास को पुष्ट ही किया। रामानन्द की बीवी लुधियाना में है।

तब से ही इस पंचायत से आनेवाले अधिकांश मजदूर लुधियाना जाते हैं और इनमें से काफी सारे हौजरी मिलों में काम करते हैं। काम का अनुभव और इस क्षेत्र का परिचय उन्हें इसमें नए लोगों को लगवाने में मददगार होता है। पचभिड़वा गाँव के लोग लुधियाना के पास स्थित ईंट भट्टों पर ईंट बनाने, ट्रक चलाने और ट्रकों पर ईंट लादकर शहर में पहुँचाने के काम में हैं। हाल में करीब दस-बारह लड़कों ने लुधियाना की लोहा फैक्टरियों में भी काम करना शुरू किया है। ऐसा धागों की कमी से हौजरी का काम प्रभावित होने के बाद हुआ है। चार-पाँच लोगों ने अब मजदूरों के काम ठेके पर लेकर कराना शुरू किया है, जिनमें से एक असलम तो लाखों में खेलनेवाला हो गया है।

पजिअरवा और पचभिड़वा के कई झुंड ग्रामीण इलाकों में भी जाते हैं—खासकर धान की रोपनी और गेहूँ की बुआईवाले सीजन में। इनके जाने का मुख्य इलाका तो लुधियाना, मंडी गोविन्दगढ़, सिरहिन्द, सिमराला के आसपास ही रहता है। इनमें वह कुछ तो हर साल जाते हैं और वह भी निश्चित ठिकानों पर ही। कुछ के जाने, काम करने का पक्का ठिकाना नहीं है। अध्ययनवाले वर्ष भी ये निकले थे और इनसे इनके कामवाले ठिकानों पर मिलने की कोशिश में यह लेखक दो-तीन जगहों पर गया भी, पर इनको ढूँढ़ नहीं पाया।

सारा पता-ठिकाना लेकर भी लुधियाना शहर में इनको ढूँढ़ना कोई आसान काम नहीं है पर यह लेखक इस पंचायत ही नहीं, इन तीनों पंचायतों से लुधियाना पहुँचे काफी सारे मजदूरों को ढूँढ़ने और उनसे बात करने में सफल रहा।

एक ही आदमी से उसके गाँव और उसके काम की जगह पर बात करने में जानकारियों के हिसाब से काफी फर्क आ गया। यहाँ वे ज्यादा बातें और सही-सही स्थिति बताते हैं। गाँव में काफी बातें याद नहीं आतीं, या एक तरह की शेखी या फिर शर्म-झिझक के मारे कुछ बातों को छुपाना, बढ़ाकर बताना भी शामिल रहता है।

5 मई, 1949 को गठित पजिअरवा पंचायत की जमीन काफी उर्वर पर काफी कम रही है। पजिअरवा गाँव में आबादी आज करीब 2500 होगी—पर यहाँ जमीन मात्र 286.92 हेक्टेयर है और इसमें भी लगभग 20 फीसदी जमीन पर खेती नहीं होती आवास, चरागाह, बंजर, बाग, तालाब वगैरह के चलते। पचभिड़वा में आबादी

1500 होगी और यहाँ जमीन भी अधिक है (331.03 हेक्टेयर) पर यहाँ पूरे साल पानी में रहनेवाली जमीन का रकबा काफी है। शामपुर में जमीन ठीक-ठाक (193.84 हेक्टेयर) है। वहाँ आबादी 1200 के करीब होगी। परसौना की आबादी 500 और यहाँ का रकबा 111.69 हेक्टेयर का है।

यह हिसाब लगाना मुश्किल है कि इतनी जमीन कितनी पैदावार देती जो अपनी पूरी आबादी (लगभग 5500) को खिला-पिला देती। आज आजादी के पहले से पैदावार गिरी है। यह जमीन काफी उर्वर है पर यहाँ न तो एक पैसे की कोई नकदी फसल होती है, न ही कोई उद्योग-धन्धा है। पहले गाँव में काफी चरखे चला करते थे, अब वे कब से बन्द पड़े हैं। यह कहना भी आसान नहीं है कि पढ़-लिखकर नौकरियों में गए लोग या पंजाब-दिल्ली निकले जवान गाँव में होते तो उत्पादकता को कितना लाभ होता, पर गाँव के अधिकांश श्रमिक और उसकी आबादी के बाहर चले जाने से असर तो पड़ा ही है। इन सबके बाहर जाने, इनमें से कुछ के बार-बार लौटकर आने, कुछ के पैसे भेजने और कुछ के गाँव से लगभग पूरा रिश्ता काट लेने का क्या-क्या असर हो रहा है, इसकी चर्चा आगे विस्तार से होगी।

पर यह बदलाव अकेले बगही-पजिअरवा पंचायतों में ही नहीं है। सुगौली प्रखंड में ही उत्तरी हिस्से के जो गाँव रेलवे लाइन-राजमार्ग से जितने दूर हैं, उनसे उतनी ही संख्या में पलायन हो रहा है। पजिअरवा-बगही में पढ़ाई की परम्परा पुरानी रही है और इसके चलते वहाँ सरकारी और निजी क्षेत्र की नौकरियों में काफी लोग निकले। इससे गाँव थोड़ा 'हलका' तो हुआ पर कई और असर भी हुए। इलाके के अन्य गाँवों में इतने लोग स्थायी नौकरियों में नहीं गए हैं, सो वहाँ से पलायन और अधिक हुआ है। बगही-पजिअरवा को तीन ओर से घेरनेवाली पंचायतों में—चौथा किनारा तिलावे नदी का है—देवदत्तवा, रघुनाथपुर बाजार, करमवा, बक्सा, फुलवार-गम्हरिया, चितहाँ वगैरह ऐसी ही पंचायतें हैं। इनके भी काफी लोगों से लेखक मिला। करमवा और गम्हरिया में तो उस 'आकार' वाले जमींदार अभी तक हैं? या रहे हैं जिनको बिहार का 'गौरव' कहा जाता है।

जैसाकि पहले बार-बार कहा गया है, गाँव छोड़नेवाले भी दो वर्ग के हैं। एक जो लगभग स्थायी नौकरियों के चलते गाँव से बाहर गया है—अच्छी या बुरी (जो भी हो) तनख्वाह पाता है, पी.एफ. कटवाता है। बीबी-बच्चे ले गया है। बच्चों को पढ़ाता है, बचत करता है, निवेश करता है। गाँव से कम मतलब रखता है। यह एकदम अलग वर्ग है—अक्सर पढ़ा-लिखा, तकनीकी ज्ञानवाला, फौजी या कुशल कामगार है। बिहार में अगड़ों की आबादी अगर लगभग 15-18 फीसदी है तो गाँवों से निकलनेवाली इस जमात में 90 फीसदी से भी ज्यादा लोग अगड़े ही हैं। बिहार के कुछ इलाकों में अलग-अलग पिछड़ी जातियाँ भी शिक्षा-नौकरी के मामले में लगभग इसी स्थिति में हैं।

इस जमात के गाँवों से विदा होने के बाद आसपास के शहरों, बाजारों वगैरह से किसी भी तरह का काम करनेवाले निकले। इसमें भी अपनी जनसंख्या के अनुपात में अगड़े ही ज्यादा निकले होंगे। सुगाँव पंचायत से यही निष्कर्ष निकलता है।

पर अब जो रेला उमड़ा है, उसमें संख्या का कोई मोटा और साफ विभाजन नहीं कर सकते। पंजाब के विश्वविद्यालयों और चंडीगढ़ 'क्रिड' जैसी सामाजिक शोध-संस्थाओं ने प्रवासी कृषि मजदूरों पर जो शोध-सर्वेक्षण कराए हैं, उनका निष्कर्ष है कि 75 से 95 फीसदी पिछड़े ही आते हैं। एक तो पंजाब में मझोली जाति है नहीं। जाट-खत्री-बनिया के बाद सीधे दलित हैं। जब इन शोध-प्रबन्धों में पिछड़ा कहा जाता है तो उसे लगभग दलित जैसी 'दया' का पात्र मानकर बात की जाती है। बिहार की आबादी का बहुमत मझोली जातियों का है जो खेती और उससे जुड़े मेहनत का ही काम करती रही हैं। अगड़ों में अधिकांश आज तक हल नहीं छूते। यह अलग शोध का विषय है कि अगड़ों के गरीबों को इस 'संस्कार' की क्या और कितनी कीमत चुकानी पड़ती है।

जिन पंचायतों का अध्ययन इस लेखक ने किया, उनमें अगड़ों की संख्या पर्याप्त है—बिहार के औसत से ज्यादा। इनमें पहली श्रेणी के प्रवासी भी ज्यादा हैं। पर अब सिर्फ शारीरिक श्रम को बेचने के लिए पंजाब पहुँचनेवालों में उनकी संख्या कम नहीं है। अकेले पजिअरवा-पंचायत से गए ब्राह्मण-राजपूतों की संख्या 100 से ऊपर है। अगर अपने अनुपात से कम आनेवाला कोई एक समूह है तो वह है आर्थिक-सामाजिक हिसाब से सबसे पिछड़े हरिजन ही। अकेले पजिअरवा गाँव के 81 मुसलमान परिवारों से 90 लोग पंजाब गए हैं पर 72 हरिजन परिवारों में से सिर्फ 41 लोग ही गए हैं जबकि खेती-बाड़ी, हर मामले में हरिजनों और मुसलमानों की कोई तुलना नहीं हो सकती। अभी पंजाब जाने के नाम से साफ इनकार करनेवालों में या तो बड़ी जोत, दुकान या व्यापारवाले अगड़े हैं या फिर हरिजन। जो हरिजन अध्ययन वाले पंचायतों से गए हैं, वे भी सबसे अस्थायी चरित्रवाले कामों में हैं। दो-ढाई-तीन महीने लगाकर, धान रोपकर, रेडियो-घड़ी, चमक-दमकवाले कपड़ों समेत घर लौट आनेवाली जमात में उनकी संख्या ज्यादा है। पैसा रहा तो गाँव में ही 'उड़ा' दिया। पजिअरवा में दो घर डोम भी हैं पर उनमें से कोई नहीं निकला है। शायद उनको कोई साथ ले जाना भी नहीं चाहता और उत्पादक काम से लगभग दूर रहे डोम शायद खुद से भी नहीं जाना चाहते होंगे।

ज्यादा संख्या में ज्यादा व्यवस्थित काम की तलाश में, ज्यादा घंटे ओवर-टाइम भी करके ज्यादा पैसे कमानेवालों में मझोली जातियों या मुसलमानों का अनुपात ज्यादा है। अध्ययनवाले पंचायतों में मुसलमान, कुर्मी, बरई, गोंड, बढ़ई, अहीर, कानू, बनिया, मल्लाह इसी श्रेणी के हैं।

अगड़े भी जाते हैं। कमाने की ललक उनमें भी है। बचाने की इतनी नहीं है। अच्छा रहने-खाने की है पर जो लोग सिर्फ पंजाब के गाँवों का अध्ययन करके कोई

निष्कर्ष देंगे वे एकदम धोखा खा जाएँगे। जिन जातियों के लोग अपनी जमीन पर शारीरिक श्रम नहीं करते, वे बाहर जाकर क्यों और कैसे करेंगे? और अगर किसी मालिक ने एक लोटा पानी माँग लिया तो इस 'अपमान' को वे कैसे झेलेंगे? इसलिए जब तक प्रवासी औद्योगिक मजदूर की सामाजिक पृष्ठभूमि की छानबीन नहीं कर ली जाती तब तक निष्कर्ष निकालना गलत है। अध्ययनवाली पंचायतों से पंजाब जानेवाले कुल करीब 550 मजदूरों में से 100 से ज्यादा अगड़े ही हैं और वहाँ जाकर ज्यादा टिककर काम करनेवालों में उनकी संख्या ज्यादा है।

हिन्दुस्तानी समाज और बिहार का, खास तौर से जाति और वर्ग का ग्राफ करीब एक जैसा है। सो इन प्रवासी मजदूरों की आर्थिक पृष्ठभूमि भी लगभग जातियोंवाले हिसाब से है और जैसाकि पहले कहा जा चुका है, ग्रामीण समाज के सबसे ऊपरी और निचले वर्ग को आम तौर पर अपना घर छोड़कर बाहर निकलने में कोई रुचि नहीं है। पंजाब में हुए कई अध्ययनों में आर्थिक पृष्ठभूमि सम्बन्धी जो निष्कर्ष हैं, वे भी भ्रामक हैं। प्रवासी मजदूरों को जितनी जमीन का मालिक बताया गया है, उतनी तो बंजर हो, तब भी कोई घर से नहीं निकलेगा। शायद शोधकर्त्ताओं को इस बुनियादी बात का अन्दाजा नहीं था कि अन्य लोगों की तरह मजदूर भी अपनी कमाई, अपने धन से उपजी प्रतिष्ठा को जोड़ता है और अकसर इस मामले में असलियत से थोड़ा ऊपर ही बोलता है। अपने अध्ययन में इस लेखक को गाँव की पृष्ठभूमि के बारे में कोई झूठ नहीं बता पाया, पर लुधियाना की कमाई के जीवन के जो विवरण इन लोगों ने वहाँ दिए, लुधियाना में वे एकदम अलग मिले। यह कहावत सर्वाधिक प्रचलित है कि मर्द से उसकी सच्ची कमाई और औरत से उसकी सच्ची उम्र नहीं जानी जा सकती।

सर्वेक्षणवाली पंचायतों का कोई भी मजदूर परिवार लेकर नहीं रहता। सबकी बीवियाँ, माँ-बाप, बच्चे घर पर ही रहते हैं। सिर्फ दो लोग ऐसे मिले जिनके बीवी-बच्चे भी कई बार पंजाब रह आए हैं। दो अन्य लोग, खूब कमाई करनेवाला ठेकेदार असलम और एक हौजरी मिल में एकाउंट्स क्लर्क बन गया गिरीन्द्र, परिवार लाने की तैयारी में हैं। कर्ज उतारने की मजबूरी के चलते इन पंचायतों से कोई भी आदमी पंजाब नहीं गया है जबकि वहाँ हुए अध्ययनों में कर्ज और सूद के बोझ को भी पलायन का एक बड़ा कारण बताया गया है। यह शायद विदेशी अध्ययनों का असर है।

उम्र के मामले में भी 17-18 से लेकर 45 वर्ष तक के दायरे में ही प्राय: सारे मजदूर आ गए। पर दस साल पहले और अब की स्थिति में फर्क आ गया है। तब ऊपरी सीमा शायद 40 भी नहीं थी। आज 40 पार के कम-से-कम 12 लोग अकेले पजिअरवा से पिछले दो वर्षों में निकले हैं। किसी का बच्चा जाने लगा तो घर पर बैठे रहने की जगह बाप भी निकल आया। उम्र का दायरा नीचे की तरफ ज्यादा तेजी

से खिसका है। 13-14 वर्ष की उम्र के लड़के भी लुधियाना की फैक्टरियों, वहाँ के ढाबों पर आए हैं और 1000-1500-2000 रुपए पर काम करते हैं। ऐसे लड़कों की संख्या अकेले पजिअरवा पंचायत में ही 45-50 होगी।

रुपए का हिसाब लगा लेने, दस्तखत कर लेने, स्टेशन का नाम पढ़ लेने तक की न्यूनतम साक्षरता भी लगभग आधे मजदूरों में नहीं है। अगर वे कहीं झुंड से छूट जाएँ, और छूटते भी हैं ही, तो भटक-भटक कर उनकी जान निकल जाती है। उनका हिसाब गड़बड़ा जाए और कोई साथी मदद न करे तो उनको पैसा मिलने से रहा। पर कुछ मजदूर तो साक्षर ही नहीं, जरूरत से ज्यादा पढ़े हैं। पजिअरवा पंचायत से ही हाल में लुधियाना पहुँचे तीन भाइयों में से एक एम.ए.पास है, दूसरा एम.ए.की परीक्षा देने बिहार लौटा था और तीसरा भी बारहवीं पास है। काम अभी ये लोग भी ऊन काटने का ही करते हैं, पर तुरन्त बुनाई की मशीन ले ली और अधिक लेने की योजना बन रही है। गिरींद्र भी बीकॉम. करके ही आया था। इंटर, बी.ए. वाले भी 14-15 लोग पजिअरवा पंचायत से आए हैं।

सो इस तीन पंचायतों के अध्ययन से, जो पलायन के ज्ञात इलाकों में स्थित नहीं हैं और जिन्हें सूखा-बाढ़ और अकाल से, जमींदारी की जकड़न से मुक्त माना जा सकता है, कई बहुत साफ-सुथरे निष्कर्ष निकाले जा सकते हैं। चम्पारण के इस 'धनहर' क्षेत्र में विकास की किरण लानेवालों के आँख मूँद लेने के चलते इस पूरे क्षेत्र के कुछ हिस्सों को आज बहुत मुश्किल स्थितियों में जीना पड़ रहा है। खेती का काम बहुत रह नहीं गया है, उपज घटी है। जमीन पर जनसंख्या का बोझ बढ़ा है। सो लोगों को वहाँ से मजबूरन निकलना पड़ा है।

मजदूरों के पलायन के मामले में भी तीनों पंचायतों का अनुभव एकदम अलग-अलग है। जो जगह (सुगाँव) संचार के साधनों, मिल-बाजार, सड़क-रेल सम्पर्क से जुड़ी है, वहाँ से पलायन नाममात्र का है। जिस गाँव (बगही) के लोगों का काम गलत सही करके भी चल जाता है, वे भी जल्दी बाहर नहीं निकलते। पर जिन लोगों के पास कोई रास्ता नहीं रहता, (पजिअरवा पंचायत) वे ही बड़ी संख्या में निकले हैं।

तीसरा निष्कर्ष यह है कि खेती में बदलाव भी अधिक से अधिक लोगों को खपा लेनेवाला, ज्यादा कमाई करानेवाला और पर्याप्त लाभ देनेवाला है। सुगाँव, सिरखिंडी और ननकार गाँव में यह चलन कैसे शुरू हुआ उसकी वजह शायद वहाँ का सामाजिक गठन है। इन आखिरी दोनों में कोई अगड़ी जाति नहीं है (जो हल छूने को पाप माने) और यहाँ जमीन की मिल्कियत भी अपेक्षाकृत कम विषमतावाली है।

अब घर छोड़कर निकलनेवालों में सामाजिक भेद खास नहीं रह गया है। जिस समूह को भी यहाँ काम नहीं मिल पाता—जोड़-तोड़ और सिफारिश से भी—वह निकलता ही है। अगड़े और सबसे पिछड़े हरिजन अगर कम निकल रहे हैं तो इसके

पीछे एक समूह का न्यस्त स्वार्थ गाँव में होना है, तो दूसरे में जीवन के प्रति एक तरह की उदासीनता का भाव है।

पंजाब में कौन क्या काम चुनता है और कैसे रहता है, इसमें पहले गए लोगों का सम्पर्क परिचय तो एक कारण होता है, पर मजदूर की अपनी सामाजिक पृष्ठभूमि भी महत्त्वपूर्ण कारक होती है। अचरज नहीं है कि धान की रोपनी या खेती का काम करने जानेवाले झुंडों में अधिकांश हरिजन होते हैं। इसके ठीक विपरीत अगड़े इस काम में नहीं जाते।

छठा निष्कर्ष यही है कि पलायन के पीछे 'पुश' वाले कारण अधिक वजनदार हैं, 'पुल' वाले नहीं। भले ही पंजाब में ज्यादा मजदूर गए हैं पर वहाँ के 'पुलकारक' इतने बड़े नहीं हैं कि सारे मजदूरों को अपनी ओर खींच लें। मजदूर इसी आराम से नेपाल जाता है, बम्बई-सूरत जाता है, पश्चिमी उत्तर प्रदेश, हरियाणा, दिल्ली जाता है, बंगलौर, धारवाड़ जाता है।

बाहर जानेवाले मजदूरों को अन्तर्राज्य प्रवासी कानून के तहत पंजीकरण कराने के नियम की जानकारी नहीं है। श्रमिकों का पंजीकृत ठेकेदार क्या होता है, किसी मजदूर को मालूम नहीं है। और 35-40 वर्ष से एक-एक पंचायत से सैकड़ों की संख्या में मजदूरों के निकलने के बावजूद आज तक पूर्व या पश्चिम चम्पारण ही नहीं, पूरे तिरहुत और सारण कमिश्नरी में अधिकारी आज तक नहीं 'जगे' हैं। यही हाल पूरे बिहार का भी है।

अध्याय-6

परदेसी का देस

सच कहें तो इन तीन पंचायतों के गाँवों से जो निष्कर्ष निकलते हैं, वे मोटे तौर पर पूरे बिहार पर लागू होते हैं। भूमि पर अत्यधिक दबाव, रोजगार और साधनों का अभाव, बिजली जैसी बुनियादी चीज का भी न होना, तथाकथित विकास योजनाओं की मार, बाढ़-सूखे की तबाही, निरक्षरता, गरीबी और अपने आसपास भविष्य की कोई उम्मीद न देखकर ही प्रदेश के लोग बाहर जा रहे हैं। इन गाँवों के दलित हों या पूरे प्रदेश के दलित-आदिवासी, उनकी क्या समस्याएँ हैं और वे समाज-अर्थव्यवस्था में और भी पीछे रहकर क्यों नहीं निकलते या फिर जो कमाते हैं उसे सुव्यवस्थित ढंग से खर्च करने की जगह क्यों 'उड़ा' देते हैं, इसके गहरे ऐतिहासिक-सामाजिक कारण हैं। पर बिहार के शेष लोग इन्हीं प्रमुख दबावों के चलते घर छोड़ते हैं।

बिहार आज भी आर्थिक रूप से किस स्थिति में है इसे साबित करने के लिए अब आँकड़ों की जरूरत नहीं रही और इस बदहाली में अपनी पर्याप्त भूमिका निभा चुके बिहारी राजनेता जब अपने प्रदेश की गरीबी का ढोल पीटते हैं तो यह तय कर पाना मुश्किल हो जाता है कि वे इसका 'गुणगान' कर रहे हैं या इससे उनके मन में गहरी बेचैनी है।

पर बिहार सदा ऐसा नहीं रहा है। उसका इतिहास कभी भी ऐसा नहीं रहा। अकबर के शासन में मुगलों की विशाल केन्द्रीय सत्ता बनने तक तो बिहार ही उत्तर भारत की राजनीति की धुरी था। उसका आर्थिक जीवन भी तत्कालीन सन्दर्भों में देश या दुनिया के किसी भी पैमाने से अच्छा कहलाएगा। पर्याप्त जल, उपजाऊ जमीन और सूरज की भरपूर रोशनी से जितनी खुशहाली हो सकती थी, यहाँ के कारीगरों के श्रम और कौशल से जितनी खुशहाली सम्भव थी, उतनी यहाँ थी। 'मार्शल रेस' की अवधारणा अंग्रेजों ने अपने हित साधन, समाज को तोड़ने और कुछ खास समूहों को अपने मोहजाल में रखने के लिए चलाई थी। पर जरासंध से लेकर शेर के दो टुकड़े करनेवाले शेरशाह की वीरता देश जानता है।

दूर क्यों जाएँ, बिहार की समृद्धि, आत्मनिर्भरता, स्वायत्तता वगैरह तो अंग्रेजी हुकूमत कायम होने तक बरकरार थी। अंग्रेजी राज ने विकास के नाम पर देश में जो कुछ किया, बिहार को उसका सिर्फ काला पक्ष ही देखने को मिला। अंग्रेजों के आने और देसी उद्योगों को पूरा दम लगाकर चौपट करने के पहले बिहार न सिर्फ अपनी जरूरत का पूरा कपड़ा बना लेता था (आज वह जरूरत का 1-2 प्रतिशत कपड़ा भी नहीं बना पाता) वह इसका देश-विदेश में निर्यात भी करता था। यहाँ का रेशम और राजधानी पटना का मलमल खूब निर्यात होता था। कपास यहाँ भी उगाया जाता था और इससे सटे उत्तर प्रदेश के मिर्जापुर इलाके से भी यहाँ आता था। शोरा, अफीम और खांडसारी का उत्पादन बड़े पैमाने पर होता था। यहाँ का शोरा और अफीम तो विदेशों में भी जाता था। मुंगेर में देश की सबसे पुरानी बन्दूक फैक्टरियों में से एक थी।

अंग्रेजों ने बिहार, बंगाल या देश के हर इलाके के उद्योग-धन्धों को क्यों चौपट किया? इसका साफ कारण तो यही नजर आता है कि वे अपने यहाँ की फैक्टरियों के माल को खपाना और उससे मुनाफा कमाना चाहते थे। अधिकतम राजस्व वसूली के लिए उन्होंने जमींदारों की ऐसी फौज खड़ी की जिसने अधिकांश उपजाऊ जमीन पर खुद कब्जा कर लिया। पर इस बात पर कायदे से कहीं भी चर्चा नहीं हुई है कि 1858 से देश पर ईस्ट इंडिया कम्पनी की जगह सीधे महारानी विक्टोरिया का शासन कायम हो जाने के बाद क्योंकर बिहार, यूपी, सेंट्रल प्रोविन्स वगैरह के विकास को अंग्रेज भूल ही गए। इन सबके पीछे कहीं न कहीं 1857 की क्रान्ति थी जिसमें पूरे के पूरे हिन्दी इलाके से अंग्रेजी सत्ता को उखाड़ फेंका गया था।

उपजाऊ जमीन, खनिज सम्पदा से भरे इलाकों, घने जंगलों और अपार जलस्रोतों वाले इस प्रदेश को अंग्रेजों ने चाहे जिस तरह बर्बाद किया हो या इसकी जितनी उपेक्षा की हो, बहुत जल्दी ही उन्हें भी लग गया कि जिस उपजाऊ जमीन और लोहे-तांबे के खानों के बल पर मगध ने पूरे देश पर अपनी सत्ता कायम कर ली थी, वे अभी भी किसी खजाने से कम नहीं थे। सो, सबसे उपजाऊ जमीन पर नील की जबरिया खेती कराई गई जो काफी समय तक ब्रिटेन के रंग-रोगन उद्योग का एकमात्र कच्चा माल था। बाद में जब गांधीजी के आन्दोलन और कृत्रिम रासायनिक रंगों के आ जाने के कारण नील की खेती को 'महँगा' सौदा माना जाने लगा तो उत्तर बिहार की इसी जमीन पर गन्ने की खेती ज्यादा जोर-शोर से तथा गन्ने को गुड़-खांडसारी की तरफ जाने देने की जगह चीनी मिलों में भेजने का काम शुरू हुआ। यह बदलाव उस दौर में हुआ जब अंग्रेज अपना बोरिया-बिस्तरा समेट रहे थे और बिहार में मारवाड़ी, सिन्धी, पारसी व्यवसायी उनकी व्यापारिक जगह लेने लगे थे।

झारखंड अर्थात दक्षिण बिहार के समृद्ध खनिज क्षेत्र में अंग्रेजों ने कोयला वगैरह बाहर ले जाने के लिए सबसे पहले लाइनें बिछाईं। हाल तक बिहार में उत्तर और दक्षिण को जोड़ने वाली कोई सीधी लाइन नहीं थी (कुछ इलाकों के लिए तो आज भी नहीं है। राज्य का दूसरा सबसे महत्त्वपूर्ण केन्द्र रांची आज भी रेलमार्ग से काफी हद तक कटा है)। पर यहाँ के कोयले को बंगाल, बम्बई और मद्रास प्रेसिडेंसी में लगी फैक्टरियों तक ले जाने के लिए लाइनें तभी बिछ गई थीं। साकची नामक गाँव में जमशेदजी टाटा नामक पारसी व्यवसायी जब इस्पात का कारखाना लगाने का प्रस्ताव लेकर अंग्रेजों के पास गए तो यही मजाक का विषय था कि कोई हिन्दुस्तानी इस्पात बनाएगा और वह भी बिहार में। जाहिर है, टाटा ने अंग्रेजों की राय बदल दी और द्वितीय विश्वयुद्ध में टिस्को ने अंग्रेजी फौज की काफी 'सेवा' भी की।

अंग्रेजों के जाने से पहले ही बिहार के ताँबे के भंडार पर आधारित ताँबा फैक्टरी, चूना पत्थर के भंडार के चलते सीमेंट फैक्टरियाँ (प्रथम विश्वयुद्ध के पहले ही ऐसी पाँच फैक्टरियाँ डेहरी, तिलोथू सासाराम, राम डेहरा और रकिया में लग चुकी थीं। वनोपजों की भरमार के कारण कागज का बड़ा कारखाना (डालमिया नगर), लोहे के अनेक छोटे कारखाने, कोयले से कोक बनानेवाली भट्ठियाँ, अभ्रक की कटाई-छँटाई वाले छोटे कारखाने लग चुके थे। खनन भी एक मुख्य काम हो गया था पर इसका आकार आजाद भारत में ज्यादा बढ़ा है

जैसाकि पहले कहा जा चुका है—उत्तर बिहार में चीनी मिलों का जाल बिछ गया। यहाँ की नदियों के पानी में कैल्शियम की मात्रा ज्यादा होने से इस इलाके के गन्ने में मिठास ज्यादा होती है और इसमें चीनी की मात्रा भी ज्यादा होती है। अंग्रेजी राज में ही पूर्वी बिहार में पटसन की खेती और फिर पटसन मिलों का आगमन भी हो गया था। नदियों के पानी में सीप मिलते हैं। सो, सीप के बटन वगैरह बनाने का कारखाना (चकिया) भी काफी पहले से था। उत्तर बिहार की बकरियों, भेड़ों के चमड़े को काफी अच्छा और मुलायम माना जाता है। उसी जमाने में भी इसकी माँग खूब हो चली थी।

अंग्रेजों के जाने के बाद बिहार की राजनीतिक बागडोर तो बिहारी नेताओं के हाथ में आ गई (जिसमें श्रीकृष्ण सिंह, अनुग्रह नारायण सिन्हा वगैरह की हैसियत तो बहुत बड़ी थी) पर आर्थिक क्रिया-कलापों की बागडोर अंग्रेज व्यवसायियों की जगह मारवाड़ी, सिन्धी, पारसी लोगों के पास आ गई। बिहार में पूँजी-निर्माण क्यों नहीं हुआ या स्थानीय लोग क्यों पिछड़े, इस पर अभी तक कोई व्यवस्थित अध्ययन नहीं हुआ है। एक सम्भावित कारण जातिवाद हो सकता है और अगर मार्क्सवाद के 'इकॉनामिक डिटरमिनिज्म' के सिद्धान्त को व्यवहार रूप में देखना हो तो आजादी के बाद बिहार में वह बहुत साफ दिखेगा। श्रीबाबू के शासन को देश-विदेश में अच्छे

प्रशासन के मॉडल के तौर पर पेश किया जाता था। पर सबसे पहले पहल करके भी न तो वे जमींदारी को समाप्त कर पाए और न ही बिहार की राजनीति पर थैलीशाहों की पकड़ को। जमशेदपुर पर टाटा की जमींदारी आज तक कायम है और इसे हटाने की बात तभी चलती है जब राजनेताओं को मोटे चन्दे की जरूरत होती है। आज बिहार ने भले ही शौचालय श्रृंखला के माध्यम से करोड़ों में खेलनेवाला एक 'उद्यमी' पैदा कर लिया हो, मगर उद्योग व्यवसाय से करोड़पति हुआ शायद ही एक भी व्यक्ति यही पैदा हुआ हो।

बाहर से आए व्यवसायियों में यहाँ से लगाव की कमी और केन्द्र-राज्य सरकारों की नीतियों ने बिहार को काफी नुकसान पहुँचाया है। बिहार में स्थित फैक्टरियों के सेल डिपो या मुख्यालय बाहर रहने और उनसे करों का नुकसान, खनिजों को देश में कहीं भी समान दर पर पहुँचाने और ऐसे ही मसलों की काफी चर्चा पहले होती रही है। आज भी बिहार के मुख्यमंत्री (या पहले के मुख्यमंत्रियों) को जब कुछ नहीं सूझता तो केन्द्र पर सौतेलेपन का आरोप लगाने लगते हैं। और उनके पास जो आधार है, उसके चलते लोगों को भी एक पल के लिए विश्वास हो जाता है।

जिस दौर में बिहार के खनिज (कोयला) दूर-दराज के इलाकों में जाकर बिजली पैदा कर रहे थे, इस्पात बना रहे थे, विदेश तक सीधे उसी रूप में (अभ्रक) जा रहे थे, सीमेंट बना रहे थे, उसी दौर में बिहार में आए व्यवसायियों ने यहाँ की कमाई से बाहर के प्रदेशों (विदेशों में भी) में कितना निवेश किया, इसका हिसाब नहीं है। करों के रूप में बिहार के नुकसान की न तो गिनती हुई है, न हो सकती है। तैयार माल पर लगे कर या उसके मुनाफे के रूप में कितना धन जाता रहा है, इसका हिसाब भी मुश्किल है। बाहरी माल की खपत से कितना पैसा राज्य से बाहर जाता है, इसका हिसाब तो बहुत बड़ा है।

पर इसी दौर में, जब बिहार में भारी उद्योगों, खनिज उद्योगों और कृषि आधारित उद्योगों और सिंचाई परियोजनाओं का सरकारी-गैरसरकारी काम तेजी से हुआ तो बिहार में कितने लोग आए, इसका हिसाब बहुत आसानी से उपलब्ध है। 1931 की जनगणना के अनुसार प्रदेश में बाहर से आए लोगों की संख्या 4 लाख थी जो 1951 में 6 लाख पहुँच गई थी। और इनमें करीब 4 लाख लोग 'गैर-कृषि' कार्यों में लगे थे। यह एक मोटा-सा शब्द परदे का काम करता है। असल में यह गिनती व्यापार-उद्योग और विकास-योजनाओं में बड़े पदों, कमाऊ पदों और लाभ के व्यवसाय के लिए आए लोगों की संख्या बढ़ने के चलते बढ़ी थी। यह वृद्धि भी दक्षिण बिहार के पठारी इलाके में ज्यादा थी जहाँ इसी दौर में उद्योगों का जाल बिछा और खदानों में बड़े पैमाने पर काम शुरू हुआ।

जाहिर है कि बिहार में कमाऊ पदों या कामों में आनेवालों में पड़ोस के बंगाल के सबसे ज्यादा लोग थे। बिहार के दूर-दराज के गाँवों तक में स्कूल शिक्षक या

मुंशी जैसे कामों में भी बंगाली भरे पड़े थे। इसके अलावा पंजाब से भी लोग आए, दक्षिण भारत से भी। और तो और, जब दक्षिण बिहार में खदानों और उद्योगों का जोर बढ़ा (साथ ही उत्तर में उसी रफ्तार में तरक्की नहीं हुई) तो उत्तर और मध्य बिहार से काफी लोग दक्षिण गए जिनकी गिनती जनगणना में नहीं हो सकती। बोकारो जैसे भारी-भरकम कारखाने तभी लगे थे। इस दौर में इन गैर-बिहारी लोगों की कमाई के रूप में बिहार से कितना धन बाहर गया, इसका हिसाब भी मुश्किल है।

आजादी के बाद से साठ के दशक तक यही दौर है जब उत्तर बिहार लगातार पिछड़ता गया। उधर की कुछ तूफानी नदियों पर बाँध बना (जिससे बाढ़ का प्रकोप घटा या बढ़ा यह अब भी विवाद का विषय है), कुछ नहरें बनीं पर न तो खेती के विकास पर ध्यान दिया गया, न खेती आधारित उद्योगों पर। न सड़कों का खयाल किया गया, न रेल का, न ही बिजली का। जिन तथाकथित विकास-योजनाओं को लागू किया गया उनके पीछे इतनी अस्पष्ट दृष्टि काम करती रही कि कई इलाकों में लाभ की जगह घाटा हो गया। यह बात भले ही अजीब लगे पर असलियत यही है कि उपजाऊ उत्तर बिहार के ऐसे कई इलाके हैं जहाँ आज भी आजादी से पहले के दिनों की तुलना में खेती की पैदावार कम है।

1967 के बाद से तो बिहार की राजनीति इस रसातल में पहुँच गई थी कि वहाँ का कोई भी मुख्यमंत्री किसी विकास योजना के तहत अपना नजरिया लेकर काम कर पाया हो, यह नहीं लगता। लालूप्रसाद यादव भले ही श्रीबाबू के बाद सबसे लम्बे समय तक 'राज' करनेवाले मुख्यमंत्री हो गए हों और दूसरी पार्टी के सत्ता में आने में गम्भीर बाधा बन गए हों, पर वे भी कुछ खास नहीं कर पाए। सबसे मुश्किल स्थिति तो तब थी जब अपार बहुमत के साथ आई कांग्रेस की सरकारें और उनके मुख्यमंत्री केन्द्र की मर्जी पर ही चलते-टिकते थे और केन्द्र की चिन्ता बिहार के विकास की अपेक्षा खुद को चुनौती न देनेवाले स्वामिभक्त और कमजोर व्यक्ति को ही सत्ता सौंपने की रही। जहाँ कोई मजबूत दिखने लगा कि उसे तुरन्त दफा करो। लालू प्रसाद को यह परेशानी नहीं रही। पर वे या अब उनकी पत्नी राबड़ी देवी विकास और प्रशासन के मामले में कितनी गम्भीर थे, यही बड़ा सवाल है। और इसे प्रदेश का दुर्भाग्य ही कहेंगे कि पिछले 28 वर्षों में भी जो मजबूत और स्थायी मुख्यमंत्री मिला है, उसकी सारी चिन्ता सामाजिक न्याय के नाम से चुनाव जीतने की ही रही है, प्रशासन और विकास की नहीं।

समाजवादी रुझान दिखा रही श्रीमती इन्दिरा गांधी ने जब बैंकों, खदानों वगैरह का राष्ट्रीयकरण किया तो चारों तरफ वाहवाही हुई। राष्ट्रीयकरण और इसके बाद बैंकों की आज तक की भूमिका को देखने के लिए श्रीमती गांधी जिन्दा नहीं हैं, वरना देखतीं कि किस तरह से बैंक आज बिहार जैसे देश के सबसे गरीब प्रान्त से

भी कितना पैसा बाहर ले जाते हैं। आज बिहार के बैंकों का जमा/ऋण अनुपात गिरते-गिरते 30 फीसदी के करीब आ गया है अर्थात इस गरीबी में भी बिहारी लोग पेट काटकर जो बचत करते हैं उसका 62 फीसदी हिस्सा बाहर जा रहा है। विभिन्न बीमा कम्पनियों, लघु बचत योजनाओं, सरकारी बांडों, कम्पनियों के शेयर-बांडों के रूप में कितना पैसा बाहर जा रहा है, इसका गणित इस प्रवृत्ति को और साफ करेगा। न तो बिहार में स्थित कम्पनियों में ज्यादा निवेश हो रहा है और न कोई नया निवेश ही हो रहा है। सो बचत और जमा का पूरा गणित ही बिहार के हितों के उलट पड़ रहा है।

जब खनिज चले जाएँ, वन कट जाएँ, खेती चौपट हो जाए या बढ़ती आबादी का बोझ उठाने से हाथ खड़े कर दे, बाढ़ और सूखे का क्रम बढ़ जाए तब लोग क्या करते! एक रास्ता तो प्रदेश से बाहर निकलकर काम ढूँढ़ना, कमाई का तरीका ढूँढ़ना है, सो 1971 के बाद से बिहार में जितने लोग बाहर से आए हैं उससे कहीं ज्यादा बिहारी प्रदेश से बाहर गए हैं। और आज तो लगता है कि बिहार आग या पानी के हवाले हो गया घर है जहाँ से लोग भागकर जान बचाने को निकल रहे हैं। इस बार उनकी दिशा बदली है। अंग्रेजी राज में या उसके तत्काल बाद कलकत्ता में उद्योगों की भरमार और असम में चाय बागान लगे थे तो बिहार से, खासकर भोजपुरी भाषी क्षेत्रों से काफी लोग उधर गए थे। इनमें अधिकांश अनपढ़, गाँव के रहनेवाले, मझोली जातियों के जवान गरीब पुरुष थे।

आज लगभग इसी वर्ग के लोग अधिक बड़ी संख्या में निकल रहे हैं। पर ये मिथिला क्षेत्र के हैं, कोशी क्षेत्र के हैं, तराई के हैं या फिर पहाड़ी क्षेत्र के मूल निवासी आदिवासी हैं। पूर्वी उत्तर प्रदेश अगर मैदानी बिहारवाली स्थिति में है तो पश्चिमी ओड़िसा झारखंड क्षेत्र जैसा। सो बिहार से लगे इन दो इलाकों से भी काफी संख्या में मजदूरों का पलायन हो रहा है। मध्य बिहार के मैदानी इलाकों या घाघरा-गंडक दोआब के भोजपुरी भाषी क्षेत्र से पलायन अब पहले की तुलना में घटा है।

आज बिहार में क्या-क्या कमी है या भिन्न-भिन्न पैमानों से वह कितना पिछड़ा है, यह सब यहाँ बताना जरूरी नहीं है, पर इतना जान लेना जरूरी है कि बिहार, उसके जिलों और उसकी अर्थव्यवस्था से जुड़े विषयों का कोई भी आँकड़ा प्राप्त करना एक दौर में लगभग असम्भव हो गया था। सो जो भी हिसाब दिया गया है या आगे दिया जाएगा वह या तो केन्द्र जनगणना विभाग या फिर बिहार के बाहर काम करनेवाली अकादमिक संस्थाओं द्वारा जुटाया गया है। सरकार से जो थोड़े विवरण मिले भी उनसे यह समझ पाना मुश्किल है कि तेनूघाट बिजलीघर चालू हो पाया है या नहीं। अंग्रेजी दैनिक 'पॉयनियर' की एक रिपोर्ट के मुताबिक अभी तक यह चालू नहीं हुआ है और इससे राज्य सरकार को रोज 25 लाख रुपए का घाटा

हो रहा है। हर दस्तावेज में उसको 'बस तैयार ही' बताया गया है और 1987 के बाद राज्य के बिजली उत्पादन में यह पहली बढ़ोतरी होनेवाली है।

210 मेगावाट क्षमता के इस बिजलीघर समेत तीन नए प्रोजेक्ट के चालू होने के बाद राज्य में बिजली की क्षमता में कितनी वृद्धि हो रही है, यह देखने की बात है। अभी तो बिहार प्रति व्यक्ति बिजली की खपत के मामले में देश में सबसे पीछे है। इस स्थिति के बावजूद यही असलियत है कि बिहार में दिन-ब-दिन बिजली में निवेश घटता गया है। यहाँ के बिजलीघरों में क्षमता से काफी नीचे उत्पादन का क्रम (लोड फैक्टर) घट रहा है। ट्रांसमिशन में होनेवाला नुकसान बढ़ रहा है तथा बिजली के बिल की वसूली गिरती जा रही है। 2015-16 में जब राष्ट्रीय औसत 1075 किलोवाट बिजली की खपत थी तब बिहार में प्रति व्यक्ति औसत खपत 117.48 किलोवाट ही थी। यहाँ का भी अधिकांश हिस्सा बरौनी के तेलशोधक और खाद कारखाने साफ कर देते थे। बाकी बिजली से उत्तर बिहार के लोग-चाहे रोशनी से जगमगाएँ, हवा खाएँ, पम्प चलाएँ या उद्योग लगाएँ।

जब बिजली की यह हालत हो और साथ ही प्रशासनिक अराजकता तथा खेती में अपेक्षित विकास न हो तो उत्तर बिहार में उद्योग कहाँ से आ सकते हैं? अधिकांश पुराने उद्योग (सीप के बटन के कारखाने, मुजफ्फरपुर स्थित दवा कारखाना, अशोक कागज मिल वगैरह) बन्द हो चुके हैं और इस क्षेत्र में लगी अधिकांश चीनी मिलों की हालत खराब है। बीच में सरकार ने कुछ को अपने नियंत्रण में लिया था। अब फिर से उनको निजी हाथों में सौंपने की तैयारी है। मिलों ने अपनी जमींदारी बनाई है। काफी मुनाफा कमाकर बाहर भेजा है। किसानों को परेशान किया है (देखें परिशिष्ट तीन, इसी लेखक का पुराना लेख)। पर यह भी तथ्य है कि पिछले पचास वर्षों में उत्तर बिहार में कोई नई चीनी मिल नहीं लगी है। चीनी मिलों से निकलनेवाली खोई से कागज बनाने के कारखाने के नाम पर बेतिया राज और किसानों की कुमारबाग स्थित सैकड़ों एकड़ जमीन यूँ ही छोड़ दी गई थी और पिछले 25 वर्षों में फैक्टरी नहीं लगी। बाद में वहाँ स्टील रि-रोलिंग का प्लांट लगा जो बन्द पड़ा है। जिस तरह से पहले सिर्फ भौगोलिक विभाजन के आधार पर कह दिया गया है कि मिथिला और कोशी अंचलों से सबसे ज्यादा विस्थापन होता है, उसी तरह एक सीधे निष्कर्ष के तौर पर कहा जा सकता है कि बिहार के उत्तरी और पूर्वी भाग में स्थित इन इलाकों को प्राय: हर साल बाढ़, अनावृष्टि और सूखे का सामना करना पड़ता है। जंगल कटने और प्राकृतिक संसाधनों के बेरोक-टोक दोहन के कारण झारखंड क्षेत्र के कुछ इलाकों में भी साल-दर-साल भारी सूखा और अकाल पड़ने का क्रम चालू हो गया है।

इसे मात्र संयोग मानें या कुछ और, पर बिहार में जिन इलाकों में भूमि हदबन्दी आज तक लागू नहीं हो पाई है, वे यही हैं। बड़े जमींदारों के चलते मजदूरों की फौज

भी यहाँ रही है जो अमूमन पिछड़ी जातियों की है। जमींदारों में भी कई पिछड़ी जातियों के हैं पर बीसियों तरह के फरेब के सहारे अपनी जमीन बचाकर भी सारे जमींदार खेती पर ध्यान नहीं देते। उनकी ज्यादा कमाई दूसरे स्रोतों से होती है, पर वे जमीन भी नहीं छोड़ते। जिलेवार अमीरी-गरीबी बतानेवाले आँकड़े तो उपलब्ध नहीं हैं, पर साक्षरता, शहरीकरण जैसे आँकड़े बता देते हैं कि पिछड़े बिहार में भी उन जिलों का क्या स्थान है जहाँ से मजदूर पलायन कर रहे हैं।

बिहार में शहरीकरण को भी पूरी तरह विकास का पैमाना नहीं बनाया जा सकता जब कि आम तौर पर दुनिया में इस पैमाने का इस्तेमाल होता रहा है। दक्षिण बिहार अर्थात झारखंड के बड़े शहरों से अगर औद्योगिक विकास जुड़ा रहा है तो भी यहीं की स्थानीय आबादी और इस प्रकार पूरे जिले के विकास से इन शहरों या वहाँ स्थित उद्योगों का कोई लेना-देना नहीं है। देश का सबसे बड़ा इस्पात कारखाना बोकारो, धनबाद जिले के आदिवासियों के विकास में एक पैसे का मददगार नहीं हुआ है, उलटे उसने सैकड़ों वर्ग कि.मी. में बसे आदिवासियों को उजाड़ा जरूर। उत्तर और मध्य बिहार में शहरीकरण उद्योग और व्यापार से नहीं जुड़ा है। फिरौती से बचने के लिए, बच्चों की शिक्षा के लिए, देह-नेह में समय से डॉक्टर के पास पहुँच जाने जैसे लाभों के लिए बड़ी संख्या में लोग गाँवों से उठकर गया, बक्सर, आरा, बेतिया जैसे शहरों में आकर बसे हैं।

बिहार सरकार ने अन्तर्राज्य प्रवासी कानून के तहत जो पंजीकरण कराए हैं वे भले ही डेढ़-दो फीसदी मजदूरों के ही हों पर उनसे इलाके की पहचान हो सकती है पर लगभग यही दृश्य जमीन और जनसंख्या के घनत्व से भी उभरता है। और यह बात खासी दिलचस्प है कि जहाँ एक ओर दरभंगा (घनत्व-1101 प्रति वर्ग कि.मी.), वैशाली (1053), सीवान (973), सीतामढ़ी (904), समस्तीपुर (935), बेगुसराय (945), सारण (970), मुजफ्फरपुर (929) जैसे इलाकों से काफी पलायन हुआ है, जहाँ की जमीन काफी उपजाऊ रही है, तो गुमला (127), पलामू (192), दुमका (241), हजारीबाग (254) जैसे आदिवासी और सूखा प्रभावित इलाकों से भी हुआ है।

सो इलाकों के गुण-दोष, पूरे प्रदेश से पलायन के कारणों और पलायन करनेवालों के एक मोटे चरित्र को जानने के बाद यह तो स्पष्ट हो जाता है कि 1971 के बाद से बिहार से निकलनेवालों में अधिकांश यहाँ की बदहाली-परेशानी के चलते जा रहा है। 'पुश-पुल' का सिद्धान्त देनेवाले, ई.एस. ली के पैमाने से देखें तो पलड़ा साफ 'पुश' वाले कारकों की ओर झुका हुआ है।

पर दो अन्य बातों की ओर इशारा करना जरूरी है। इतने खस्ताहाल बिहार के किसी शहर या बाजार से थोक पलायन का उदाहरण न इस लेखक को दिखा, न उसकी जानकारी में आया। दूसरी बात यह है कि इन सारी मुश्किलों के बावजूद घर

छोड़नेवाली औरतों की संख्या और अनुपात अभी तक नगण्य ही है। यह औरतों की और भी कमजोर स्थिति और पति की अनुपस्थिति में घर सँभालने के पूरे बोझ को उठाने की वस्तुस्थिति को बताता है। पति के न रहने से परेशान लाखों जवान पत्नियाँ घर सँभालने का बोझ कैसे उठाती होंगी, इसकी सहज कल्पना भी नहीं की जा सकती। गरीब के घर जन्मने का दुख तो उन्हें था ही—यह गरीब प्रदेश के गरीब इलाके में रहने का अतिरिक्त दुख है।

मददगार सन्दर्भ

1. डॉ. अलख ना. शर्मा : इंटर्नल माइग्रेशन इन बिहार, ए.एन. सिन्हा इंस्टीट्यूट, पटना, 1986
2. सच्चिदानन्द सिन्हा : इंटर्नल कॉलोनी, दूसरा संस्करण, मराल प्रकाशन, मुजफ्फरपुर, 1986
3. विभिन्न विभागों की उपलब्धियाँ एवं समस्याएँ, योजना एवं विकास विभाग, बिहार सरकार, पटना, 1993
4. बिजनेस ऑपर्चुनिटीज इन बिहार, बिहार सरकार, 1994
5. डॉ. अनिल कुमार : बिहार का भूगोल, नेशनल बुक ट्रस्ट, नई दिल्ली 1995
6. बेसिक स्टेटिस्टिक्स, स्टेट्स, सितम्बर 1994, सेंटर फॉर मोनिटरिंग ऑफ इंडियन इकॉनामी
7. अरविन्द ना. दास : द रिपब्लिक ऑफ बिहार, पेंग्विन इंडिया
8. इकॉनामिक सर्वे, 1994–55, भारत सरकार
9. बिहार की आर्थिक स्थिति, श्वेत पत्र, समता पार्टी, 1994

अध्याय-7

आधुनिक विकास और परदेस गमन

भारत के इतिहास में सिर्फ मजदूरीवाले उद्देश्य से परदेस गमन की व्यवस्थित शुरुआत अंग्रेजी हुकूमत के दौरान ही हुई। उससे पहले मुगल और अन्य मुस्लिम-हिन्दू रजवाड़ों के किले या अन्य निर्माण के अवसर पर ही मजदूरों को उनके घर से लाकर काम कराया गया होगा। सम्भव है, यह जोर-जबरदस्ती से भी हुआ हो। उल्लेखनीय है कि मुस्लिम शासकों के आने के पहले बड़े किले नहीं बना करते थे। प्राचीन भारतीय मन्दिरों, अजन्ता एलोरा जैसी गुफाओं और कलाकृतियों के निर्माण और रचना में भी काफी मानव श्रम लगा होगा। इनके निर्माण भी कई बार राजे-रजवाड़ों ने ही कराए थे पर इनमें जबरिया मजदूरी या गुलामों की मौजूदगी का कोई प्रमाण नहीं मिलता। और जैसा वरिष्ठ लेखक सच्चिदानन्द सिन्हा ने अपनी किताब 'केअर्स एंड क्रिएशन्स' में लिखा है, जबरिया मजदूरी या गुलामों से ऐसी कलात्मक रचनाएँ नहीं बनवाई जा सकतीं। प्रसिद्ध इतिहासकार एएल बाशम को भी प्राचीन भारतीय समाज का सबसे अद्भुत पहलू गुलामों की गैर-मौजूदगी ही लगती है।

इसलिए अचरज नहीं कि अंग्रेजों के आने के पहले तीर्थाटन के लिए, देशाटन के लिए, अध्ययन के लिए परदेसगमन की चर्चा तो हुई है, पर कमाने के लिए कोई परदेस नहीं जाता था। कमाने के सन्दर्भ में परदेसगमन सिर्फ व्यापारी करते थे। लेकिन तब परदेस का अर्थ भी एकदम अलग था। हिन्दुस्तान में यह व्यवस्था लम्बे समय तक चलती रही। और इसने हर गाँव के इलाके को अपनी जरूरतों के लायक लगभग आत्मनिर्भर बनाने का काम किया, जो थोड़ी बहुत कमी थी उसे व्यापारी पूरी कर देते थे।

और इसी व्यापार के लिए जब खस्ताहाल मुगल सम्राटों ने अंग्रेज व्यापारियों को भी देश में आने की अनुमति दी तो उन्होंने क्या-क्या गुल खिलाए, यह सभी जानते हैं। पहली बार एक अखिल भारतीय अति केन्द्रीकृत शासन प्रणाली लागू करने, स्थायी बन्दोबस्त-रैयतवाड़ी व्यवस्था के माध्यम से दूर-दराज के इलाकों

तक जमींदारों और अपने मुलाजिमों का जाल बिछाकर अंग्रेजों ने देश के हर हिस्से पर अधिकाधिक नियंत्रणवाली व्यवस्था कायम की और 'राज' जमाने के साथ-साथ ही उन्होंने देसी उद्योगों और हस्तशिल्पों को बरबाद करने का योजनाबद्ध अभियान चलाया। बुनकरों-कारीगरों की बदहाली की कथाएँ आज तक चल रही हैं।

गाँव का पूरा गृह उद्योग और शिल्प व्यवसाय चौपट होने का मतलब हुआ खेती पर निर्भरता का बढ़ना। खेती पर जमींदार बैठा दिए गए थे। ज्यादा मजदूर और रैयत मिलने से उनकी आमदनी बड़ी और काम कम होने से मजदूरों की मजदूरी घटी। वे इन जमींदारों से मोल-तोल करके या आन्दोलन के जरिए फसल में मजदूरी का हिस्सा बढ़वा पाने की स्थिति में नहीं रह गए। खेती से इधर अधिकांश काम लगभग ठप्प हो गया। संचार और परिवहन व्यवस्था के सभी जगह पहुँचने से प्राकृतिक संसाधनों और बाजार की जरूरत के अनुसार सस्ता माल पहुँचाने का क्रम शुरू हुआ।

मैनचेस्टर की फैक्टरियों के माल की बिक्री बढ़ाने और करघे-बुनकरों से उन्हें मिलनेवाली चुनौती को समाप्त कराने के लिए यह सब किया गया था। पर जल्दी ही भारत में ही उपलब्ध प्राकृतिक संसाधनों, खनिजों और श्रम शक्ति के उपयोग के लिए फैक्टरियाँ लगाने का दौर चला। गाँवों में अब तक काफी संख्या में लगभग बेकार लोगों की फौज जमा हो गई थी। नए लगनेवाले कारखानों में इनकी जबरिया और फिर स्वैच्छिक भर्ती हुई। यही हाल देश पर अंग्रेजी हुकूमत को मजबूत करने और नए उपनिवेश बढ़ानेवाली फौज के सन्दर्भ में भी हुआ। यहाँ भी पहले जबरिया और फिर स्वैच्छिक भर्ती हुई। नए ब्रिटिश उपनिवेशों में कमाऊ खेती और उद्योग के लिए गिरमिटिया मजदूर ले जाए गए। यह प्रथा यूरोप में मौजूद दासों की खरीद-फरोख्त और पूँजीवादी विकास का अभिन्न अंग बने मजदूरों के प्रवासी बनने की प्रवृत्ति का मिला-जुला रूप लगती है। कमाने के लिए परदेस जाने का चलन शुरू होने में ज्यादा दिन नहीं लगे। लाखों लोग मात्र कमाने के लिए अपने घर-बार से दूर गए। पुण्य कमाना, शिक्षा पाना, देश-दुनिया का ज्ञान लेना अब परदेस जाने का बहुत ही छोटा कारण रह गया। मजदूरों को उनके निवास से दूर ले जाने का काम कोड़ों के जोर पर भी हुआ और बहला-फुसलाकर भी। फिर खेती में काम और कमाई न होने से परेशान मजदूर खुद भी बाहर निकलने लगे।

लेकिन यह धारा बहुत समान रूपवाली नहीं थी। पूरे देश में अंग्रेजों या उनके प्रोत्साहन से देसी उद्यमियों ने न तो उद्योगों का जाल बिछाया और न ही हर कहीं खेती के काम से ज्यादा होनेवाले लोगों को उद्योग-धन्धों में जगह मिल गई। अगर हम चाय की खेती, नील की खेती, कॉफी, रबर के बागानों लायक इलाकों को

छोड़ दें तो अंग्रेजी या देसी उद्यमियों का अधिकांश निवेश कलकत्ता, बम्बई और मद्रास जैसे उन केन्द्रों पर हुआ जो अंग्रेजी हुकूमत के केन्द्र थे। उद्योगों का दूसरा केन्द्र अंग्रेजी फौजों की छावनियों के निकट के इलाके भी बने। सत्ता और फौजी केन्द्रों से उद्योगों की निकटता को साबित करना बहुत मुश्किल नहीं है। हाँ, बागानों के साथ यह बात लागू नहीं होती पर उनके लिए मिट्टी और प्राकृतिक वातावरण सबसे प्रमुख कारक थे। पर राजस्व-वसूली की सुविधा के लिए उन कारखानों और बागानों के मुख्यालय और बिक्री कार्यालय कलकत्ता, मुम्बई, चेन्नै में ही रखे गए जो दूर-दराज के इलाकों में थे।

एक तरफ उद्योगों और बागानों का विकास था और दूसरी ओर जमींदारी का मजबूत होना, जो पूरे देश में समान ढंग से हुआ। जिन इलाकों में उद्योग लगे और खेती से अतिरिक्त मजदूर उद्योगों में गए वहाँ जमींदारी भी कमजोर हुई। खेती पर आश्रित मजदूरों-खेतिहरों की स्थिति बेकार हुई। जहाँ औद्योगीकरण या व्यावसायिक खेती नहीं हुई, वहाँ जमींदारी मजबूत हुई। खेती कमजोर हुई और खेतिहर मजदूर बदहाल हुए। इन इलाकों से अगर मजदूरों का पलायन हुआ भी तो बहुत कम और बुरी स्थिति में।

आजाद भारत की सरकार ने भी न तो प्रशासनिक ढाँचा बदला, न विकास का मॉडल। आजादी की लड़ाई के दौरान राष्ट्रपिता महात्मा गांधी ने एक राजनीतिक लड़ाई के साथ विकास और जीवन का जो एक वैकल्पिक मॉडल विकसित करने की चेष्टा की थी, उसे बिना प्रयोग में लाए ही बेकार घोषित कर दिया गया। आजादी ने कई चीजें बदलीं, जैसे—जमींदारी खत्म करने का प्रयास हुआ। पर यह वहीं सफल हुआ जहाँ जमींदारी कमजोर हो गई थी। औद्योगीकरण बढ़ाने की निरन्तर चेष्टा हुई, पर मॉडल और इलाके वही रहे। पूर्व सोवियत संघ की देखा-देखी शुरू की गई पहली पंचवर्षीय योजना में कृषि पर जोर दिया गया, तो उससे खेती में तेज विकास की नींव पड़ी पर इसका लाभ भी पंजाब जैसे उन्हीं इलाकों को हुआ जहाँ जमींदारी कमजोर थी और अंग्रेजों ने नहर बनवाई थी।

अंग्रेजों ने हिन्दुस्तानी लोगों के या उनकी जरूरत के सामान के आवागमन, फैक्टरियों में माल लाने-ले जाने के पूरक उद्देश्य से ही रेलों का निर्माण कराया था। सो बहुत हाल तक आपको उत्तर और दक्षिण बिहार को जोड़नेवाला कोई रेल-मार्ग, कोई सीधी एक्सप्रेस गाड़ी नहीं दिखेगी। पर खदानों और औद्योगिक इकाइयों से भरे दक्षिण बिहार से मुम्बई, कलकत्ता और चेन्नै तक जाने के लिए एक से एक तेज गाड़ियाँ मिलेंगी। मध्य प्रदेश, ओड़ीसा, उत्तर प्रदेश के रेलमार्गों पर भी यही बात लागू होती है। एक केन्द्रीकृत और आन्तरिक उपनिवेशों (सच्चिदानन्द सिन्हा की किताब 'इंटर्नल कॉलोनी' द्वारा उछाला गया शब्द) के

जरिए विकास के केन्द्र बनानेवाली प्रशासनिक व्यवस्था के जारी रहने का इससे अच्छा शायद ही कोई उदाहरण हो।

विकास के इस मॉडल ने एक ओर कुछ इलाकों को अमीर किया, कुछ को गरीब तो दूसरी ओर उसने दिन-ब-दिन खेती का महत्त्व कम किया। जाने कब से हम पढ़ते आ रहे हैं कि हमारी आबादी का 70 फीसदी हिस्सा खेती पर निर्भर करता है। कम-से-कम आजाद भारत में तो इस अनुपात में कोई खास कमी नहीं आई है पर आजादी के बाद ही सकल घरेलू उत्पादन में खेती का हिस्सा निरन्तर गिरता गया है। 1950-51 में सकल घरेलू उत्पादन में खेती का हिस्सा 56.45 था जो 2014 में 18 फीसदी ही रह गया। जाहिर है कि उद्योग हो या सेवा क्षेत्र, उसने जिस तेजी से पूरी अर्थव्यवस्था में अपना हिस्सा बढ़ाया है, उस तेजी से रोजगार के अवसर नहीं बढ़ाए हैं।

विकास के मौजूदा मॉडल में यह बात अन्तर्निहित है। इससे पूरे इलाके, सभी लोगों को आगे ले जाने की कौन कहे, सबको न्यूनतम जरूरी चीजें भी नहीं उपलब्ध कराई जा सकतीं। 'हिन्द स्वराज' के माध्यम से गांधीजी ने यही बात उठाई थी। तब तक सिर्फ यूरोप के विकास का चेहरा ही सामने आया था। 1917 की रूसी क्रान्ति के बाद इस विकास को आदर्श माननेवाली समाजवादी व्यवस्था भी गाँवों-किसानों के दमन पर ही फली-फूली और निजी की जगह सरकारी स्वामित्व का प्रयोग असफल होने पर मुँह के बल गिर गई। भारत की आजादी के तत्काल बाद क्रान्ति करनेवाले चीन के नेता माओत्से-तुंग ने किसानों-खेती के प्रति अपेक्षाकृत ज्यादा समझ दिखाई, पर इससे किसानों-खेती का कोई भला नहीं हुआ।

अगर रूसी क्रान्ति ने करोड़ से ज्यादा किसानों को मरवा दिया (जिसके किस्से अब सामने आ रहे हैं) तो चीनी क्रान्ति ने भी लाखों किसानों का जीना मुहाल कर दिया। इन दो व्यवस्थाओं ने किसानों को कहीं भागने भी नहीं दिया। द्वितीय विश्व युद्ध के बाद इसी मॉडल के विकास का चौथा रास्ता जापान, सिंगापुर, हाँगकाँग, कोरिया जैसे देशों ने दिखाया और इसमें तो किसानों या खेती का कोई स्थान ही नहीं है और आज पिछलग्गू विकास का यह मॉडल भी औंधे मुँह गिरा है।

भारत ने विकास के इसी मॉडल के पहले और दूसरे रास्ते की मिली-जुली डगर पर चलने का फैसला किया। पुराना अंग्रेजी प्रशासनिक ढाँचा भी चलाया गया। इन सबमें दो परिणामों का संक्षेप में जिक्र किया गया है—क्षेत्रीय विषमता का बढ़ना और खेती का महत्त्व घटना। खेती में हुए मशीनीकरण ने भी कुछ मजदूरों को बेकार किया है। फिर भी 70 फीसदी आबादी खेती पर ही बोझ बनी है। पर अपने यहाँ सोवियत संघ या चीन जैसी कठोर व्यवस्था नहीं है। भारतीय संविधान की 19वीं धारा भारत के सभी नागरिकों को देश में कहीं भी रहने-बसने-काम करने की आजादी देती है। सो अब अगर सरकार अंग्रेजी हुकूमत की तरह मजदूरों को एक

स्थान से दूसरे स्थान पर जबरन या बहला-फुसलाकर नहीं भी ले जाती, तब भी कुछ जगहें बड़ी संख्या में मजदूरों को 'आकर्षित' करती हैं तो कुछ को अपने यहाँ से हटने को मजबूर करती है।

विस्थापन के पीछे आर्थिक मजबूरी एक प्रमुख कारक है पर एकमात्र नहीं। कई सामाजिक कारण भी हैं। आर्थिक कामों का स्वरूप और अपनी उद्यमशीलता से आगे बढ़ने की सहज इच्छा भी इसके कारण हैं। अगर सिर्फ आर्थिक कारण ही रहते तो सबसे गरीब इलाका गाँवों और खेती से ही पलायन करता, पर ऐसा है नहीं। सूरत के हीरा व्यवसाय के मजदूरों का उदाहरण आज सभी जानते हैं। सौराष्ट्र के जिन इलाकों के जौहरी हैं, वहीं से वे अपनी लाखों की इस जायदाद की हिफाजत के लिए भरोसेमंद मजदूरों को बुला लाते हैं। कुछ खास-खास काम में अलग-अलग क्षेत्रों के मजदूरों के अभ्यस्त होने के चलते भी उनको बुलाया जाता है। पंजाब में धान की खेती बढ़ने के साथ ही बिहारी और उड़िया मजदूरों के वहाँ पहुँचने का एक कारण यह भी है।

जमींदारी को आर्थिक कारण मानें या सामाजिक, गाँवों से मजदूरों के पलायन में यह भी एक कारण है। बिहार हो या पूर्वी उत्तर प्रदेश, उन्हीं इलाकों से पलायन ज्यादा संख्या में हुआ है, जहाँ आज तक बड़ी-बड़ी जमींदारियाँ कायम हैं और भूमि सुधार लागू नहीं हुए हैं। पढ़ाई-लिखाई और देश-दुनिया को जानने में आगे रहने के चलते जमींदार परिवारों के लोग खेती की जगह दूसरे कमाई के कामों में लग गए हैं। और खेती को बचाने के लिए उन्होंने अपनी बुद्धि-ताकत और सत्ता सबका इस्तेमाल किया है। अब वे न तो खुद खेती करते हैं न खेत छोड़ रहे हैं। व्यापार, राजनीति, ठेकेदारी और अन्य धन्धों में पहले चले जाने के कारण खेती की कमाई इन्हें बहुत कम दिखती है। और जो लोग खेत में काम कर सकते हैं, अधिक पैदावार ले सकते हैं, उनके पास जमीन नहीं है। और जिनके पास जमीन है, वे कुछ करते नहीं।

पर जमींदारी से जुड़े कारण के चलते होनेवाले पलायन के पीछे सिर्फ काम या कमाईवाला पहलू ही काम नहीं करता। कई-कई पीढ़ियों से हर तरह से सताए जानेवाले कमजोर लोग आज लोकतंत्र और कल्याणकारी राज्य के कारण अपने बारे में फैसला करने को तो आजाद हो ही गए हैं। सो गाँव में 'बेगार' करने से बचने के लिए वे बाहर जाते हैं तो सोच-समझ कर ही। जब वे कमाई करके थोड़ा भी पैसा लाते हैं और उसे रेडियो-फैशन या समृद्धि के दिखावे पर खर्च करते हैं तो उसका एक अलग अर्थ है। जमींदार परिवार से अगर उस पर व्यंग्यात्मक टिप्पणी होती है तो असल में उसे मजा आता है। पीढ़ियों से परेशान इन लोगों को ऐसे में रुपए जाने का गम कम होता है। जान-बूझकर भी 'बेगार' का ऐसा खर्च सार्थक लगता है।

अगर गिनने बैठेंगे तो बेगार के चलते या इस किस्म का आनन्द उठाने के लिए जानेवाले मजदूरों की संख्या बहुत कम होगी—शायद गिनने लायक भी नहीं। पर परदेसी बने अधिकांश मजदूरों के साथ यह पहलू भी जुड़ा होता है। जमीन से जुड़े झगड़ों से बचने या अपने इलाके में उपलब्ध 'रोजगार' के खतरों से बचने के लिए भी माँ-बाप अपने बच्चों को परदेसी बना देते हैं। इस लेखक ने जिन गाँवों का सघन अध्ययन किया, वे नेपाल की सीमा से लगे हैं और यहाँ तस्करी में बच्चे न लगें, इसके लिए भी अनेक माँ-बाप ने उन्हें बाहर भेज दिया था।

आज के प्रवासी मजदूरों के बारे में कुछ अन्य बातें भी बहुत स्पष्ट हैं जिन पर गौर नहीं किया गया है। पहली सबसे हैरान करनेवाली बात है कि बिहार हो या उत्तर प्रदेश, ओड़िसा हो या राजस्थान, नगर से ही नहीं, छोटे कस्बों से भी पलायन हो रहा है। अतः इन शहरों में आसपास के गाँवों से मजदूरों के न आने से यहाँ का जीवन काफी बदला है। मजदूरी बढ़ी है। सुख-सुविधाओं में कमी आई है। अपने अध्ययन के क्रम में इस शोधकर्ता को पंजाब में (या दिल्ली रहने के क्रम में भी) एक भी ऐसा प्रवासी मजदूर नहीं मिला जो किसी 20-25 हजार आबादीवाले कस्बे से आया हो।

एक दूसरी बहुत साफ प्रवृत्ति समृद्धि और दरिद्रतावाले इलाकों के अन्तर की है। प्रदेश अमीर हो या गरीब, वहाँ से बाहर निकलनेवाले मजदूर गरीब इलाकों के ही हैं। अगर शहर पास हो, समृद्धिवाला कोई भी ठिकाना पास हो तो वहाँ से बाहर पलायन नहीं हुआ है। उत्तर प्रदेश में, ओड़िसा में सिर्फ उन्हीं इलाकों से पलायन हुआ है जहाँ दरिद्रता है। पंजाब आए लगभग एक-तिहाई प्रवासी मजदूर उत्तर प्रदेश के हैं पर इनमें एक भी पश्चिमी उत्तर प्रदेश का नहीं मिला। पंजाब का ही हिस्सा रहे हिमाचल प्रदेश से आए लोगों को पंजाबी 'बाहरी' नहीं मानते हैं। पर एक दूसरे हिस्से, हरियाणा से कोई मजदूर यहाँ नहीं आता।

प्रवासी मजदूर गरीबी के चलते आते हैं। वे अनपढ़ हैं, छोटी जाति के हैं, पुरुष हैं, शादीशुदा हैं, ठेके पर काम करते हैं—जैसी 'विशेषताएँ' तो बहुत आम हैं। इस पर आगे भी चर्चा होगी। पर आज जिन क्षेत्रों से पलायन हो रहा है वे प्राकृतिक आपदाओं के मारे हुए क्षेत्र हैं। बिहार में पलायन दक्षिण के मैदानी हिस्से या पश्चिम से उतना नहीं हो रहा है जितना बाढ़ और सूखे को मार सहनेवाले उत्तरी और पूर्वी बिहार से, जितना कि हर साल अकाल झेलनेवाले पलामू और आदिवासी इलाके से। ओड़िसा का भी यही हाल है और राजस्थान का भी।

आज भले ही हमें ई.एस. ली के 'पुश एंड पुल' सिद्धान्त में कुछ कमियाँ दिखें पर इतना तो साफ तौर पर कहा जा सकता है कि पंजाब (या अन्य इलाकों) की ओर जो पलायन हो रहा है उसमें 'पुल' वाले कारकों की तुलना में 'पुश' वाले कारक बहुत ज्यादा वजनदार हैं।

मददगार सन्दर्भ

1. विद्युत जोशी—सम्पादक, माइग्रेंट लेबर एंड रिलेटेड इश्यूज, ऑक्सफोर्ड एंड आई बीएच पब्लिशिंग कं., प्रा.लि., नई दिल्ली, 1987
2. सच्चिदानन्द सिन्हा, केऑस एंड क्रिएशन्स, ललित कला अकादमी
3. सच्चिदानन्द सिन्हा, द बिटर हार्वेस्ट
4. सच्चिदानन्द सिन्हा, इंटर्नल कालोनी, मराल प्रकाशन, मुजफ्फरपुर, द्वितीय संस्करण
5. नेशलन कमीशन ऑन रूरल लेबर, श्रम मंत्रालय, भारत की रिपोर्ट, दो खंड 1991

अध्याय-8

प्रवासियों के बाड़े

दिल्ली से पंजाब की तरफ रेल या सड़क किसी से भी बढ़िए तो लगभग दो चौंकाऊ बातें दिखती हैं। दोनों तरफ दूर-दूर तक लहराते धान के खेत और उनकी खुशबू यह भ्रम पैदा कर सकती है कि कहीं धान उगाने, भात खानेवाले प्रदेश में तो नहीं पहुँच गए हैं। गेहूँ और रबी के इलाके का यह दृश्य चौंकाता है। जगह-जगह पम्प से पानी पटाते, खाद छींटते, धान रोपते-काटते लोगों पर भी गौर करिएगा तो वे भी पंजाब-हरियाणा के लम्बे-तगड़े लोग नहीं लगेंगे। धान के खेत तो दिल्ली से निकलते ही शुरू हो जाते हैं पर असली 'धनहर' इलाका पानीपत-करनाल-अम्बाला से शुरू होता है और लगभग पूरे ही पंजाब में यह दृश्य दिखता है।

चौंकानेवाली दूसरी चीज है मुर्गी के दड़बे। जी.टी. रोड के किनारे, शहर से दूर-दूर बने ये दड़बे बदबू के एक झोंके के साथ तो ध्यान खींचते ही हैं, अपनी संख्या और आकार से भी चौंकाते हैं। अक्सर दो लम्बी पंक्तियों में बने इन दड़बों में ठूँस-ठूँसकर मुर्गियाँ भरी होती हैं। दड़बे के समूह में इतने से भी जगह पूरी नहीं पड़ती तो दो-तीन मंजिला निर्माण कराए गए हैं। ऊपर एक खंड से दूसरे में जाने के लिए 'फ्लाइओवर' बने हैं।

विशेष अध्ययनवाले गाँवों के मजदूरों को उनके स्वर्ग लुधियाना में ढूँढ़ते-ढूँढ़ते जब यह लेखक उनके 'क्वार्टरों' पर पहुँचा तो लगा कि मुर्गी दड़बों को देखने-अनुभव करने का क्रम अभी नहीं रुका है। सात या आठ फुट लम्बे और इतने ही चौड़े कमरों की ठीक दड़बों जैसी पाँतें इन जैसे मजदूरों के लिए भी बनवा रखी गई हैं। ये 'क्वार्टर' भी ऐसे ही दो पंक्तियोंवाले हैं। बीच में थोड़ी आँगननुमा लम्बी खाली जगह है। दो दर्जन कमरों के पीछे एक हैंडपम्प, एक शौचालय है। ज्यादा हैं तो उसी अनुपात में इन 'सुविधाओं' की संख्या भी ज्यादा है। अगर जगह कम पड़ रही हो तो कमरों को दो-तीन मंजिल तक उठा दिया गया है। लुधियाना के बाबा दीप सिंह कॉलोनी में, जिसे स्थानीय लोग भैया कॉलोनी कहते हैं, ऐसे 108 कमरों के तिमंजिले बाड़े का सर्वेक्षण इस लेखक ने भी किया, पर बी.एम.एस. के स्थानीय

मजदूर नेता रामकृष्ण आजाद ने बताया कि कंगनवाल रोड पर 422 कमरों का बाड़ा पूरे शहर में सबसे बड़ा है।

भाई दीप सिंह कॉलोनी, कंगनवाल रोड, गिल रोड, इंडस्ट्रियल एरिया, ट्रांसपोर्ट नगर, सिमराला चौक, फोकल प्वाइंट, हीरा नगर, मोती नगर, भगत सिंह कॉलोनी, शेरपुर, मुस्लिम कॉलोनी वगैरह में ऐसे ही बाड़े बने हैं। गैसपुरी से शिमलापुरी तक बसनेवाली नई बस्तियों में भी पुराने प्रवासी मजदूरों ने 35 वर्ग गज, 50 वर्ग गज जमीन लेकर कमरे डाले हैं। झुग्गियाँ डालकर रहने का क्रम अब शुरू हो रहा है और बढ़ता जा रहा है। पर अभी तक कम है।

बाड़ा या बाड़ शब्द हिन्दी में एकदम अलग मतलब बताता है। पंजाबी में मजदूरों वाली इस तरह की रिहाइश को बाड़ा या बाड़ कहते हैं। यह शब्द आज पहली बार नहीं आया है। जब खुद पंजाब के लोगों ने पिछली सदी के अन्त और इस सदी के शुरू में दक्षिण-पश्चिम में बननेवाली नहरों से जुड़ी कॉलोनियों में रहना शुरू किया तो वे खुद भी उसे बाड़ा ही कहा करते थे। भैया मजदूर इन्हें क्वार्टर कहते हैं।

और जब वे क्वार्टर, ड्यूटी, ओवर टाइम, लंच, ऑफ जैसे शब्द कहते हैं तो इनका सिर्फ एक सामान्य-सा अर्थ नहीं रहता। उस अर्थ में तो इन छह-सात लोगोंवाले एक कमरे को क्वार्टर नहीं कहा जा सकता। इन शब्दों के जरिए ये लोग एक सांस्कृतिक फासले को भरने की कोशिश भी करते हैं। यह फासला शहर-गाँव, बिहार-पंजाब, अमीर-गरीबवाला तो है ही, अपने गाँव के बड़े लोगों और अपने बीच के अन्तर का भी है।

इन शब्दों को अगर वे उनके सही अर्थ में समझते तो उनको पाने की कोशिश भी करते। न्यूनतम मजदूरी, महँगाई भत्ता, प्राविडेंट फंड, ईएसआई, ग्रेच्यूटी, बोनस, छुट्टियाँ जैसी बुनियादी बातों की परवाह भी उन्हें नहीं होती। लुधियाना जैसे शहर में, जिसे पंजाब का मैनचेस्टर कहा जाता है, संगठित क्षेत्र में वर्षों से काम करने के बावजूद यह स्थिति थी।

गाँव में मजदूरों से मिलने के बाद लुधियाना का उनका पता और पहुँचने का निर्देश लेने के बावजूद उन्हें ढूँढ़ लेना आसान नहीं था। कभी लोधियों के दो सामंतों द्वारा सतलुज के पास बसाई गई लोधियान बस्ती आज पंजाब ही नहीं, पूरे उत्तर-पश्चिमी भारत में दिल्ली के बाद सबसे बड़ा शहर बन गई है और 14 लाख प्रवासी मजदूरों के चलते पंजाब में उत्पादन का सबसे बड़ा ठिकाना। और इसमें बड़े-बड़े को जब अपनी पहचान बनाने के लिए काफी मशक्कत करनी पड़ती है तो फिर अनपढ़, पिछड़े, कमजोर, अकेले प्रवासी मजदूर को कौन पूछता है! अधिकांश पते किसी किराना दुकानदार या गली के डॉक्टर के मार्फत के होते हैं जिनकी सेवाएँ वे मजदूर लेते हैं। ये दुकानदार-डॉक्टर भी नाम और चेहरे, दोनों को एकसाथ देखे बगैर मजदूर को नहीं पहचान सकते। अपनी फैक्टरियों का पता ये लोग देते नहीं।

सो दुकानदार-डॉक्टर को भी जब तक मजदूर के मूल जिले, उसके गाँव, उसके समूह, उसके काम के बारे में न बताया जाए, वे भी कोई मदद करने की स्थिति में नहीं रहते। जब इतने सारे विवरण और पृष्ठभूमि बताने पर उसको सही पते का अन्दाजा होता है तो वह आपको किसी बाड़े में भेज देगा या भिजवा देगा। उस बाड़े में अपने वांछित मजदूर का कमरा पता करने के लिए आपको फिर से यह सारी मशक्कत करनी पड़ती है।

और आप अगर भाग्यशाली हैं आप जिसे ढूँढ़ रहे हैं वह मजदूर ड्यूटी पर, ओवरटाइम पर नहीं है (जो बहुत आम है) तब ज्यादा सम्भावना है कि वह सोता हुआ ही मिलेगा। औसत 12-14 घंटे शारीरिक श्रम के बाद नई ऊर्जा पाने के लिए सोने से बेहतर उपाय उसके पास नहीं होता। हफ्ते में जिस दिन छुट्टी होती है उस दिन भी वह ओवरटाइम या फिर अपने परिचितों-मजदूरों भाई-बन्दों के यहाँ गया होता है।

उसके कमरे में पहुँचते ही कई धारणाएँ एकसाथ ध्वस्त हो जाती हैं। ठीक-ठाक कमाई करता प्रवासी मजदूर हर माह अपने गाँव में जितनी औसत रकम (8000 से 12000 रुपए) भेजता है, उससे इस लेखक को ही नहीं, किसी को भी यह लगेगा कि वह कम-से-कम इसकी दूनी रकम कमाता ही होगा। परदेस में रहना, खाना, पहनना, ओढ़ना, आना-जाना, लखुत-पानी (बीड़ी-खैनी), देन-लेन सब लगा ही रहता है और आदमी लाख कम खर्च करे, आठ-दस हजार से कम मे क्या रहेगा। अपनी कमाई और रहने के बारे में ये लोग गाँव में कुछ ऐसा ही बताते भी हैं। पर पहुँचते ही लगा कि अपनी कमाई के बारे में डींग हाँकने का हक सिर्फ शहरी और पढ़े-लिखे लोगों को ही नहीं है। गाँव में कमाई और काम के बारे में शेखी दिखाने के पीछे भी कहीं न कहीं गाँव के बड़े लोगों से फासले को कम करके दिखाने की प्रवृत्ति भी काम करती है (और इसी एहसास के साथ पंजाब में प्रवासी मजदूरों से जुड़े पहलुओं पर हुए शोध कार्यों की उस गड़बड़ी का पता भी चला जिसमें आम तौर पर मजदूर को ज्यादा मजबूत आर्थिक पृष्ठभूमि से आया बता दिया गया है। गाँव का आदमी कमाई से भी ज्यादा जमीन से अपनी प्रतिष्ठा को जोड़कर देखता है।)

उस कमरे में जब बैठने का आग्रह किया जाता है तो यह समझना मुश्किल हो जाता है कि कहाँ-कैसे बैठा जाए। नीचे कुछ भी नहीं बिछा होता। जहाँ-तहाँ मुड़ी पड़ी बोरियाँ हैं या टाट, पैकिंग के काम आनेवाली पल्ली। पूरे के पूरे बाड़े (दो दर्जन-तीन दर्जन कमरोंवाले) में दो-तीन से ज्यादा खाट नहीं होंगी। कपड़ों के नाम पर जितने आदमी उतनी जोड़ी लुंगी तथा एकाध और कपड़ा। उसी में एक पहनना, एक ओढ़ना-बिछाना। रोज नहाते समय पहले को खंगाल लेना। बैठने के साथ ही जब आप परिचित होकर कमरे में रहनेवालों की संख्या और किराए के बारे में पूछिए तो मालूम होगा—किराया है तीन से साढ़े तीन सौ रुपए। 60 वाट के बल्ब से ऊपर

का बल्ब लगे, पंखा लगे तो 200 रुपए महीने ऊपर से। रहने के मामले में लालाजी को बताएँगे तीन-चार, रहेंगे छह-सात जिससे प्रति व्यक्ति किराया कम पड़े। इतने लोग तो कमरे में सो भी नहीं सकते। सीधा-सा जवाब होता है कि बाहर या छत पर सो जाते हैं। हवा भी लगती है। शिफ्ट-ड्यूटी होती है तो सर्दियों में भी दिक्कत नहीं होती।

मुर्गे के बाँग देने के साथ ही उठ जाना है। रोटी बना लेनी है। जितने आदमी, उतने चूल्हे। नहा-धोकर भरपेट खा लेना है। चार-छह रोटी साथ ले लेनी है। 'लंच' के समय छोले, सब्जी कुछ लेकर रोटी खा लेते हैं। दूध कोई नहीं लेता-महीने में एकाध बार मांस-मछली हो गई तो बहुत है। देर रात को घर लौटने पर भात या खिचड़ी बनती है। जितना खाया गया, खा लिया बाकी नाली या कुत्ते को समर्पित किया। बारह-चौदह घंटे काम की थकान सब भुला देती है। छुट्टी का दिन हो तो ताश हुआ, कीर्तन गाया।

अब हर बाड़े में दो-एक परिवार भी दिखने लगे हैं। क्रम बदलता रहता है। पर अब कुछेक परिवार नियमित भी रहने लगे हैं। अपने गाँवों के मजदूरोंवाले गिल रोड के बाड़े में भी एक परिवार स्थायी रूप से रहता था, पर वह पूर्वी उत्तर प्रदेश का है और परिवार का मुखिया फल का ठेला लगाता है।

पूरे लुधियाना शहर के सारे प्रवासी मजदूर इसी तरह नहीं रहते। कुछ छोटे प्लाट लेकर मकान बनाकर भी रहने लगे हैं। कुछ ने झुग्गियाँ डालनी शुरू कर दी हैं। कुछ मालिकों की फैक्टरियों-दुकानों में भी रह लेते हैं। पर अधिकांश बाड़ों में ही रहते हैं। अनुपात और संख्या के हिसाब से देखें तो जमीन लेकर बसनेवालों में पूर्वी उत्तर प्रदेश मैदानी दक्षिणी बिहारवाले ज्यादा निकलेंगे। झुग्गियों में राजस्थानी मजदूर होंगे जो आमतौर पर परिवार के साथ ही घर से निकलते हैं। बाड़ा या क्वार्टर वाली व्यवस्था में ज्यादातर बिहारी हैं।

और ऐसे लोगों की कमी नहीं है जो मानते हैं कि जिस दिन इन बाड़ों में ज्यादा परिवार और उनके साथ बकरी-सूअर जैसे जानवर भी आएँगे उसी दिन ये महामारियों का डेरा बन जाएँगे। अभी तो सफाई-नाली, फ्लश-शौचालय, स्नानघर वगैरह की व्यवस्था न होने पर भी सिर्फ अकेले मर्दों के रहने से थोड़ी-बहुत राहत रहती है। दिन भर घर खाली हो, बाड़ा खाली हो तो हवा-सूरज ही बहुत सफाई कर देते हैं। बाबा दीप सिंह कॉलोनी के जिस 108 कमरोंवाले वार्ड की चर्चा पहले की गई है उसमें करीब सवा चार सौ लोग थे। चारों ओर से घिरे इस बाड़े की छत पर दस शौचालय और दस हैंडपम्प थे। खुला होने से मजदूर शौच वगैरह के लिए बाहर भी जा सकते थे। इंडस्ट्रियल एरिया में स्थित 300 कमरों से अधिक का बाड़ा जवाहर बिल्डिंग, जो मुश्किल से पाँच सौ वर्ग गज के प्लाट पर बना होगा, मजदूरों के सुबह काम पर निकलते-निकलते कीचड़ से पूरा सन जाता है जिसमें मल-मूत्र, कचरा तो

होता ही है, रात में बचे खाने का भी अपना हिस्सा रहता है। इसमें चार पैसे का डीडीटी कौन डालेगा, कोई नहीं जानता। सो ऐसे बाड़े को सूरज न साफ रखे तो क्या होगा ?

आप चाहे जिस बाड़े में जाइए, जिस बस्ती में जाइए, इन कमरों के मालिक नहीं मिलेंगे। ये अक्सर बड़े लोग हैं जिन्होंने बाड़ों का चार्ज आमतौर पर किरानावालों-राशनवालों को सौंप दिया है और वे हर महीने उन्हीं से पूरी रकम वसूल लेते हैं। किरानावालों का स्वार्थ है कि जो बाड़ा उनके नियंत्रण में रहता है उसके सभी किराएदारों को उनकी दुकान से ही राशन और अन्य सामान लेना अनिवार्य होता है। इसमें गड़बड़ का मतलब है, अगले ही दिन कमरा छोड़ना। अनिवार्यता में मुनाफाखोरी की गुंजाइश काफी बढ़ जाती है। जिस 108 कमरेवाले बाड़े का जिक्र पहले किया गया है वहाँ कुल 413 लोग रहते मिले और सिर्फ इन सबकी खरीदारी से ही कितना मुनाफा एक जगह से होता होगा, यह समझा जा सकता है। बीस साल पहले यहाँ वही चावल नौ रुपए किलो था जो वैसे साढ़े सात-आठ रुपए में मिल रहा था। आज बाजार में चावल 28-30 रुपए है तो यहाँ 35 से कम नहीं है। खुले बाजार में जब मिट्टी का तेल 8 रुपए लीटर था तो यहाँ दस रुपए लीटर। आज यह भी 65 रुपए लीटर है जो एक सप्ताह चल जाता है। शायद ही किसी मजदूर का राशन कार्ड बना होगा, सो राशन की दुकान से नियंत्रित मूल्य पर सामान लेने का सवाल ही पैदा नहीं होता।

यह लुधियाना का हाल है। 40 लाख आबादीवाले इस काफी हद तक शहरी बन गए जिले में प्रवासी मजदूरों की संख्या अनुमानतः 14 से 15 लाख तक की है। कोई भी सरकारी सर्वेक्षण रिकॉर्ड नहीं है। किन्हीं दो-चार लोगों या एक शोधार्थी के वश की बात नहीं है। प्रवासी मजदूरों से जुड़े जो अध्ययन छोटे नमूनों के आधार पर भी हुए हैं, वे गाँवों के ही हैं। प्रवासी औद्योगिक मजदूरोंवाला कोई अध्ययन हुआ ही नहीं है।

लुधियाना में बिहारी प्रवासी मजदूर हर काम में नहीं हैं। जैसे यहाँ के साइकिल उद्योग में उनका अनुपात उतना नहीं है जितना हौजरी में या लोहे के पुर्जे वगैरह बनाने में। रिक्शा चलानेवालों में भारी बहुमत में हैं, तो ठेला-रेहड़ी, छोटी दुकान लगाने के मामले में एकदम कम हैं। दिल्ली की तरह यहीं की दुकानों पर सहायक के तौर पर प्रवासी मजदूरों को रखने का चलन अभी ज्यादा नहीं हुआ है।

लुधियाना बड़ा शहर है। बहुत भीड़-भाड़ है। बहुत चहल-पहल है। 30 साल में ही यह शहर लगभग पाँच गुने आकार की हो गया है—क्षेत्रफल और जनसंख्या दोनों लिहाज से। जी.टी. रोड पर तो इसके पसरते जाने का अन्त ही नहीं दिखता, पर औद्योगिक और व्यावसायिक विकास यहाँ नहीं हुआ है। अमृतसर में कपड़ा उद्योग, जालन्धर में खेल सामान बनाने का उद्योग, राजपुरा में इंजीनियरिंग सामान,

मोहाली में इलेक्ट्रॉनिक्स उपकरण, रोपड़ में इस्पात री-रोलिंग, मंडी गोविन्दगढ़ में इस्पात उद्योग और अब लाल्डू में नवीनतम तकनीकवाले इलेक्ट्रॉनिक उद्योग का विकास तेजी से हुआ है और हो रहा है। अमृतसर, जालन्धर जैसे पुराने शहरों, पुराने व्यवसाय वाले शहरों में मजदूरों और विशेष रूप से प्रवासी मजदूरों की स्थिति बहुत अलग लगती है। जिन शहरों में नया विकास हो रहा है वहाँ फैक्टरी के आसपास झुग्गियाँ डालकर किराए पर कमरे लेकर रहने का चलन है, जो हर औद्योगिक शहर में है। 'बाड़ा' वहाँ प्रभावी नहीं बना है।

ग्रामीण इलाकों से गए प्रवासी मजदूरों को लेकर कई शोध हुए हैं और अच्छे शोध भी हुए हैं पर वे एकांगी हैं। इनसे भी काफी कुछ पता चलता ही है। धान रोपनी, कटनी, गेहूँ की कटनी, दौनी के समय किसी भी ग्रामीण इलाके में चले जाने भर से प्रवासी मजदूरों का जीवन आसानी से दिख जाता है। आमतौर पर प्रवासी मजदूर किसान के फार्म पर स्थित ट्यूबवेल पर रहते हैं। परिचित किसान खुशी-खुशी यह जगह दे देता है क्योंकि उसको मुफ्त चौकीदार और सुबह-शाम थोड़ा-बहुत काम करनेवाला मिल जाता है। जानवर को चारा डाल देनेवाला मिल जाता है। मजदूर उसके खेत पर काम न करे तब भी रह लेता है। अपने परिचितों को भी ला सकता है। पर मोटर को रखनेवाला घर मनुष्य को कैसे सँभालता होगा, यह सोचा जा सकता है। दूसरे ऐसे अधिकांश निर्माण एकदम कमजोर होते हैं और उनके रख-रखाव पर कोई ध्यान नहीं दिया जाता है। ऐसे ज्यादातर ठिकाने खस्ताहाल हैं और सर्दी-गर्मी-बरसात से बचा पाने में असमर्थ। पर यहाँ शुद्ध हवा, पानी, धूप मिलने में कोई परेशानी नहीं है। कई जगह ट्यूबवेल से लगी दीवार पर छत डालकर या उसके दरवाजे पर ही या फिर गाँव की धर्मशाला में भी प्रवासी रहते हैं। सिर्फ रोपनी, कटनी जैसे कामों के लिए आनेवाले मजदूर ही धर्मशालाओं जैसी बहुत अस्थायी व्यवस्था करते हैं।

मजदूरों के नियमित आने और गाँवों में समृद्धि बढ़ने से एक अन्य बदलाव आया है। आज पंजाब के गाँवों का पाँच एकड़ या उससे बड़ी जोत का शायद ही कोई ऐसा किसान होगा जिसने अपने यहाँ साल भर का काम करने के लिए एक प्रवासी मजदूर को स्थायी तौर पर न रख लिया हो। साल भर खेती-पशुपालन के काम में मुख्य भूमिका निभाने के साथ ही वह 'टहलू' का काम भी करता है। रहना, खाना, कपड़ा, दवा सब देने के ऊपर 5000 से 7000 रुपए तक महीना। ऐसे मजदूरों का स्थानीय समाज में मेल-जोल ज्यादा हुआ है। ये अक्सर किसान के घर में रहते हैं। उसका ट्रैक्टर, थ्रेशर, हार्वेस्टर पम्प चलाते हैं। ये सारे काम भी वे यूँ ही सीख लेते हैं। जब ये घर जाते हैं तो किसान या उसकी बीवी वहाँ के लोगों के लिए उपहार-कपड़े भी देते हैं। ऐसे 'भैया दी झुग्गी' भी गाँवों में दिखने लगी है और उसमें ये परिवार समेत रहने लगे हैं। बीवी-बच्चे भी छोटा-मोटा काम करके कुछ न कुछ

पा लेते हैं। पर इधर एक नया पक्ष दिखता है। हर गाँव में अगड़ों और दलितों का अलग-अलग श्मशान बना था। मृतक भैया को उनमें से किसी में जगह नहीं मिलती। उसे प्राय: सड़क के किनारे ही जलाया जाता है।

ईंट-भट्टों, निर्माण के काम, होटल-रेस्तराँ-ढाबों में काम करने वाले प्रवासी मजदूरों का रहना-खाना-पीना सबसे ज्यादा मुश्किल है। उनकी स्थिति के बारे में ज्यादा कोई अध्ययन नहीं हुआ है। यहाँ प्रवासी मजदूरों की पृष्ठभूमि और आम ढंग बहुत अलग है। इन कामों में बिहारी या यूपी वालों का अपार बहुमत नहीं है। इसमें राजस्थानी भी हैं, हिमाचली भी हैं, बिहार से आए आदिवासी भी और फिर आम प्रवृत्ति के अनुसार बिहारी और पूर्वी उत्तर प्रदेश वाले भी। चूँकि काम स्थायी रूप से एक ही जगह होता है और इसमें कुशलतावाले कामों की जगह शारीरिक श्रमवाले काम ज्यादा हैं सो इनमें परिवार समेत रहनेवाले प्रवासियों का अनुपात किसी भी और धन्धे से ज्यादा है। औरतें भी आराम से ईंट ढोने, फावड़ा चलाने, मिट्टी काटने का काम कर लेती हैं। होटल-रेस्तराँ में वे नहीं हैं पर वहाँ रहनेवालों में कम उम्र के लड़कों की संख्या बहुत ज्यादा है।

इन क्षेत्रों के मजदूरों की स्थिति पर दिल्ली में जवाहरलाल नेहरू विश्वविद्यालय की डॉ. ऋतुप्रिया और निर्माण मजदूरों के बीच काम करनेवाले सुभाष भटनागर जैसे लोगों ने कुछ काम किया है। पंजाब और दिल्ली में इन कामों—निर्माण और भट्टों—में ज्यादा फर्क नहीं दिखता। निर्माण स्थलों या भट्टों के पास ही अस्थायी झुग्गियाँ डालकर रहनेवालों को शुद्ध हवा-पानी का सुख तो है। पर वहाँ तक कोई सवारी न जाने, आपातस्थिति में स्वास्थ्य-सुविधाएँ न मिलने और बच्चों-औरतों की स्वास्थ्य-सुविधाओं के मामले में स्थिति और भी खराब है। यह बहुत आम है कि गर्भवती औरत बच्चे को जन्म देने के बहुत अन्तिम दिनों तक ईंट पाथने या ढोने का काम करे और प्रसव के समय आधुनिक सुविधाओं की कौन कहे, गाँव की अनुभवी दाइयों या बुजुर्ग औरतों की सेवा और सलाह से भी वंचित रहे। ईंट का ट्रक खुल जाने पर दबा मजदूर या दुर्घटना का शिकार बिना इलाज के मर जाए, ऐसे उदाहरण भी कम नहीं हैं।

होटल-रेस्तराँ में काम करनेवालों की तकलीफें दूसरी हैं। सबसे ज्यादा मुश्किल तो काम के घंटों को लेकर है। फिर गाली-गलौज, अपमान, यौन शोषण, मार-पीट भी आम है। यह माना जाता है कि इस धन्धे में कम उम्र का बच्चा ही आएगा जो जूठन धोने को तैयार हो, वहाँ सब कुछ बर्दाश्त कर सकता हो।

होटलवालों का, ढाबावालों का, भट्ठावालों का, निर्माणवालों का लगभग यही हाल पूरे देश में है। पंजाब में भी है तो एक दफा में ज्यादा नहीं अखरता। समृद्ध पंजाब में उनकी स्थिति बेहतर होनी चाहिए, यह खयाल बाद में आता है। हर गली, हर नुक्कड़ पर फौज का पहरा, हथियार पर लाखों का खर्च करनेवाले प्रान्त को

सबकी नजरों के सामने नरक भोगते लोगों की स्थिति पर भी ध्यान देना चाहिए। यह खयाल भी बाद में आता है।

पर लुधियाना से अमृतसर की तरफ बढ़िए या चंडीगढ़ की ओर, दिल्ली की तरफ लौटिए या सहारनपुर की ओर, हर जगह धान ही धान दिखता है, जो पंजाब में प्रवासी मजदूरों के पसीने का सबसे बड़ा प्रमाण है। धान के खेतों की अपनी खास महक उनके पसीने से पैदा हुई है पर इनके साथ ही हर जगह दिखते दड़बे लुधियाना के (औद्योगिक) मजदूरों के 'क्वार्टरों' की याद दिलाते रहते हैं।

यह कुछ अजीब हुआ है कि पंजाब की आर्थिक समृद्धि और आर्थिक जीवन का अभिन्न अंग बनने के बावजूद 'भैया' मजदूर का पंजाब के पूरे जीवन से जुड़ाव बहुत कम है। इस अध्ययन के क्रम में सबसे पहले प्रवासी मजदूरों के बारे में लिखे साहित्य को पढ़ने और लोक साहित्य का पता लगाने की कोशिश इस लेखक ने की थी। हिन्दी में एक बहुत ही कम चर्चित और साधारण किस्म के उपन्यास के अलावा मुश्किल से चार कहानियाँ मिलीं। कविता कोई भी नहीं। कहानियों में भी युवा कथाकार अरुण प्रकाश की कहानी 'भैया एक्सप्रेस' ही जँची जिसमें कथा तो खास रोचक नहीं बनी है पर विवरण किसी रिसर्च पेपर की तरह है।

पंजाबी इस लेखक को आती नहीं, और जिन पंजाबी लेखकों-आलोचकों से पत्राचार से बात हुई, सभी सवाल सुनकर चौंके। चंडीगढ़ की संस्था 'क्रिड' ने सीमावर्ती इलाकों के समाज के बारे में एक व्यापक अध्ययन कराया है जिसमें लोकगीत, लोककथाओं वगैरह पर एक पूरा ही खंड है। (केसर सिंह की देखरेख में हुआ यह काम पर्याप्त दिलचस्प और महत्त्वपूर्ण है) लेकिन इन लोककथाओं के माध्यम से कहीं भी प्रवासी मजदूर का जिक्र आया हो, यह नहीं दिखता। पंजाबी के वरिष्ठ उपन्यासकार गुरदयाल सिंह (अब स्वर्गीय) तो इस बारे में पूछे जाने पर चौंके।

कहते हैं, साहित्य समाज का दर्पण होता है। और इस कथन को अगर सही मानें तो यही कहना होगा कि प्रवासी मजदूरों की परवाह अभी तक न हिन्दीवालों को है और (उनको थोड़ी हुई भी है), न पंजाबीवालों को। हिन्दी में उपन्यास लिखनेवाली मृदुला सिन्हा भाजपा की नेता हैं और कथाकार अरुण प्रकाश बिहार के एक प्रमुख समाजवादी नेता के पुत्र। दोनों बिहार के हैं और उन्हीं इलाकों के हैं जहाँ से बड़े पैमाने पर पलायन होता है। मृदुलाजी सीतामढ़ी-मुजफ्फरपुर की हैं और अरुणजी बेगुसराय के। कहानीकार विजय कान्त भी उत्तर बिहार के हैं।

पर साहित्य की यह स्थिति जान-समझ लेने के बाद भी जब आप पंजाब के देहात और शहरों में जाएँ तो वहाँ प्रवासी मजदूरों और स्थानीय निवासियों का अलगाव चौंकाएगा ही। 20-20 वर्ष से पंजाब में रहनेवाला मजदूर किसी भी पंजाबी परिवार के एक भी सामाजिक आयोजन (जन्म, मरण, शादी) में शामिल नहीं हुआ

है, ऐसे उदाहरण आपको आराम से मिल जाएँगे। न उनको बुलाया जाता है, न वे जाते हैं। उनकी दुनिया अलग है। उनके मोहल्ले अलग हैं। उनका तौर-तरीका अलग है। उनकी जुबान, उनकी पोशाक अलग है।

काम का रिश्ता है। इसी के चलते वे आए हैं। 'सत सिरी अकाल' बोलना जान गए हैं। पंजाबी समझ लेते हैं (कई धड़ल्ले से बोल लेते हैं)। पोशाक में, खाने की आदतों में, स्वास्थ्य में कुछ फर्क आ गया है। पंजाब की समझ बढ़ी है। लुधियाना में कई प्रवासियों ने छोटी-छोटी फैक्टरियाँ लगा ली हैं। करीब 40-50 हजार रुपए में आने वाली बुनाई मशीन हौजरी मजदूर को एक और मजदूर की मजदूरी के बराबर कमाई करा देती है। सो उसे काफी मजदूरों ने खरीद लिया है। रिक्शा खरीद लिया है। पहले कहा गया है, कुछ ने जमीन खरीदकर घर भी बना लिया है। इधर सरकारी आवंटन से भी कुछेक लोगों को एक-एक कमरे का आवास मिला है।

पर आम प्रवासी मजदूर के लिए पंजाब परदेस ही है। उनके पास अपने रोजगार से सम्बन्धित कोई दस्तावेज नहीं होता (जब आतंकवाद चरम पर था तो शहरी मजदूरों को पहचान पत्र भर जरूर मिल गए थे)। उसका पी.एफ., ई.एस.आई. वगैरह नहीं कटता, न जमा होता है। उसे न्यूनतम मजदूरी मिल रही है, इसकी गारंटी नहीं होती। इस बारे में चंडीगढ़ की संस्था 'क्रिड' द्वारा कराए गए व्यापक सर्वेक्षण के नतीजे दिलचस्प हैं पर 'क्रिड' के सर्वेक्षणवाले यह देखकर हैरान थे कि अधिकांश कम्पनियों के दस्तावेज भी यही बताते हैं कि वे न्यूनतम वेतन, भविष्यनिधि कोष, मेडिकल वगैरह का लाभ नहीं दे रहे हैं। उसके काम का समय तक नहीं है। उसके सारे भुगतान नहीं होते और विवाद होने पर भी हर बार मालिक, मजदूर नेता और श्रम अधिकारी अन्ततः पलड़ा उसके खिलाफ ही झुका देते हैं। वह लड़ना कौन कहे, मुँह भी खोलना पसन्द नहीं करता। लाल झंडा देखकर उसे 'डर' लगता है।

लुधियाना के प्रायः सभी मजदूर नेताओं की शिकायत है कि इस शहर में मजदूर आन्दोलन के कमजोर होने का असली कारण प्रवासी मजदूरों की बाढ़ है। मालिक अगर एक को हटाता है तो चार आ जाते हैं। पहला आदमी अगर 15000 रुपए पर काम कर रहा होता है तो नए 11000-12000 पर ही काम करने को तैयार हो जाते हैं। आज भी लुधियाना, राजपुरा, जालन्धर में 7000-7500 रुपए महीने पर काम करनेवाले मजदूर हजारों की संख्या में होंगे। पर मजदूर नेता भूल जाते हैं कि इस स्थिति के चलते सबसे ज्यादा नुकसान खुद मजदूर का ही होता है।

फिर भी शहर-शहर और उद्योग-उद्योग में मजदूरों तथा प्रवासी मजदूरों की स्थिति में फर्क है। अमृतसर और लुधियाना में बहुत अन्तर है। अमृतसर में प्रवासी मजदूरों को मालिक से मिलनेवाली सुविधाएँ ही नहीं, सरकार से मिलनेवाली सुविधाएँ भी ज्यादा हैं। वहाँ की मजदूर बस्तियों की स्थिति बेहतर है। काफी सारे

प्रवासी मजदूरों का नाम भी वोटर लिस्ट में आ गया है। उनके राशन कार्ड बन गए हैं। लुधियाना में ऐसा बहुत ही कम हुआ है। वजहें कई हैं और समाधान भी हैं। पर कष्ट तो अकेले उसी प्रवासी मजदूर को उठाना पड़ता है जिस पर कायदे से ज्यादा ध्यान दिया जाना चाहिए।

गाँवों में स्थिति थोड़ी अच्छी है। वहाँ मालिक-मजदूर का रिश्ता ही नहीं, प्रवासी और स्थानीय लोगों का रिश्ता भी ठीक है। शुरू में प्रवासियों की मौजूदगी खेती में मजूदरी करनेवाले स्थानीय लोगों (जो मुख्यत: मजहबी सिख हैं) को चुभती थी, पर आज वे भी दूसरे धन्धों में मगन हो गए हैं। अवसर बढ़ने से स्थानीय होने का लाभ उन्हें मिला है। जो मजदूर स्थायी रूप से रहते हैं, उनसे मालिक और स्थानीय लोगों के रिश्ते अपेक्षाकृत बेहतर हैं। यह स्थिति बाहरी और ठेका मजदूरों से एकदम अलग है। एक तो स्थायी मजदूरों की संख्या बहुत कम है और दूसरे, उनको भी पर्याप्त कष्ट और अपमान सहना होता है।

पंजाब कृषि विश्वविद्यालय, लुधियाना के डॉ. अरुण गुप्त ने पंजाब के गाँवों में प्रवासी मजदूरों से सम्बन्धित अपने शोध में इस पहलू का विस्तार से अध्ययन किया था। उनका निष्कर्ष है कि स्थायी रूप से रहनेवाले एक तिहाई-मजदूरों ने ट्रैक्टर, पम्प, थ्रेशर चलाना सीख लिया है। पर इस क्रम में उन्होंने एक दिलचस्प पहलू पर गौर किया और पाया कि अभी दिखते मालिक-स्थायी मजदूर के प्रेमपूर्ण सम्बन्धों के बावजूद असलियत यह है कि शायद ही कोई मजदूर या मालिक एक बार में ही एक दूसरे को भाए। और पहलेवाले भैया क्यों हटे, इस बारे में 42 फीसदी मालिकों का मानना था कि वे खुद से हटे। शेष ने ज्यादा पैसे की माँग, काम न जानने, चोरी करने, कामचोरी करने, आलसीपन को कारण बताया। पर ऐसे मजदूरों में आधे से अधिक की शिकायत थी कि मालिक 'ठीक' पैसे नहीं देते। मालिक बदलने के दूसरे कारणों में खराब खाना, काम का ज्यादा बोझ, गाली-गलौज, मार-पीट और वेतन देने में चिक-चिक को बताया।

डॉ. गुप्त का मानना है कि साथ रहने का दौर लम्बा होने के साथ मालिक और मजदूर के बारे में एक-दूसरे की राय बदलती जा रही है। मजदूर भी मालिक को प्रेम करनेवाला, घर में हर जगह आने-जाने की आजादी देने वाला (बिहार में पिछड़ी जाति के लोगों के लिए मालिक की रसोई तक जाना तो सम्भव नहीं), उनके गाँव में रह रहे परिवार तक की परवाह करनेवाले बताते हैं? और मालिक भी ऐसे मजदूरों को जिम्मेदार, मेहनती, निष्ठावान और स्वामिभक्त मानते हैं। इस क्रम में 'क्रिड', चंडीगढ़ के निदेशक डॉ. रषपाल मल्होत्रा कहते हैं, '' 'प्रवासी मजदूरों' और खास कर बिहारी मजदूरों के साथ यह अद्‌भुत बात है कि अपराध में, चोरी में उनका नाम कभी नहीं आता जबकि बिहार की हिंसा, मारधाड़ को देखते हुए इसी की आशंका सबसे पहले होती है। प्रवासी न तो खुद अपने डेरों पर

ताला डालते हैं न उनसे काम करानेवालों को ताला डालने की जरूरत रहती है।'' और इसी क्रम में वे अनुमान लगाते हैं, शायद मेहनत के लिहाज से बिहार का-क्रीम आया है। 'लुंपेन एलिमेंट' नहीं आया है। पर आने की जो रफ्तार है उसमें वह भी आ सकता है।

डॉ. मल्होत्रा हों या अरुण गुप्त या फिर सिद्ध-ग्रेवाल की जोड़ी, सबका निष्कर्ष यही है कि प्रवासी मजदूर स्थानीय लोगों से कटा-कटा ही रहता है। इनके कारणों में जाने की कोशिश अभी बहुत नहीं हुई है। सबसे बड़ा कारण तो शायद पंजाब को परदेस मानना ही है। प्रवासी मजदूर को यहाँ से अपनी कुल कमाई का 75 से 80 फीसदी तक हिस्सा वापस अपने गाँव भेजना इसका सबसे बड़ा प्रमाण है। यहाँ लाख कष्ट में रहकर भी अभी वह अपने गाँव में बड़ा मकान, जमीन-जायदाद लेने के बुनियादी सपने के तहत ही काम करता है। पंजाब की किसी फैक्टरी की नौकरी, गाँव में किसी शादी में शामिल होने भर से छूट जाए तब भी उसे ज्यादा परवाह नहीं होती। मजदूरों के स्थायी न होने और उससे जुड़ी सुविधाएँ न मिलने का एक बड़ा कारण हर साल अनियमित और जरूरत से ज्यादा लम्बी छुट्टी लेने की उसकी आदत है।

बिहार या पूरब का समाज, उसके संस्कार, उसका तौर-तरीका प्रवासी मजदूर के साथ लगा होता है। बिहार, उत्तर प्रदेश के गाँवों से निकलकर आए अकेले भैया के पीछे उसका पूरा परिवार, बिहार के समाज के रीति-रिवाज, जमीन, घर सभी कुछ वैसे ही रखते हैं। सिर्फ कृषि मजदूरों से सम्बन्धित जो अनेक अध्ययन हुए हैं उन सबमें यह निष्कर्ष निकालने की 'गलती' की गई है कि बिहार से अगड़ी जातियों के लोग नहीं निकलते, पर असलियत इसके विपरीत है। अनुपात में कम होने में भले ही अगड़े संख्या में कम निकलें पर जो लोग बिहार में ही खेत होते हुए भी खेती नहीं करते, जिनके यहीं आज भी हल छूना 'पाप' है, वे पंजाब में जाकर खेती का काम नहीं कर सकते, चुरा-छिपाकर कोई करता हो तो अलग बात है।

फिर कौन क्या काम करेगा, यह भी बहुत कुछ वहीं से तय होता है। लुधियाना में 20 वर्षों से नियमित रहनेवाले साधु सिंह, जो विशेष अध्ययनवाले पचभिड़वा गाँव के हैं, ईंट लादने-उतारने का काम करते थे। पंजाबी भाषा और तकनीकी 'झमेले' के चलते उन्होंने ट्रक चलाना, जिस पर वे काम करते हैं, नहीं सीखा, रोड़ी-बजरी लादने-उतारने का काम भी नहीं किया। उन्हें खन्ना मंडी में बोरियाँ लादने-उतारने का काम मिल रहा था जो कहीं ज्यादा कमाऊ होता। पर वे मानते हैं कि राजपूत होने के कारण वे हाथ से, बाजू के जोर के काम कर सकते हैं पर सिर पर या पीठ कर बोझ ढोने का काम नहीं कर सकते। ईंटें अक्सर गिरती हैं, अँगूठा फूटता है। उँगलियाँ कुचलती हैं। साथ काम करनेवाले कई लोगों को बहुत ज्यादा चोटें भी आईं, पर साधु सिंह का मन दूसरी तरफ जमा ही नहीं। सिर्फ अगड़ी जातियों के ही नहीं, मझोली

जातियों के भी ऐसे काफी सारे लोग मिले जो मालिक द्वारा पानी पिलाने, जूठा गिलास उठाकर ले जाने को कहने पर अच्छी भली नौकरी छोड़कर आ गए।

प्रवासी लोग पंजाब में किस तरह रहते हैं (या उनके भेजे पैसों का घर पर क्या इस्तेमाल होता है) इसमें भी उनकी सामाजिक पृष्ठभूमि की बड़ी भूमिका है। डॉ. अरुण गुप्त का स्पष्ट निष्कर्ष है कि स्थानीय लोगों से मेल-मिलाप के मामले में अगड़ी जातिवाले प्रवासी मजदूर आगे हैं। साफ-सुथरे ढंग से रहने के मामले में भी वे आगे हैं। यहाँ आकर दारू, जुआ (लाटरी) और अन्य नशों से परहेज के मामले में भी उनका रिकॉर्ड दूसरों से बेहतर है। लेकिन क्यों बिहारी दलित कम संख्या में निकलता है, ज्यादा पैसा 'उड़ाता' है, ज्यादा गन्दे ढंग से रहता है, इस पर कोई शोध नहीं हुआ है। यह होना चाहिए क्योंकि यह एक बड़ा विषय है।

पर पंजाबी समाज भी जिस तरह प्रवासियों को देखता है, जिस तरह से उनसे व्यवहार करता है, उसमें उसका अपना सामाजिक वर्गीकरण भी काम करता है। पंजाबी समाज मुख्यत: तीन समूहोंवाले हैं—सिख किसान, हिन्दू व्यापारी और दलित मजदूर। इनमें पहले दो को सस्ता प्रवासी मजदूर मिलने से लाभ हुआ है, तीसरे को घाटा। जाट किसान बिना किसी अन्य देनदारी के भैया मजदूरों को अपने काम ठेके पर दे देता है। न सिर पर खड़ा होकर काम कराने का चक्कर, न स्थानीय मजदूरों की तरह उनको पशुओं के चारे या ईंधन देने का चक्कर, न कोई और सामाजिक ऋण। इससे स्थानीय रिश्तों पर असर पड़ा है। उसे सुख-चैन, समृद्धि मिली है तो इसके कारण हैं—भैया को चार पैसे ज्यादा देने, प्यार से बात करने, मन लग जाने पर घर के सदस्य जैसा स्नेह देने में नहीं हिचकना।

बाहर के व्यापारी-उद्योगपति के पास नियमित काम है पर किसानों वाला दिल नहीं है। एक-एक पैसे की चिक-चिक, एक-एक पैसे को बचा लेना उसका उद्‌देश्य है। निर्यात से मोटी कमाई करनेवाले भी मजदूरों को देने के मामले में 'उदार' नहीं हुए हैं। लुधियाना-अमृतसर की एक भी फैक्टरी को मजदूरों के वेतन और सुविधाओं के मामले में बम्बई, बंगलौर, अहमदाबाद, सूरत की फैक्टरियों के बराबर नहीं माना जा सकता। पंजाब प्रति व्यक्ति आय में, सकल घरेलू उत्पादन में, प्रति व्यक्ति उत्पादन के मामले में देश में सबसे ऊपर है, पर औद्योगिक मजदूरों की मजदूरी के मामले में वह बाकी से पीछे है। 1984-85 में जब औद्योगिक मजदूरों के वेतन का अखिल भारतीय औसत 11093 रुपए प्रति वर्ष था तब पंजाब में प्रति औद्योगिक मजदूर वेतन सिर्फ 8320 रुपए था। अनुपात के हिसाब से स्थिति और खराब हुई है क्योंकि स्थायी रोजगार की जगह ठेका बढ़ा है।

पंजाबी समाज के तीसरे समूह को प्रवासियों के आने से शुरू में नुकसान हुआ। आम तौर पर उनमें भैया मजदूरों को लेकर एक आक्रामक रुख रहा है। पर भैया मजदूरों को भी उनका हक मिलना चाहिए। पंजाब में रहते हैं तो यहीं वोट का

अधिकार मिलना चाहिए, उनको लगे तो विधायक–सांसद बनने की आजादी भी होनी चाहिए। इस बारे में मजहबी समाज का नजरिया और समृद्ध किसान तथा व्यापारी वर्ग के नजरिए में जमीन–आसमान का अन्तर है। ये दोनों भैया को 'सिर्फ रोटी खा लेने देने' भर का अधिकार देना चाहते हैं।

पंजाब में आतंकवाद और हिंसा पर विस्तार से अध्ययन करनेवाले इंस्टीट्यूट फॉर कम्युनिकेशन एंड डेवलपमेंट के निदेशक डॉ. प्रमोद कुमार का मानना है कि पंजाब समस्या में भैया मजदूरों का आना भी एक प्रमुख पहलू रहा है और अभी जो बदलाव दिख रहा है उसके पीछे भी भैया मजदूरों पर पंजाब के आर्थिक जीवन का 'आश्रित' जैसा हो जाना एक कारण है। उग्रवाद को कहीं न कहीं समाज के उस वर्ग में ज्यादा समर्थन मिला जो भैया मजदूरों को अपने लिए खतरा मानता था। यह विशुद्ध 'सन्स ऑफ सॉयल' वाला नजरिया है जो झारखंड में, असम में प्रमुख रहा है। पर समाज के दोनों प्रभावी तबकों के लिए भैया मजदूरों की मौजूदगी लाभकर है। सो आन्दोलन में टूट इनके नजरिए में बदलाव से ही आई। और ऐसा पहली बार हुआ जब व्यापारी समुदाय और जाट किसानों ने एक साथ एक पार्टी को वोट दिया हो।

पंजाब में प्रवासी मजदूर काफी बड़ी संख्या में आ गए हैं। उनकी संख्या बढ़ती जा रही है। उनका कौशल भी बढ़ रहा है, साथ ही पंजाब की अर्थव्यवस्था की उन पर निर्भरता भी। पर भूमंडलीकरण का दौर शुरू होने और उसकी होड़ में आ चुकने के चलते पंजाब में रोजगार के अवसर कम होने लगे हैं। अभी जिस अनुपात में उसकी खेती की पैदावार, उद्योगों का उत्पादन बढ़ा है, उस अनुपात में रोजगार के अवसर नहीं बढ़ रहे हैं। अभी भी वहाँ उत्पादन में वृद्धि के अनुपात में छोटी इकाइयों की संख्या और उनके उत्पादन के अनुपात और मजदूरों की संख्या में गिरावट आती जा रही है।

सो जिस तनाव ने एक बार उग्रवाद की समस्या को भड़काने में एक भूमिका दिखाई थी, वह बढ़नेवाली है। तकनीकी कौशल हासिल करते जाने, कम वेतन पर काम करने को तत्पर रहने और यूनियन हड़ताल के चक्कर में न पड़ने के चलते प्रवासी मजदूर नए मालिकों को पसन्द आएँगे ही, जो स्थानीय लोगों को अखरेगा। और बहुत कम रफ्तार तथा प्रतिशत के बावजूद काफी बड़ी संख्या में प्रवासियों को वोट का हक भी मिलता जा रहा है। सम्भव है, बहुत जल्दी ही वे लुधियाना, अमृतसर, जालन्धर, राजपुरा, खन्ना जैसे औद्योगिक और व्यापरिक शहरों के चुनाव को प्रभावित करना शुरू करें, जैसा कि दिल्ली में होने लगा है। पर दिल्ली में तो कोई 'स्थानीय' उन्हें चुनौती देने की स्थिति में नहीं है। पंजाब में ऐसा नहीं है। आर्थिक जीवन के साथ राजनीतिक जीवन में उनकी ताकत को आसानी से बर्दाश्त नहीं किया जाएगा।

मददगार सन्दर्भ

1. डॉ. अरुण कुमार गुप्त : सोशियोलॉजिक इंप्लिकेशन्स ऑफ रूरल टू रूरल माइग्रेशन, पंजाब कृषि विश्वविद्यालय, लुधियाना, 1986
2. न्यूनतम मजदूरी सम्बन्धी क्रिड, चंडीगढ़ का अध्ययन
3. डी.आर. अरोड़ा और बी. कुमार : एग्रिकल्चरल डेवलपमेंट एंड रूरल टू रूरल माइग्रेशन, पंजाब कृषि विश्वविद्यालय, लुधियाना, 1980
4. अमरजीत चन्दन : प्लाइट ऑफ माइग्रेंट लेबरर्स, इकॉनामिक एंड पॉलिटिकल वीकली, अंक XIV, (17) 28 अप्रैल, 1979
5. एम.एस. आजाद : 'एग्रेरियन रिलेशन्स इन पंजाब', मेनस्ट्रीम, खंड XIX, अंक 35, 2 मई, 1981

अध्याय-9

पंजाब : विकास के नए दौर में

जब यह लेखक अपने शोध से सम्बन्धित आँकड़ों-तथ्यों के संग्रह और अपने विषय से सम्बन्धित पहलुओं के जानकार लोगों से विचार-विमर्श के लिए पंजाब की राजधानी चंडीगढ़ में था, तब वहाँ के प्रशासनिक, अकादमिक और राजनीतिक हलके में दो बातों को लेकर बहुत बेचैनी थी। विश्व व्यापार संगठन बन जाने के बाद विश्व के बाजार में पंजाब की स्थिति क्या होगी; इस बारे में हुए अध्ययनों की रिपोर्टों का यह निष्कर्ष सबसे ज्यादा परेशानी का कारण बना था कि गेहूँ और गन्ने के मामले में पंजाब अन्तर्राष्ट्रीय बाजार में नहीं टिक पाएगा। इस निष्कर्ष से वैसे तो सभी परेशान थे, पर राजनेताओं में बेचैनी कुछ ज्यादा ही थी। इन अध्ययनों में अन्तर्राष्ट्रीय प्रतिद्वन्द्विता में टिकने के लिए फसल-चक्र, खादों के उपयोग में बदलाव और अन्य कई तरह के सुझाव भी दिए गए हैं।

दूसरा मुद्दा पंजाब में अन्य राज्यों से और उम्मीद के हिसाब से विदेशी या देशी पूँजी निवेश का न होना था। बेअन्त सरकार के कामकाज की समीक्षा प्रदेश में शान्ति, तेज आर्थिक गतिविधियों और औद्योगिक शान्ति को देखते हुए थी। बड़ी मात्रा में बाहरी पूँजी न आने से भी देश के इस सबसे समृद्ध प्रदेश की ऊपरी जमात में परेशानी थी।

पर मामला चाहे खेती के मामले में अन्तर्राष्ट्रीय स्तर की प्रतिद्वन्द्विता में खड़े होने, आगे निकलने की चाह और तैयारी का हो या फिर देश के अन्य प्रदेशों के मुकाबले ज्यादा पूँजी आकर्षित करने का, पंजाबी समाज का शासक तबका अपनी पौने तीन करोड़ की आबादीवाले प्रदेश में आए लगभग 75 लाख प्रवासी मजदूरों के सोलहों आने समर्थन का भरोसा रखकर ही बात करता है। पर वह इन मजदूरों को न्यूनतम मजदूरी, रहने की कामचलाऊ सुविधाएँ, प्रेम-आदर का नहीं तो बराबरी का व्यवहार देना भी भूल जाता है।

पंजाब को इतना आगे तो निश्चित रूप से पंजाबियों ने ही बढ़ाया है पर पिछले 35-40 वर्षों से वहाँ आ रहे प्रवासी मजदूरों की बाढ़ ने भी उसके विकास की रफ्तार

बढ़ाने, आतंकवाद के दौर में भी आर्थिक प्रगति की रफ्तार को कम न होने देने और अब नए उत्साह के साथ आगे बढ़ते पंजाब में स्थानीय लोगों के कंधे से कंधा मिलाकर काम किया है। बदले में पंजाब को, पंजाबियों को क्या मिला है और 'भैया' को क्या? यह तुलना करने पर उनके योगदान का महत्त्व ज्यादा दिखने लगता है। और शायद यही योगदान है जो आज पंजाब को औरों की तुलना में 'स्वर्ग' जैसा बनाता है।

यह योगदान कैसा है, यह तो पंजाब के हर आदमी को दिखता है, पंजाब जानेवाले हर आदमी को दिखता है; पर इसका 'वजन' कितना है और पंजाब की कुल समृद्धि में इसका हिस्सा कितना है, इसका हिसाब आसान नहीं है। कम-से-कम अकेले आदमी के हिसाब लगाने के लायक तो नहीं ही है। पंजाब की पुरानी—कपड़ा, ऊन, शराब, साइकिल एवं खेल सामग्रीवाली—फैक्टरियों में काम करने के लिए पहले भी थोड़े-बहुत 'परदेसी' आते थे। हरित क्रान्ति के दौर में उनकी जरूरत खेतों में भी पड़ी पर उनकी असली जरूरत पड़ी सत्तर के मध्य से कृषि में बड़े पैमाने पर धान की खेती शुरू होने से। 1975 तक बड़ी संख्या में प्रवासी मजदूरों—खास कर बिहार और पूर्वी उत्तर प्रदेश से—का आना शुरू हो गया जो धीरे-धीरे खेतों के साथ ही पशुपालन, बागवानी ही नहीं, उद्योग-व्यापार, निर्माण, होटल वगैरह जैसे सभी क्षेत्रों में पहुँचते गए और आज पंजाब में शारीरिक श्रम करने में इन 'भैया' मजदूरों का हिस्सा अधिक बड़ा हो गया है।

बड़े पैमाने पर प्रवासी मजदूरों के आने की शुरुआत पंजाब में धान की खेती बढ़ने के साथ ही शुरू हुई। धान और गेहूँ की जोड़ी किसानों के मन में ऐसी चढ़ी कि उन्होंने बाकी फसलों को भुला दिया। सिंचाई की सुविधाओं, नित नए उन्नत किस्म के बीजों की उपलब्धता, सुविधाजनक बिक्री और तेजी से खराब न होने के गुण के चलते किसानों ने बड़े पैमाने पर धान लगाना शुरू किया। सरकारी विशेषज्ञ और प्रचार माध्यम गेहूँ-धान की जोड़ी को बहुत लाभप्रद न होना बताते रहे पर किसानों का मन उसी तरफ बना रहा।

पर बैसाखी के बाद गेहूँ की कटाई, दौनी और इसी बीच धान के बीज गिराने और फिर धान की रोपनी में लग जाने में एकदम जान निकाल देनेवाला श्रम लगता है। अप्रैल से शुरू हुआ यह क्रम अगस्त के शुरू तक चलता है और जब धान काटने, दौनी करने का समय आता है, इसके साथ ही गेहूँ के लिए खेत तैयार करने और उसकी बोआई का समय आ जाता है। तुलना करें तो पाएँगे कि गेहूँ काटना, दाने निकालना और धान रोपना, काम का यही दौर ज्यादा मुश्किल है। सो इसी दौर के लिए पंजाबी किसानों ने बाहर से मजदूर मँगाए—दलाल भेजकर, परिचित लोगों के माध्यम से और खुद भी जाकर।

अब इतने बुलावे, ढुँढ़वाना की जरूरत नहीं होती, मजदूर खुद आ जाते हैं। आते हैं तो ठीक से मोल-तोल करते हैं, आटा-चावल लेते हैं। चाय-रोटी खिलाई जाती

है। सिद्ध ग्रेवाल के इस निष्कर्ष को अब सभी मानते हैं कि जिन गाँवों में प्रवासी मजदूर ज्यादा संख्या में आते हैं वहाँ मजदूरी की दर कम रहती है। रोपनी का ठेका चार से साढ़े चार हजार रुपए एकड़ का होता है। दस किलो आटा, पाँच किलो चावल ऊपर से। यह असल में दस मजदूरों की मजदूरी और खुराक है जो थोड़ा-बहुत ऊपर-नीचे भी आता-जाता है। पर असल में काम करते हैं पाँच या छह लोग ही। सूरज के उगने के पहले से ही तैयार हो गए। यही पाँच-छह लोग सूरज डूबने तक एक एकड़ की रोपनी पूरी कर देते हैं।

गेहूँ फसल की कटनी-दौनी का जो ठेका मिलता है वह इससे काफी कम का होता है। 2500 से 3000 रुपए एकड़ का। और यह काम करते हुए हर भैया मजदूर को अपने गाँव की याद आती है जहाँ आमतौर पर धान में 1/8 और गेहूँ तथा रबी में 1/6 हिस्सा उन्हें मजदूरी के तौर पर मिलता थी—अब भी मिलता है। यही मौसम उनके जीवन में सबसे खुशहाली का होता है। पंजाब में यह खुशी नहीं होती। विशेष अध्ययनवाले गाँवों में एक पजिअरवा का वीरेन्द्र साह कहता है, ''कटनी-दौनी की इतनी मजदूरी मिले तब तो रखने की जगह न मिले।'' पंजाब में धान की प्रति एकड़ पैदावार क्विंटल और गेहूँ की पैदावार 50.17 क्विंटल है। इनके 1/8 और 1/6 सिर्फ का मतलब सचमुच काफी बड़ी कमाई होगी। दिहाड़ी पर काम करने पर दिन में रोटी और दो बार चाय भी मिलती है। और उसी चाय में मालिक द्वारा कई बार अफीम मिला देने की शिकायतें काफी चर्चित हुईं जिससे बेसुध मजदूर इधर-उधर देखे बगैर काम करता जाए।

पर अब पंजाब में मामला सिर्फ ठेके पर धान की रोपनी-कटनी या दिहाड़ी मजदूरी तक नहीं रह गया है। आज पंजाब के हर खाते-पीते घर में (और इसके लिए पाँच एकड़ उपजाऊ जमीन को आधार मान सकते हैं) एक भैया मजदूर स्थायी तौर पर रहता है। खेती, पशुपालन और घर के काम—सभी में मदद और देखरेख के लिए भी अक्सर स्थायी तौर पर रखे जानेवाले भैया पुराने होते हैं—कई वर्षों के जाँचे-परखे। वे ही नए मजदूरों को लानेवाले भी बन गए हैं। डॉ. अरुण गुप्त का निष्कर्ष है कि स्थायी रूप से रहनेवालों की संख्या 1985 में ही 45 फीसदी से ज्यादा गई है जबकि सिद्धू-ग्रेवाल का अनुमान 5 फीसदी का था। जैसाकि पहले भी कहा जा चुका है कि स्थानीय समाज से उनका मेल-मिलाप अधिक है। वे बेहतर व्यवहार करते और पाते हैं तथा उनकी कमाई भी स्थायी और ठीक-ठाक है। खुद हर तरह का काम करने, मालिक का प्रतिनिधि बनकर काम कराने के अलावा दरवाजे पर रहनेवाले ये स्थायी भैया मजदूर किसान के लिए एक सामाजिक प्रतिष्ठा की चीज भी बन गए हैं और धीरे-धीरे स्थायी तौर पर रहनेवालों की संख्या बढ़ती जा रही है।

स्थायी हो या अस्थायी, ठेके पर काम करनेवाले हों या दिहाड़ी पर काम करनेवाले, पंजाब के ग्रामीण इलाके और खेती में कितने प्रवासी मजदूर हैं इसका

हिसाब लगाने की कोशिश काफी समय से चलती रही है। पर यह कोशिश भी आतंकवादवाले पूरे दौर में या उसके बाद अब तक नहीं हुई है। पर हर आदमी मानता है कि यह संख्या हर दिन बढ़ रही है और आज खेती का अधिकांश और धान लगाने का तो करीब पूरा ही काम भैया मजदूर ही करते हैं। 'पंजाबी ट्रिब्यून' का 1970 का अनुमान एक लाख मजदूरों का था। 'टाइम' ने अपना हिसाब डेढ़ लाख बता दिया। 'संडे' ने इसे दस लाख माना। एस.एस. जोहल और एस.एस. ग्रेवाल ने अपने अध्ययनों में इसे क्रमशः 1.35 लाख और 2.20 लाख माना था। 'इंडियन एक्सप्रेस' के देवेन्द्र शर्मा ने, जो पंजाब में खेती के जानकार पत्रकार माने जाते हैं, 1986 में इस संख्या को छह लाख बताया।

ग्रेवाल ने अपना पहला अध्ययन 1979 में किया था। फिर डॉ. एस.एस. सिद्धू के साथ 1983-84 में उन्होंने जो अनुमान लगाए, उसके अनुसार इस बीच यह संख्या 2.20 लाख से बढ़कर 4.29 लाख हो गई। इन दोनों ने एक व्यापक सर्वेक्षण के आधार पर पंजाब के सभी जिलों को भैया मजदूरों की मौजूदगी के हिसाब से तीन श्रेणियों में बाँटा। प्रति गाँव औसत 52 भैया मजदूरोंवाले लुधियाना, पटियाला, कपूरथला और अमृतसर जिले को पहली श्रेणी में रखा गया। संगरूर, फरीदकोट और फीरोजपुर दूसरी श्रेणी में थे जहाँ 50 फीसदी गाँवों में 30 से 52 तक भैया मजदूर थे। भटिंडा, रोपड़, होशियारपुर और गुरुदासपुर में इनका अनुपात 30 फीसदी से कम था। इन दोनों का अनुमान था कि खेती में काम के जोरवाले दौर में तो 50 फीसदी मजदूर भैया ही रहते हैं जबकि ज्यादा काम न होनेवाले दौर में भी करीब 25 फीसदी मजदूर भैया होते हैं।

अपने पास न इतने व्यापक सर्वेक्षण का आधार था, न ही पंजाबी समाज के जीवन को बहुत करीब से जानने-देखने का अनुभव। पर यह हिसाब लगाने का पर्याप्त आधार है कि आज के ग्रामीण पंजाब में सिद्धू-ग्रेवाल के 30-32 साल पुराने अनुमान में कम-से-कम चार गुना भैया मजदूर होंगे। पहला आधार तो अकेले धान की खेती ही है जो इस बीच करीब दोगुना बढ़ गई है और उसकी उत्पादकता भी बढ़ी है। तब रोपनी में स्थानीय मजदूरों को कमजोर मानकर भी उनसे धान लगवाया जाता था। आज ऐसा एकदम नहीं होता। बिहार-ओड़िसा के मजदूर न सिर्फ धान लगाने में कुशल हैं बल्कि आठ-दस घंटे झुककर धान लगाने का कौशल उनके जीन्स में आ चुका है जबकि पंजाबी मजदूर को झुकना मुश्किल होता है। और अगर 54 लाख एकड़ में धान रोपना हो और हर मजदूर मई-जून-जुलाई तीनों महीने रोज धान ही लगाता रहे तो सिर्फ इतने के लिए ही छह लाख मजदूर चाहिए। एक मजदूर औसत 1/10 एकड़ धान रोप सकता है। सो 90 दिन में वह 9 एकड़ खेत रोप पाएगा। पर हम जानते हैं कि न तो हर मजदूर पूरे 90 दिन लगातार काम पाता है, न कर सकता है और न ही धान रोपनी का फैक्टरी के उत्पादन जैसा तय होता है। यहाँ तो

बारिश, पौध की स्थिति और सबसे बढ़कर रोपनी के 'ताक' के हिसाब से काम होता है, जो इन तीन महीनों में भी कुछ ही दिनों का होता है।

फिर खरीफ में अकेले धान ही नहीं लगाया जाता। धीरे-धीरे कम होते भी कपास 15 लाख एकड़ जमीन पर लगता है जो मुख्यत: इसी सीजन में होता है। कम होकर भी मक्का 5 लाख एकड़ जमीन में, ज्वार-बाजरा और अन्य खरीफ फसलें भी 50-60 हजार एकड़ में लग ही रही हैं। इनकी खेती और पशुपालन-मुर्गीपालन तथा दूसरे सहयोगी कामों में भी भैया मजदूरों की भूमिका महत्त्वपूर्ण है। पहले खेती में मजदूरी करनेवाली स्थानीय जमात अब कृषि उपकरणों के रख-रखाव, गाँव में छोटे उद्योग, भाड़े के वाहन चलाने, ईंट बनाने, निर्माण के कामों में लगते गए हैं और कभी भैया मजदूरों को अपना दुश्मन माननेवाले इन लोगों के यहाँ भी अब भैया रखने की मजबूरी हो गई है।

पंजाब की खेती में बदलाव

	क्षेत्रफल हेक्टयर		
	1980-1983	1990-1993	2012-2013
धान	1255.67	2054.33	2851
ज्वार	1.70	0.20	1.3
बाजरा	57.67	9.67	.08
मक्का	340.67	184.67	130
गेहूँ	2925.33	3262.00	3517
जौ	77.33	44.33	12
चना	208.33	37.57	19
अरहर	16.00	12.33	3.2
मूँगफली	84.33	11.00	4.4
तिल	16.67	19.60	4.1
तोरिया	113.00	78.33	32

स्रोत : स्टेटिस्टिकल एब्सट्रैक्ट ऑफ पंजाब, 1994

करीब 20 लाख प्रवासी मजदूर, करीब एक करोड़ एकड़ उपजाऊ जमीन में औसत 1.81 बार खेती करते हैं और स्थानीय खेतिहर मजदूरों की संख्या भी करीब 20 लाख ही है। पंजाब जितनी सघन और साल भर की व्यस्तातावाली खेती के लिए ज्यादा नहीं, तो कम-से-कम इतने बाहरी मजदूरों की जरूरत तो पड़ेगी ही। इस बारे में जो अध्ययन हुए हैं उनका अनुमान 1985 तक खेती में 40 से 65 फीसदी काम भैया मजदूरों से कराए जाने का था। और हर आदमी जानता है कि आज तीस साल बाद यह संख्या काफी बढ़ गई है।

और जब हम यह हिसाब लगाएँगे तब तुरन्त ही खेती और प्रदेश के सकल उत्पादन में खेती के माध्यम से इन बाहरी मजदूरों के योगदान को भी नहीं भुला पाएँगे और अगर यह कहा जा रहा है कि भैया आज के पंजाब की अर्थव्यवस्था का अभिन्न अंग बन गए हैं तो यह निष्कर्ष समाज यूँ ही नहीं निकाल लेता।

पंजाब में उद्योग पहले से भी थे। उनके लिए मुख्य पूँजी खेती से ही आई थी और हरित क्रान्ति की समृद्धि ने पूरे राज्य में छोटे उद्योगों का जाल बिछा दिया। धीरे-धीरे इन उद्योगों और उनके कुल कारोबार का आकार भी बढ़ता गया है और आज प्रदेश के सकल घरेलू उत्पादन में इसका योगदान कृषि के योगदान का लगभग 30 फीसदी से कम तक हो गया है। 1993-94 में जहाँ 29,252 करोड़ रुपए के सकल घरेलू उत्पादन में कृषि का हिस्सा 13,627 करोड़ रुपए का था वहीं उद्योगों का योगदान 6366 करोड़ रुपए का था।

पहले उद्योगों में बाहर से कुछ विशेषज्ञ या कुशल मजदूर आते थे, पर सत्तर के दशक से ही जब खेती में बदलाव के साथ बाहरी मजदूर आने शुरू हुए, वे तभी तेजी से बढ़ रहे उद्योगों की तरफ भी मुड़े। जब खेती का काम न हो तो वे रिक्शा चलाने जैसे काम या फिर छोटी फैक्टरियों में दिहाड़ी मजदूरी कर लिया करते थे। धीरे-धीरे काम सीखकर अकुशल से कुशलता की विभिन्न सीढ़ियाँ चढ़ते इनमें से काफी मजदूर आज सिर्फ औद्योगिक काम करते हैं। उद्योगों में नए प्रवासी मजदूरों की 'भर्ती' भी बड़े पैमाने पर हुई है और खेती के काम से मुक्त सीजन में उद्योगों में मजदूरी कर लेनेवालों की संख्या भी अच्छी-खासी है।

पंजाब के औद्योगिक क्षेत्रों में प्रवासी मजदूरों की स्थिति से जुड़ा कोई अध्ययन अभी तक सामने नहीं आया है। जो अध्ययन हुए भी हैं वे उद्योग के सामान्य पहलुओंवाले ही। पर उनसे भी इस क्षेत्र में भैया मजदूरों की कुल भागीदारी का हलका अनुमान तो हो ही जाता है। इस अनुपात और संख्या के बारे में पहले के अध्याय में जिक्र हो चुका है; पर 'क्रिड' चंडीगढ़ का यह सर्वेक्षण भी लगभग 25 साल पहले का है और इसमें भी उनकी संख्या अलग-अलग उद्योगों में 37 से 30 फीसदी तक पाई गई। इस निष्कर्ष में बहुत डंके की चोट पर कहा गया है कि मजदूरों की श्रेणी चाहे जो हो, प्रवासी मजदूर आम स्थानीय मजदूर की तुलना में बदतर स्थिति और कम मजदूरी पर काम करता है।

यह सर्वेक्षण पंजीकृत कम्पनियोंवाला था। पर असंगठित क्षेत्रवाले कामों तथा छोटे उद्योगों में तब भी प्रवासी मजदूरों का अनुपात पंजीकृत इकाइयों से ज्यादा था। आज तो दोनों में ही उनका हिस्सा काफी बढ़ गया है और सबसे बड़े औद्योगिक शहर लुधियाना के औद्योगिक जिस्म में तो इन्हीं भैया मजदूरों के पसीने का 'रक्त-संचार' होता है। यह बात चाहे अजीब लगे पर एक सच्चाई है कि कृषि हो या उद्योग, जी.टी. रोड और मुख्य रेल मार्गों के आसपास के गाँवों, कस्बों,

शहरों में प्रवासी मजदूरों का हिस्सा ज्यादा है। टोरेडो का सिद्धान्त भले ही बिहार पर गलत बैठे, उत्तर प्रदेश-हरियाणा पर गलत बैठे, एक उलटे रूप में पंजाब पर सही बैठ रहा है।

इस लेखक को सही-सही नहीं मालूम है कि रिक्शा चलानेवाले, कुली और पल्लेदार का काम करनेवाले मजदूर नए अर्थशास्त्र के वर्गीकरण में कृषि, उद्योग, सेवा में से किस क्षेत्र में आएँगे, पर पूरे पंजाब में इन धन्धों में प्रवासी मजदूरों की संख्या का अनुपात निःसन्देह 75-80 फीसदी तक है। ठेला लगानेवाले, सब्जी बेचनेवालों को व्यापार की श्रेणी में रखा जाता है या नहीं, पर इस 'क्षेत्र' में भी अधिकांश कामगार बाहरी हैं। होटलों, रेस्तराँ, दुकानों और दफ्तरों में बरतन धोने से लेकर चपरासी-चौकीदार तक के काम में भी बाहरी मजदूरों की संख्या आधे से अधिक ही होगी।

ये लोग बिखरे हुए हैं। पेशा भी बदलते हैं। पर ईंट-भट्टों और निर्माण के कामवाले मजदूर तो प्रायः संगठित क्षेत्र के उद्योगों में काम करनेवाले मजदूरों जैसा व्यवहार करते हैं, पर उनसे जुड़ा कोई भी अध्ययन नहीं हुआ है। इसमें प्रवासी मजदूरों की संख्या और अनुपात का मोटा अन्दाजा आधे से अधिक का ही है।

सो पंजाब में आए इतने सारे मजदूर अपने रोज के 12-14 घंटे उत्पादक श्रम से इस प्रदेश को क्या देते होंगे, इसकी सहज कल्पना की जा सकती है। आर्थिक विकास ने जितनी खुशहाली और आराम दिया है, प्रवासी मजदूरों ने इन दोनों में अपनी भूमिका निभाई है। अगर इस साल के आतंकवादी दौर ने पंजाब को झकझोर कर और पंजाबी समाज को दोफाड़ करके, जिसकी दरारें आज भी दिखती हैं, बर्बादी और एक अन्य बँटवारे की जमीन-सी तैयार कर दी थी, उसमें भी अगर पंजाब ने विकास दर को बनाए रखा तो इसका बहुत कुछ श्रेय भैया मजदूरों को ही है जो आतंकवाद की पर्याप्त आँच झेलकर भी पंजाब के आर्थिक विकास में जुटे रहे। आज भी वे न तो जुबान खोल सकते हैं न यूनियन-लाल झंडे के चक्कर में पड़ते हैं। कभी औद्योगिक मजदूरों के संगठन के लिए चर्चित पंजाब आज ट्रेड यूनियनों के कामकाज से लगभग मुक्त है। बिहार-पूर्वी उत्तर प्रदेश का जबरदस्त राजनीतिकरण यहाँ कहीं नहीं दिखता। ये खुद मजदूरी बढ़ाने, सुविधाएँ बढ़ाने की जंग नहीं करते बल्कि कम-से-कम मजदूरी पर काम करके बाजार का भाव भी गिराते हैं। अचरज नहीं कि देश के इस सबसे समृद्ध राज्य में औद्योगिक मजदूर की औसत मजदूरी राष्ट्रीय औसत से काफी नीचे है।

पंजाब की सरकार निवेश आमंत्रित करने के साथ ही औद्योगिक शान्ति की गारंटी देती है। भैया मजदूरों के आने के पहले तक यह शान्ति नहीं थी। 1975 के पहले औद्योगिक क्षेत्रों की कौन कहे, खेतिहर मजदूरों के ही बड़े-बड़े आन्दोलन

होने लगे थे। मुख्य माँग मजदूरी ही थी। औद्योगिक मजदूरों के नेता भी अब लगभग इतिहास बतानेवाले अन्दाज में कहते हैं कि इमरजेंसी के पहले तक हम पूरा लुधियाना या अमृतसर बन्द करा लेते थे। आज यह किसी के वश में नहीं रह गया है। आज न्यूनतम मजदूरी, एडवांस, ओवरटाइम, मजदूर की मशीन रखने जैसे छोटे-मोटे मामले ही विवाद में आते हैं। और श्रम विभाग हो या श्रमिक नेता, हर आदमी 'कम्प्रोमाइज' कराने के चक्कर में रहता है। सो मामलों की संख्या भले ही बढ़े (वह भी मजदूरों की संख्या में वृद्धि के अनुपात में नहीं बढ़ी है) पर कुल मिलाकर इसे कोई औद्योगिक 'अशान्ति' बढ़ना नहीं मानता।

सच पूछिए तो 'कम्प्रोमाइज' कराने भर का काम न हो तो मजदूर नेता बेकार ही रहें। आज पंजाब की बड़ी से बड़ी कम्पनी भी अपना प्राय: सारा उत्पादन छोटे-छोटे ठेकों पर कराती है। दुनिया में साइकिल की नम्बर एक कम्पनी बन गई हीरो साइकल्स कम्पनी, लुधियाना के अधिकांश काम—पार्ट-पुर्जे बनाने से लेकर जोड़ाई तक—ठेके पर प्रति पीस के हिसाब से बनता है। माल लेते वक्त क्वालिटी की कड़ी जाँच जरूर की जाती है। सो इस जाँच या बहुत ही विशिष्ट तरह के काम करनेवालों को अगर वह लुधियाना की अन्य कम्पनियों की तुलना में थोड़ा भी बेहतर वेतन या सुविधाएँ दे देती है तो उसके मजदूरों को धन्य-धन्य लगता है। यही कारण है कि वहाँ आज तक मजदूर संघ का प्रवेश नहीं हुआ है। ओसवाल वूल कम्पनी में यूनियन नहीं है। पीस रेट का काम न मजदूरों को साथ काम करने देता है, न अपने कष्टों का साझा अनुभव होने। प्रवासी और स्थानीय मजदूरों में वैसे भी कोई मेलमिलाप नहीं है।

ठेके पर काम का चलन इस हद तक बढ़ा है कि ठेकेदार-मजदूर उसी कम्पनी के लिए, उसी परिसर में, उसी के पैसे, कच्चे माल से सामान बनाते हैं पर मजदूरी और सुविधाओं का कोई बोझ कम्पनी पर नहीं आता। लुधियाना में करीब पाँच लाख लोगों को रोजगार देनेवाले हौजरी उद्योग (जिसमें विशेष अध्ययनवाले गाँवों के काफी मजदूर हैं) में मजदूर या ठेकेदार अपनी बुनाई मशीनें भी ले जाकर वहीं काम करते हैं। यह अलग बात है कि किसी तरह की चिक-चिक होने पर मालिक सबसे पहले इन्हीं मशीनों को जब्त करता है। और छोटे ठेकेदार तो फैक्टरी मालिकों से भी ज्यादा काम लेते हैं, ज्यादा देर काम कराता है और कम मजदूरी देता है। क्योंकि मालिक से मिले ठेके में से उसे भी अपना (मोटा) हिस्सा निकालना होता है। पंजाब के औद्योगिक इलाके में ठेकेदार शब्द का सामान्य अर्थ ही हो गया है—मजदूरों का ठेकेदार।

और सबसे मजेदार बात यह है कि ठेकेदारी और मजदूर संघों की नेतागीरी, दोनों में ही खुद प्रवासियों का ही बोलबाला है। लुधियाना में एटक जैसे पुराने मजदूर संगठन में तो दो बुजुर्ग कार्यकर्त्ता स्थानीय मिले थे वरना सभी प्रवासी ही।

लुधियाना के लेबर सुपरिंटेंडेंट स्वर्ण सिंह जब अपने यहाँ मजदूरों से जुड़े मामलों की सुनवाई के क्रम में मजदूर नेताओं से बारी-बारी से उनके अपने मूल स्थान के बारे में पूछने लगे तो कुछ ने शरमाते हुए खुद को लुधियाना का ही बताया। 'कम्प्रोमाइज' कराने में माहिर माने जानेवाले अनेक नेताओं ने कहा कि वे खुद भी पहले लड़ने का फल भोग चुके हैं और वर्षों तक अपनी लड़ाई लड़ने के बाद वे समझ गए कि मजदूर के लिए मालिक से 'कम्प्रोमाइज' कर लेना ही लाभकर होता है। इसी क्रम में उन्हें यह भी समझ आ गया कि मेहनत-मजदूरी से बढ़िया और कमाऊ काम तो नेतागीरी ही है।

संगठित न होने, अपने हकों के प्रति जागरूक न होने और इसके कारण न्यूनतम मजदूरी, छुट्टी, मेडिकल, बोनस, पी.एफ., ओवरटाइम जैसी बुनियादी सुविधाओं से भी वंचित होने का जितना नुकसान पंजाब के कुल औद्योगिक मजदूर बिरादरी को है, उससे कहीं ज्यादा कष्ट प्रवासी मजदूरों को है। एकमात्र संख्या का भार (जो अक्सर बल होता है) उन्हें मुँह और नजर भी खोलने की इजाजत नहीं देता।

यह देखना-जानना शायद अजीब लगे कि 1980-81 में पंजाब का सकल घरेलू उत्पादन करीब 6000 करोड़ रुपए का था जो दस साल बाद 19 हजार करोड़ रुपए (और 1993-94 में 29000 करोड़ रुपए) का और 2011 में 2213320 करोड़ हो गया था पर इन्हीं दस वर्षों में पंजाब में कुल कामगारों की संख्या करीब 69 लाख से घटकर 61 लाख के करीब ही रह गई। अब यह 59 लाख है। खेतिहर मजदूरों, कृषकों और खेती से जुड़े कामवाले मजदूरों की संख्या इस दौरान 34.5 लाख से घटकर करीब 32 लाख रह गई।

मेहनती, मुँह न खोलनेवाले, विवादों से दूर रहनेवाले, न्यूनतम मजदूरी—सुविधाओं से भी कम पर काम करनेवाले मजदूरों की इसी फौज के बल पर पंजाब अपने विकास के नए सपने देख रहा है। उसने उद्योग, खेती में प्रगति और बदलाव की अनेक योजनाएँ बनाई हैं। पंजाब एग्रो इंडस्ट्रीज कॉर्पोरेशन में कई हजार करोड़ रुपए निवेश से, जिसमें एक-तिहाई निवेश हो चुका है, कृषि आधारित उद्योगों की भरमार करने की योजना पर काम कर रहा है। अनाज की मंडियों में बड़े पैमाने पर आटोमेशन हो रहा है। बोरियाँ सिलने से लेकर उन्हें लादने-उतारने, खेती के साथ बागबानी, सब्जियाँ उगाने, पशुपालन, मुर्गीपालन, मत्स्यपालन जैसे कामों का जोर बढ़ा है और अंगूर-कीनू-नासपाती जैसे फलों का उत्पादन तो देश में सबसे बड़े पैमाने पर शुरू हुआ है।

पर इनसे भी ज्यादा भारी भरकम योजनाएँ उद्योग और ऊर्जा के क्षेत्र में हैं। बेअन्त सिंह के राज में ही करीब 2000 करोड़ रुपए का बाहरी निवेश आ चुका था। नए लग रहे उद्योग पर 25,000 करोड़ रुपए का निवेश हो रहा है और राज्य औद्योगिक विकास निगम ने 100 अन्य सहमति पत्रों पर दस्तखत लिए हैं, जिनके

माध्यम से करीब 11,500 करोड़ रुपए का निवेश आना है। चंडीगढ़ के निकट लालडू में नई तकनीकवाला औद्योगिक नगर बसाने की तैयारी हो रही है, उसमें 10,000 करोड़ रुपए का निवेश होगा। पंजाब का निर्यात तीन वर्षों में ही 901 करोड़ रुपए से बढ़कर 1815 करोड़ रुपए हो गया है। अब यहाँ दो ड्राइ पोर्ट बनाने और जमाने का जुनून चढ़ा है। पंजाब में बिजली की कमी नहीं है पर आगे की माँग को देखते हुए यहाँ हजारों करोड़ रुपए के निवेश की तैयारी है। लालडू लुधियाना और नया नांगल में डीजल आधारित बिजली घर बनाने पर ही 2000 करोड़ रुपए का निवेश होगा। लुधियाना के निकट दोराहा में नैप्था क्रैकर का जो परिसर बननेवाला है, अकेले उसी पर 5,000 करोड़ रुपए का खर्च आएगा।

ये सभी योजनाएँ या इन जैसी और नई योजनाएँ पूरी होंगी तो पंजाब 'स्वर्ग' बन जाएगा और उससे थोड़ा कम रह जाएगा, तो यह पंजाब में चुनाव का मुद्दा होगा। पर पिछले कुछ वर्षों में ही औद्योगिक उत्पादन में देश के राज्यों में वह 13वें स्थान से बढ़कर तीसरे पर आ गया है। और इस पृष्ठभूमि में बेअन्त सिंह जो कुछ भी कहते थे, उनके यकीन करनेवालों की कमी नहीं है।

खेती, उद्योग और सेवा क्षेत्र की प्रगति ने पूरे पंजाबी समाज के जीवन को हर तरह से प्रभावित किया है। उनके यहाँ ग्रामीण विकास, वृक्षारोपण जैसे मुद्दों का विवरण बड़े से बड़े राज्य के बजट को फीका कर देगा। पिछले तीन वर्षों में ही ग्रामीण विकास का बजट 30 करोड़ रुपए से बढ़कर 185 करोड़ रुपए हो गया है। पैसेंजर वाहनों की संख्या 1980 में 2,18,552 से बढ़कर 1993-94 में 12,30,085 हो गई थी। मालवाहक गाड़ियों की संख्या भी इसी अवधि में 22,092 से बढ़कर 64,493 हो गई। ट्रैक्टरों की संख्या 1,18,845 से बढ़कर 3,38,494 हो गई। स्वास्थ्य और शिक्षा के जो भी पैमाने उठाइए, उसी में प्रगति दिखती है। प्रवासियों के लिए भले ही पंजाब को शिक्षा, स्वास्थ्य, आवास वगैरह की ज्यादा तकलीफ नहीं करनी पड़ती, पर इस क्षेत्रों की प्रगति में उनकी योजनाएँ महत्त्वपूर्ण हैं।

शिक्षा के क्षेत्र में हुई प्रगति और समाज में हुए दूसरे बदलाव से उसका रिश्ता देखने पर (देखें चार्ट) बहुत ही हास्यास्पद तस्वीर सामने आती है। स्वास्थ्य और शिक्षा के मामले में पंजाब की उपलब्धि, औरतों के स्वास्थ्य और शिक्षा में काफी सुधार से, उल्लेखनीय बन जाती है। यह बात विभिन्न डिग्रियाँ लेकर निकलनेवाली लड़कियों सम्बन्धी आँकड़ों (देखें चार्ट) से साफ है। आर्ट्स की जगह साइंस और कॉमर्स पढ़नेवाली लड़कियों का अनुपात भी बढ़ा है। पर यह अजीब हो रहा है कि पूरा पंजाब अपनी औरतों-लड़कियों को घर में बैठाने, सजी-सँवरी रखने और काम के लिए बाहर न जाने देने के प्रति ज्यादा ही तत्पर हुआ जा रहा है। जिस तरह सबसे समृद्ध पंजाब मजदूरी देने में राष्ट्रीय औसत में काफी नीचे है, उसी तरह औरतों की बहुत ही अच्छी स्थिति (केरल उससे कहीं आगे है) के बावजूद

पंजाब में लड़कियों की शिक्षा

वर्ष	पी-एच.डी.			एम.फिल		
	लड़के	लड़कियाँ	कुल	लड़के	लड़कियाँ	कुल
0	1	2	3	4	5	6
1911	12	1	13	&	&	&
1975	16	5	21	&	&	&
1980	56	46	102	138	140	278
1985	65	57	122	156	266	422
1989	82	79	161	232	339	571
1990	74	74	148	263	355	618
1991	72	65	137	277	368	645
1992	77	90	167	186	351	537
1993	68	102	170	193	359	552
2013	466	849	1315	127	284	411

एम.ए.			एम.एस.सी.			एम.काम		
लड़के	लड़कियाँ	कुल	लड़के	लड़कियाँ	कुल	लड़के	लड़कियाँ	कुल
7	8	9	10	11	12	13	14	15
2,602	1,510	4,112	244	115	359	3	&	3
3,446	2,095	5,541	212	88	300	47	1	48
2,852	2,985	5,837	338	319	657	22	5	27
2,800	3,775	6,575	494	497	991	124	40	164
3,583	4,784	8,367	573	661	1,234	63	90	153
2,176	3,115	5,229	500	636	1,136	61	59	120
1,732	2,603	4,339	519	621	1,140	66	80	146
2,135	3,466	5,601	492	666	1,158	42	90	132
2,327	4,064	6,391	484	723	1,207	43	96	139
6398	16233	21631	2732	11466	14198	1598	3437	5035

स्रोत : पंजाब स्टेटिस्टिकल एब्स्ट्रैक्ट, 2014

इंजीनियरिंग			एम.बी.बी.एस.		
लड़के	लड़कियाँ	कुल	लड़के	लड़कियाँ	कुल
16	17	18	19	20	21
1,378	5	1,383	1,586	502	2,088
1,270	6	1,276	1,669	432	2,101
1,676	31	1,707	1,629	587	2,216
1,654	66	1,720	1,563	762	2,325
1,623	108	1,731	1,3,63	944	2,382
2,048	197	2,224	1,253	1,033	2,286
2,498	312	2,810	1,220	1,096	2,316
2,831	359	3,190	1,247	1,105	2,352
38678	13631	52309	1198	1794	2992

(वर्ष 2011 में)

कामकाजी औरतों के अनुपात के मामले में राष्ट्रीय औसत से काफी नीचे है। देश के औद्योगिक श्रमिकों में औरतों का अनुपात धीरे-धीरे 1981 के 19.67 फीसदी से बढ़कर 1991 में 22.73 फीसदी हुआ है जबकि इस अवधि में पंजाब में यह 6.78 फीसदी से भी घटकर 6.16 फीसदी रह गया है।

औरतों से काम न कराने की 'बीमारी' सबसे पहले तो व्यवसायी वर्ग में थी। उनकी औरतों को बाहर जाने की जरूरत भी कम ही थी। समृद्धि आते ही सबसे पहले किसानों ने अपनी औरतों को खेती और जानवरों से जुड़े कामों के लिए घर से बाहर जाने पर रोक लगाई। अब खेतिहर मजदूरों में भी कुछ समृद्धि आई है तो उन्होंने भी यही किया है। सस्ते भैया मजदूरों ने उनका काम आसान कर दिया है। सो आज पंजाब के खेत-खलिहान, बाग-बगीचों में ही नहीं, दफ्तरों-फैक्टरियों में भी औरतें नहीं दिखतीं। वे घर में होती हैं। शाम को या मेले-बाजार में सज-सँवरकर जाती हैं। इस बदलाव और भैया मजदूरों की भरमार से वैसी गरीब औरतों का बोझ और बढ़ गया है जिन पर अपने परिवार की गाड़ी खींचने का बोझ है।

जैसाकि पहले कहा जा चुका है कि प्रवासी मजदूर स्थानीय समाज में आज तक ज्यादा घुलमिल नहीं सके हैं। 20-20 वर्ष से रहनेवालों का दायरा भी अपने बाड़ा-फैक्टरी मालिक से आगे नहीं बढ़ा है। डॉ. अरुण गुप्त ने उनके खाली वक्त की गतिविधियों पर काफी गौर किया तो पाया कि गप्पें लड़ाना, ताश खेलना, कीर्तन करना, गाना सुनना, बाजार में घूमने में ही वे अपना सारा खाली वक्त गुजारते हैं। सो स्थानीय बोली पर, भाषा पर, पोशाक और भोजन पर उनका कोई खास असर पड़ा हो, यह नहीं लगता। हाँ, उनका मालिक ठेकेदार जरूर भोजपुरी, मैथिली, अवधी के कुछेक शब्द सीख गया है जो उनसे बातचीत में प्रयोग करता है। उन्होंने पंजाब में पान और बीड़ी की खपत तो कई गुना बढ़ा ही दी है। खैनी की शुरुआत कर चुके लोगों की संख्या अच्छी खासी हो गई है। धान ज्यादा उपजता है तो पंजाबी भोजन में उसका अनुपात बढ़ा है। खास तौर से बच्चों के भोजन में।

यह काम शुरू करते वक्त लोगों से बात की थी। उन सबका सुझाव प्रवासी मजदूरों की बस्तियों के आसपास वेश्यालयों के 'विकास' और इनके सेक्स जीवन पर भी ध्यान देने का था। पर एक तो यह सवाल मैं सिर्फ उन्हीं चन्द प्रवासियों से पूछ सका जिनके साथ कई बार लम्बी-लम्बी बातचीत हो चुकी थी और जो इसके दौरान काफी खुल गए थे। दूसरे, मुझे खुद न तो लुधियाना में, जो प्रवासियों का सबसे बड़ा ठिकाना है, कहीं वेश्या मंडी होने का पता चला न किसी अन्य जगह। पंजाब के कई जानकार भी एड्स और यौन-रोगों के प्रसार के अन्देशे से चिंतित मिले।

नौ श्रेणियों के कामगारों में औरतों की
स्थिति में तुलनात्मक बदलाव

श्रेणियाँ	1981		1991	
	पुरुष	स्त्रियाँ	पुरुष	स्त्रियाँ
1. खेतिहर	17,56,779	10,507	18,94,061	23,149
2. खेतिहर मजदूर	10,47,175	45,050	13,88,159	64,664
3. पशुपालन, बागवानी वगैरह	47,449	1,851	46,345	2,950
4. खनन	1,134	30	561	3
योग : प्राथमिक खंड	28,52,537	57,438	33,29,126	90,766
5. औद्योगिक उत्पादन, निर्माण, सेवा और रखरखाव				
(अ) घरेलू उद्योग	1,18,534	8,652	72,640	8,444
(ब) बड़े उद्योग	5,06,139	15,267	6,50,095	17,957
6. निर्माण	98,269	2,394	1,53,317	2,728
योग : दूसरा खंड	7,22,942	26,313	876052	29129
7. व्यापार	4,60,580	6,291	6,30,803	12, 451
8. परिवहन, भंडारण, संचार	181,986	1891	231298	2489
9. अन्य सेवाएँ	5,31,600	86,180	7,65,573	1,30,682
योग : तीसरा खंड	11,74,166	94362	16,27,674	145622
कुल योग :	**47,49,645**	**1,78,113**	**58,32,852**	**2,65,517**

स्रोत : पंजाब स्टेटिस्टिकल एब्स्ट्रैक्ट और स्रोतों से लेखक द्वारा तैयार

वेश्यावृत्ति या सेक्स के बाजार के जो भी किस्से लुधियाना में सुनाई दिए, वे नव-धनाढ्य परिवारों के लड़कों या खुद मुखिया लोगों के अधिक थे। पंजाब के गाँवों में स्थायी रूप से रहनेवाले कई मजदूरों का किसी स्थानीय लड़की से प्रेम होना और कुछ मामलों में शादी भी हो जाने के किस्से थे। जिन मजदूरों से बात हुई, उन्होंने भी यही कहा कि गन्दी बस्तियों में रहनेवाली कुछेक औरतों के पास कुछ मजदूर कभी-कभार जाते हैं। कई बार एक साथ रहनेवाले मजदूरों में समलैंगिक के मामले भी होते हैं, पर ये दोनों बातें बहुत ही कम हैं। इसके दो बहुत साफ कारण हैं। उनमें पहला तो यही है कि अधिकांश प्रवासी मजदूर बहुत नियमित फासले पर घर जाते रहते हैं। जाने का कारण सिर्फ अपनी औरत के पास जाना ही नहीं होता, पर उस घर वापसी के चक्कर में कई बार उनकी जमी-जमाई नौकरी भी चली जाती है। दूसरा कारण यह है कि लुधियाना या गाँवों में गए मजदूर, कोई भी मजदूर अकेला नहीं होता। हर अवसर पर अपने गाँव के, अपने पड़ोस के, अपने रिश्ते के मजदूरों की टोली उसके साथ होती है। उसके नैन कहीं लड़े नहीं कि इस पूरी टोली और

साथ ही उसके गाँव, घर—सभी जगह शोर मच जाता है। रोज 12-14 घंटे काम करना, अधिक से अधिक पैसे बचाने की चिन्ता भी उसे इस प्रवृत्ति से रोकती है। इस लेखक ने जब बाबा दीप सिंह कॉलोनी के एक डॉक्टर से, जो खुद भी प्रवासी था, सेक्स रोगियों की संख्या के बारे में पूछा तो वह हैरान हो गया। उसने कहा, हमारे यहाँ ऐसा कोई रोगी नहीं आता है।

पंजाब में आतंकवाद के दौर में प्रवासी मजदूरों ने राज्य के विकास को बहुत सहारा दिया। उग्रवाद के पीछे जो कारण थे, उसमें स्थानीय लोगों को काम न मिलना या मन लायक कमाईवाला काम न मिलना भी एक कारण था। आज उग्रवाद के दब जाने पर यह नाराजगी भी जाहिर तौर पर नहीं दिखती। समृद्धि की नई लहर ने उस नाराजगी को भी कम किया है पर यह पूरी तरह दूर हुई नहीं लगती।

पंजाब में जो नया निवेश आ रहा है, तय मानिए, उससे भी ज्यादा बाहरी मजदूरों की फौज आनेवाली है। अब तक पंजाब में ही खेती के काम में मशीनीकरण और फैक्टरियों-मंडियों के काम में ऑटोमेशन काफी बड़े पैमाने पर हो रहा है। विश्व व्यापार संगठन बनने के बाद के व्यापार को ध्यान में रखकर अब जो नई फैक्टरियाँ लगेंगी उसे और ऑटोमेटिक करेंगी, जिसमें मजदूरों को संख्या में वृद्धि होगी। हरेक मजदूर को रोजगार उपलब्ध करानेवाले निवेश में पहले से ही काफी बढ़ोतरी हो चुकी है। आगे भी इसमें बहुत ज्यादा वृद्धि होगी।

तब काम भी ज्यादा कुशल मजदूरों का ही रहेगा। आज जो काम में हैं और नई मशीनों का काम सीखते जा रहे हैं, वही उस व्यवस्था में खपेंगे। उसके सबसे कुशल काम के कामगार तो मोटी-मोटी पगार पर विदेश से या दिल्ली-बम्बई-कलकत्ता से आएँगे। सो तब थोड़े से रोजगार के लिए स्थानीय-बाहरी की प्रतिद्वन्द्विता बढ़ेगी फिर 'सन्स ऑफ सॉयल' वाले नारे उठेंगे। यह कोई काल्पनिक दृश्य नहीं है।

'सन्स ऑफ सॉयल' की बात तो उस दिन भी उठेगी जिस दिन पंजाब में मौजूद सारे प्रवासी मजदूरों के नाम वोटर लिस्ट में दर्ज हो जाएँगे। उनको राशन कार्ड मिल जाएँगे। अगर आज की स्थिति में ही सोचें, तब भी राज्य के 13 में से सात संसदीय सीटों पर हार-जीत का पलड़ा झुकाने लायक प्रवासियों की संख्या मौजूद है। पंजाब का प्रभावी वर्ग भैया को 'रोटी खाने' देने में हर्ज नहीं मानता, पर भैया वोट देगा, एमएलए, एमपी बनेगा, यह उसे मंजूर नहीं है।

सो आज भैया मजदूर की उपयोगिता देखकर उसका जो स्वागत हो रहा है, वह बहुत दिन नहीं चलेगा। उसकी उपयोगिता कम मजदूरी पर ज्यादा निष्ठा से ज्यादा काम करना रहेगी, पर मालिक-मजदूर दोनों के लिए ही ऐसा करना मुश्किल होगा। पंजाबी समाज में प्रभावी जमात और बाहरी मजदूरों के बीच साम्प्रदायिक दरार भी आसानी से उनको बाहर भगाने के आन्दोलन में मददगार हो सकती है। जरूरी नहीं है कि यह संकट अगले पाँच या दस वर्षों में ही पैदा हो जाए, पर होगा जरूर।

पंजाब आए प्रवासी मजदूरों से जुड़ा एक और आर्थिक पहलू है जो अभी तक छूटा ही रह गया था। यह पहलू है उनके उपयोग और खर्च का। निस्सन्देह प्रवासी बहुत खराब हालत में रहते हैं। बहुत साधारण खाते हैं, पर जिन्दा रहने के लिए, काम करने लायक शक्ति के लिए, भोजन, पानी, मकान, दवा, कपड़े की जरूरत तो उनको भी होती ही है और वे लाख कंजूसी बरतें, इन्हीं पर इनकी छोटी कमाई का एक बड़ा हिस्सा खर्च हो जाता है। और जो व्यक्ति उनको राशन, कपड़े, जूते चप्पल, इलाज, दवा, मकान, बीड़ी, तंबाकू, साबुन, सोडा, चाय, चीनी, मिट्टी तेल जैसी चीजें देता है, वह तो कमाता ही है, इन चीजों के स्थानीय निर्माताओं-उत्पादकों को भी लाभ दिला देता है।

प्रवासी मजदूर भी अपनी कमाई के खर्च में एक समय उदारता दिखाता ही है। गाँव वापस जाते समय वह घर भर के लिए कपड़े, चाहे वे कितने साधारण क्यों न हों, कंबल, स्वेटर, जूते, चप्पल, रेडियो (टी.वी. भी), घड़ी आदि जैसी अनेक चीजें खरीदता ही है। उसके इस खर्च को, उसके हिसाब में, मात्र 'आर्थिक' नहीं माना जा सकता, पर पंजाब के निर्माता-व्यापारियों के लिए तो यह घटिया माल खपाने, मुनाफा कमाने का अवसर होता है। प्रवासी मजदूर के लिए यह खरीदारी घर के लोगों के प्रति अपने आदर-प्रेम का प्रदर्शन होती है, अपने समाज में दर्जा बढ़वानेवाली होती है, शान बढ़ानेवाली होती है, और होती है पंजाब में अपने साथ होनेवाले अपमान को छुपाने की चादर।

पंजाब में आतंकवाद और हिंसा पर गम्भीर अध्ययन करनेवाले इंस्टीट्यूट फॉर डेवलपमेंट कम्युनिकेशन, चंडीगढ़ के निदेशक डॉ. प्रमोद कुमार का मानना है कि पंजाब की अर्थव्यवस्था की प्रवासी मजदूरों पर निर्भरता ने भी राज्य में आतंकवाद का जोर खत्म करने में एक प्रभावी भूमिका निभाई है। आतंकवाद के प्रणेता और समर्थकों को प्रवासी अपने प्रदेश, अपनी कमाई के लिए एक खतरा लगते थे; पर जमीन के मालिक जाट तथा खत्री किसानों और उद्योग व्यापार के प्रमुख बनिया लोगों को प्रवासियों के लिए ये भैया एक मजबूत आधार बन गए थे। आतंकवाद के स्रोत तो विदेशों में थे। न्यस्त स्वार्थवाले देशों को छोड़ दें तो बाहर जाकर समृद्ध बनने पर भी एक तरह का अपमान झेल रहे अप्रवासी सिखों का समर्थन भी इस आन्दोलन को था।

आतंकवाद की लहर जब अपने चरम पर थी तब भी आमतौर पर भैया मजदूरों को नहीं छुआ गया। उनका आना पंजाब की घटनाओं के लिहाज से अप्रभावित रहा, पर उनको उग्रवाद का निशाना आतंकवाद के पराजय के दौर में ही बनना पड़ा। लेकिन भैया मजदूरों के दो-तीन बड़े नरसंहार ने माहौल बदल दिया। हिन्दू व्यापारी तो वैसे भी परेशान थे। समृद्ध सिख किसानों को भी लगने लगा कि भैया मजदूरों के जाने का मतलब उनकी तबाही होगा। सो जब हम 1991 के चुनाव में कांग्रेस को

हिन्दुओं के साथ ही अकालियों का आधार रहे जाट सिखों का वोट भी थोक भाव में मिलता देखते हैं तो अचरज नहीं होता। और अपने समर्थकों का यह रुख देख कर ही अकाली लोगों ने चुनाव का बहिष्कार किया था।

मददगार सन्दर्भ

1. स्टैटिस्टिकल एब्स्ट्रैक्ट ऑफ पंजाब, पंजाब सरकार, 1994 और 2014
2. माइलस्टोन्स, पंजाब सरकार, 1995
3. डॉ. अरुण गुप्त पूर्वोक्त
4. मनमोहन शर्मा : पूर्वोक्त
5. एस.एस. ग्रेवाल और एम.एम. सिद्धू : पूर्वोक्त
6. प्रो. सुच्चा सिंह गिल : पूर्वोक्त रिपोर्ट
7. हरजिन्दर शेरगिल और गुरमेल सिंह : पावर्टी इन रूरल पंजाब : इकॉनामिक्स एंड पॉलिटिक्स वीकली, 27 जून, 1995
8. न्यूनतम मजदूरी सम्बन्धी 'क्रिड', चंडीगढ़
9. पंजाब के उद्योगों में औरत सम्बन्धी 'क्रिड' का अध्ययन
10. नाहर सिंह और केसर सिंह : सीमावर्ती इलाकों सम्बन्धी 'क्रिड' का अध्ययन
11. मंजीत सिंह और के. गोपाल अय्यर : पूर्वोक्त
12. डॉ. प्रमोद कुमार : वायलेंस इन पंजाब, रेट्रोस्पेक्ट एंड प्रोग्नोसिस, इंस्टीट्यूट ऑफ कम्युनिकेशन एंड डेवलपमेंट, चंडीगढ़

अध्याय-10

बिहार : पिछड़ेपन के अन्तिम चरण में

असर के हिसाब से देखें तो अब पलायन या प्रवासी मजदूरों का आना-जाना, कमाकर लाना बिहार, पश्चिमी ओड़िसा, पूर्वी उत्तर प्रदेश जैसे क्षेत्रों के लिए कोई बड़ी बात नहीं है। लाखों लोग 'वैसे' ही आते-जाते हैं। पूरी स्थानीय अर्थव्यवस्था पर, समाज पर, सरकार पर कोई असर साफ नहीं दिखता। कान पर जूँ न रेंगना, जिसे कहते हैं, वही असर बिहार की मुख्यमंत्री या उनके पहले सरकारों पर होगा।

आबादी में पंजाब से लगभग साढ़े चार गुना और क्षेत्रफल में लगभग चार गुना बड़े बिहार (जो अब दो हिस्सों में बँट गया है) पर सिर्फ इस आकारवाले तर्क से ही लगभग चार गुना देर से असर दिखना चाहिए और अगर हम बिहार और पंजाब की दो छोरवाली आर्थिक स्थितियों पर ध्यान दें तब असर में और धुँधलापन आ जाता है। यह हिसाब भी तब सीधा रहता जब पंजाब अपनी अर्थव्यवस्था में, अपनी समृद्धि में भैया मजदूरों के योगदान की पूरी भरपाई कर दे। पर जब माँगनेवाले ज्यादा हों और देनेवाले कम या दोनों में ताकत का फर्क हो, तब हर बार नुकसान की स्थिति में कमजोर ही होता है। सो नन्हे समृद्ध पंजाब के आर्थिक जीवन के हर क्षेत्र में भैया मजदूरों की उपस्थिति और उनके योगदान का बहुत साफ-साफ पता हर किसी को चलता है। उतना साफ असर अगर अपने लाखों गरीब ग्रामीण गबरु जवानों को भेजनेवाले बिहार या उस जैसे प्रदेशों पर नहीं दिखता तो उसका कारण कोई एक या इतना छोटा (किसी एक या एकाधिक मुख्यमंत्रियों की उपेक्षा जैसा) नहीं है।

बिहार और झारखंड अपनी उन बड़ी समस्याओं में ही डूब-उतरा रहे हैं जिनसे मजबूर होकर लाखों लोग पलायन कर रहे हैं। आज भी उत्तर और मध्य बिहार की आबादी का लगभग 79 फीसदी हिस्सा कृषि पर निर्भर है और उत्तर बिहार में तो यह निर्भरता 85.5 फीसदी है, जहाँ से सबसे ज्यादा पलायन हो रहा है। वैसे भी आबादी के घनत्व के मामले में बिहार देश में दूसरे नम्बर पर है और उसमें भी इसकी आधी से कम जमीन ही खेती लायक है। प्रदेश में प्रति व्यक्ति खेती की

मात्र 0.18 हैक्टेयर जमीन ही बिहार में है। सो आज अगर लाखों लोग यहाँ से बाहर जाकर इस जमीन के भार को कुछ हलका कर रहे हैं तो पूरे शासन को उससे 'राहत' ही महसूस होती है। यह अलग बात है कि जो लोग बाहर जा रहे हैं उनकी उम्र, तंदुरुस्ती, काम करने की ऊर्जा को देखते हुए उनको 'भार' तो नहीं माना जा सकता। वे किसी भी स्वस्थ समाज के लिए बेशकीमती अंग ही हैं।

जमीन का चाहे जो अनुपात हो, अगर वह सिंचित हो; बाढ़, सूखे वगैरह से मुक्त हो तो उसमें भी काफी कुछ पैदा हो सकता है; पर 1990 तक राज्य की कृषि योग्य जमीन में से मात्र 27.15 लाख हेक्टेयर के लिए ही सिंचाई की व्यवस्था हो पाई और यह नई व्यवस्था भी मानसून पर ही निर्भर थी। 1990 में भी मात्र 25.25 लाख हेक्टेयर जमीन ही सिंचित हो पाई। ऐसे में सिंचित इलाकों को कौन क्या कह सकता है! सो बिहार में आज भी ऐसे इलाके हैं, जहाँ पहले ज्यादा अच्छी फसल होती थी नियमित रूप से। आज मानसून ठीक और बराबर आ जाए तो राज्य सरकार सीना ठोंककर रिकार्ड खाद्यान्न उत्पादन का शोर मचाने लगती है और अगर मानसून गड़बड़ा गया तो पैदावार लक्ष्य के आधे तक रह जाती है। 1966-67 में यही हुआ था, जबकि तब तक काफी सारी नहर योजनाएँ मूर्त रूप ले चुकी थीं।

हिमालय और अन्य उद्गमों से निकली अनेक नदियों का जलप्रवाह, जो हिमालय और उत्तर भारत के काफी बड़े इलाके की बरसात के पानी को समेटकर बिहार पहुँचने से बनता है, इस प्रदेश के काफी बड़े हिस्से को आज भी हर साल कम-से-कम तीन महीनों के लिए जलमग्न रखता है। वहाँ की खेती ही नहीं, पूरे जीवन पर इसका क्या असर पड़ता है, यह सोचना भी मुश्किल है और ठीक इसकी उलटी स्थिति प्रदेश (और पश्चिमी ओड़िसा) के आदिवासी इलाके में पैदा हुई है जहाँ कभी घने जंगल थे। जंगल कटने से आदिवासियों का जीवन काफी प्रभावित हुआ है। (1957-58 में राज्य के कुल क्षेत्रफल में वनों शा हिस्सा 22.6 फीसदी था जो 1988-89 में 17 फीसदी रह गया।) ये वन तब काफी घने थे और आज उतने ही विरल हैं। इससे पारिस्थितिक सन्तुलन बिगड़ा है और पलामू, कालाहाँडी जैसे इलाके साल दर साल सूखा और अकाल की चपेट में रहते हैं।

आज की बिहार सरकार का ध्यान इन बातों पर नहीं है। पिछले अनेक वर्षों से राज्य में बिजली उत्पादन में एक यूनिट की वृद्धि नहीं हुई, उसे इसकी भी खास परवाह नहीं है। केन्द्रीय पूल का उसका हिस्सा ही उसके हिसाब से काफी ज्यादा है। बिहार बिजली उत्पादन क्षमता और वास्तविक उत्पादन के अन्तर के मामले में देश में सबसे ऊपर है। ऐसे में दूसरे स्थान तक भेजने में यहाँ जितनी बिजली और कहीं बर्बाद नहीं होती है। राज्य सरकार को इन बातों से भी मतलब नहीं है।

गिरावट तो बिहार के उद्योगों में भी बहुत हुई है। काफी उद्योग-धन्धे बैठ गए है। गिरावट समाजिक सेवाओं में भी है—शिक्षा, स्वास्थ्य, महिला कल्याण के

स्तर-खर्च में है। वह सब गिनाने की यह जगह नहीं है; पर आज की सरकार सिर्फ औद्योगिक विकास, वह भी गहरी निवेश के सहारे, करने पर ध्यान लगा रही है। काश, वह इसमें ही सफल हो जाती, पर यह भी सम्भव नहीं लगता। पूर्व मुख्यमंत्री लालू प्रसाद बाहर के देशों का चक्कर लगाकर भी खाली हाथ लौट आए थे। सरकार अपने प्रदेश की पूँजी को रोक पाएगी, यह भी सम्भव नहीं लगता है।

जिन कारणों के चलते निवेश नहीं आएगा उनमें प्रशासनिक अराजकता, कमजोर खेती, कमजोर ग्रामीण शहरी समाज (जो मुनाफा दे सकनेवाला उपभोक्ता नहीं बन सकता), बिजली, संचार, परिवहन सुविधाओं का अकाल तो है ही, 'अनुशासनहीन' श्रमिक वर्ग, उद्योग लगनेवाले सम्भावित इलाकों में अशान्त माहौल और औद्योगिक अशान्ति का रिकार्ड भी शामिल है। यह एक अबूझ पहेली है कि जिस तरह बिहार के खनिज बाहर जाते ही सोना बन जाते हैं वैसे ही अपने यहाँ का अराजक, निखट्टू जरूरत से ज्यादा राजनीतिक चेतना से भरा बिहारी प्रदेश से बाहर जाते ही क्यों मेहनती, लगनशील, कल्पनाशील बन जाता है, जो सिर्फ अपने काम, अपने उद्देश्य से मतलब रखता है? कोई बहुत साफ जवाब इस लेखक के पास भी नहीं है, पर कोशिश आगे की जाएगी।

इस बाहर गए बिहारी मजदूर के अपने.जीवन में, उसके परिवार के जीवन में और इसके गाँव, समाज के जीवन में आनेवाले बदलावों को पहले देखा जाए, और इन्हें देख पाना मुश्किल भी नहीं है। बिहार के एक से एक 'बीहड़' इलाके में चले जाइए और आपको 'पंजाबी' जवानों (स्थानीय लोग पंजाब जानेवालों को यही नाम दे चुके हैं) के काम का, उनकी कमाई का, उन पर, उनके परिवार पर, उनके घर पर, उनके गाँव पर असर साफ दिख जाता है। जैसा कि पहले कहा जा चुका है, ज्यादातर पलायन गाँवों से ही हुआ है।

पंजाब जाने का सबसे पहला असर तो खुद उन प्रवासी मजदूरों पर पड़ा है। किशोर वय में गाँव से निकले इन जवानों में अधिकांश का शरीर इतना अच्छा होकर आता है कि गाँववाले देखते ही रह जाते हैं। पजिअरवा के अकलू हजरा के दोनों बेटे साँप हजरा और भोस हजरा मेमने जैसा गए थे—और कुछ दिन बाद ही लौटे तो गबरू जवान होकर। अब ये दोनों पंजाब नहीं जाते पर इनका जिस्म इनका साथी बन गया है। एक ही गाँव का कौन-कौन हट्टा-कट्टा होकर लौटा है या होकर वहीं कमाता है, इसकी सूची बहुत बड़ी हो जाएगी। इसकी तुलना में उँगली पर गिनने लायक लोग ही होंगे जिनके स्वास्थ्य में उल्लेखनीय सुधार न हुआ हो। दम भर काम, दम भर भोजन। बिहार में दोनों ही नसीब नहीं हैं, गाँव के गरीब युवकों को। पंजाब कम-से-कम यह तो देता ही है, सो जिस्म फूटे ही क्यों नहीं!

पंजाब में रहने का असर जिस्म के अलावा जुबान और मन पर भी पड़ा है। जो मजदूर कुछ तेज हैं उन्होंने ज्यादा अच्छी पंजाबी सीख ली है। पर अपने गाँव में

बोलना हो तो वे पंजाबी शब्द नहीं लाने देते। पर जो थोड़े लध्धड़ किस्म के हैं, वे न तो ठीक पंजाबी सीख पाए हैं, न ठीक भोजपुरी, मैथिली, वज्जिका ही बोल पाते हैं। और इन्हीं सभी के देखा-देखी गाँव के अन्य लोग भी 'बन्दे', 'मेरे को', 'तेरे को' जैसे शब्द बोलने और इनका मजाक उड़ाने लगे हैं। बोली के अलावा कपड़े-लत्ते भी बदल जाते हैं। जूते, चप्पल जरूर आ जाते हैं।

एक अन्य असर भी हुआ है जिसकी चर्चा जरूरत से ज्यादा बेढंगे तरीके से हुई है, यह है नशाखोरी का। यह कहा जाता है कि पंजाबी किसान और मालिक प्रवासी मजदूरों को अफीम खिलाकर काम कराते हैं। कई लोग मिले जिन्होंने इस बारे में बहुत भरोसे से दावा किया, पर कम-से-कम इस लेखक को तो एक भी प्रवासी अफीमची नहीं मिला। जब इतनी शिकायतें थीं और पंजाब में अफीम का नशा आम था तो सम्भव है, कुछ ने आजमाया हो और कुछ को खिलाया भी जाता रहा हो; पर जिस एक नशे की चर्चा होनी चाहिए थी, जो हुई नहीं, वह है शराब। कमाने और घर भेजने के धुन में लगे प्रवासी मजदूरों को शराबी बनने की फुरसत तो नहीं है पर पंजाब आकर उन्होंने शराब पीना जरूर सीख लिया है। जब कुछ मुफ्त के पैसे आए, मालिक बख्शीश दे या उसके घर में अवसर मिले, मजदूर शराब पीते हैं। इसने स्वास्थ्य पर चाहे जो असर किया हो, बिहारी या पुरबिया समाज में शराब को बुरा मानने की जो पक्की धारणा थी, उसे जरूर तोड़ दिया है और इसका असर अब वापस प्रवासी मजदूरों के गाँवों पर भी दिखता था। पजिअरवा-पचभिड़वा में नियमित शराब पीनेवालों की संख्या बढ़ती जा रही थी। चोरी-छिपे शराब मिलने लगी और सुरा वगैरह तो रोज ही मिल जाती थी। पर शराबबंदी ने इस पर काफी हद तक रोक लगा दी है।

ऐसे लड़के भी पंजाब में हैं या जाते रहे हैं जो वहाँ जाकर अपना पेट पाल लेने, आने-जाने का भाड़ा जुटा लाने लायक भी नहीं कमा पाते। पजिअरवा के ही भागीरथ साह (जिसकी कहानी अन्त में दी गई है) के दो बेटे पंजाब में काफी समय से हैं या रहते आए हैं। पर उन्होंने कुछ खास पैसा नहीं भेजा। अपने अध्ययनवाले गाँव बंगरा के नूरी मियाँ का लड़का भी कभी कुछ कमाकर नहीं लाया। सँपवा-भोसवा भी खास पैसा नहीं ले आ पाए। ऐसे और भी काफी उदाहरण हैं। मालिक ने पैसा रोक लिया, जेब कट गई, ट्रेन में लुटेरों ने पैसा छीन लिया, साथ के किसी मजदूर ने बेईमानी से पैसा दाब लिया, कड़ी मेहनत से बीमार होकर सारी कमाई खर्च कर बैठा जैसे बहाने इन्हें गाँव-घर के तानों से बचाते हैं। ऐसे मामले कम होते हैं, यह नहीं है। पर हर बार कुछ खास ही लोगों के साथ यह हुआ बताया जाए तो शक होगा ही।

सो, इन लोगों को छाँट दें तब भी शेष बचे अधिकांश जवान नियमित रूप से कुछ न कुछ पैसा घर भेजते हैं या खुद लेकर आते हैं। इधर एटीएम कार्ड या

किसी और के एटीएम कार्ड के सहारे कमीशन या पैसा भेजने का चलन शुरू हुआ है। वरना पहले उनका पैसा भेजना या लाना कम 'जोखिम' का काम नहीं था। मनीऑर्डर करने के लिए ड्यूटी से मुक्त होकर जाना (क्योंकि अक्सर फैक्टरी और डाकघर की छुट्टियाँ एक ही दिन होती हैं) या किसी को पैसा देकर मनीऑर्डर करने को कहने का जोखिम लेना, दोनों ही सिरदर्द हैं। बैंक में ड्राफ्ट बनवाया जाए तो और ज्यादा समय लगेगा। पर ड्राफ्ट को गाँव में अनपढ़ बीवी या बूढ़ा बाप या छोटा बच्चा कैसे छुड़ाएगा? इसलिए ड्राफ्ट बनवानेवाले कम हैं पर रकम ड्राफ्ट से भी आती है। पूर्णिया-कटिहार-अररियावाले इलाके में, जहाँ से सबसे ज्यादा पलायन हुआ है, ड्राफ्ट को कमीशन पर लेकर पैसे दे देनेवाले भी पैदा हो गए हैं। यह धन्धा सैकड़ों लोग करते हैं जो प्रमुख बैंकों के इर्द-गिर्द घूमते मिल जाते हैं। किसी घर जाते साथी के हाथ पैसा भेजने में रास्ते, उसकी जरूरत या नीयत का भी डर लगा रहता है। लंगोट के अन्दर, जाँघिए के नीचे, मोजों के नीचे, पैंट में अन्दर की तरफ सिली जेब में पैसे रखकर लाने, रास्ते में गिरहकट से बचने के किस्से आप जितना सुनना चाहें, सुनिए। मजदूरों की यात्रा में या उनके फुरसत के समय गप्प के विषयों में यह किस्सा भी एक होता है। सो अधिकांश रकम मनीऑर्डर से भेजी जाती थी जिसमें भेजनेवाले को अधिकृत कमीशन देना पड़ता है तो पानेवाले को अनधिकृत। जिन गाँवों से ज्यादा मजदूर गए हैं जहाँ ज्यादा मनीऑर्डर आता था। वहाँ अक्सर आए पैसे न मिलने, पूरे न मिलने, समय पर न मिलने की शिकायतें रहती थीं। इस अध्ययन के दौरान शायद ही ऐसा कोई ग्रामीण डाकघर होगा जिसके बारे में शिकायत नहीं सुनाई दी। पर आज बीस साल बाद मनीऑर्डर लगभग बंद हो गया है। सारा पैसा कैश या फिर बैंक खाते और एटीएम के सहारे आता है।

घरों में पैसा आने का असर घर के अन्य लोगों पर भी पड़ा है। उनका सामान्य खान-पान बढ़ गया है। गाँव के कुछ घरों में हुए इन बदलावों ने ही दूसरों को अपने बच्चे भेजने के लिए प्रेरित किया। अगर बाहर जानेवाले मजदूर के परिवार के पास कुछ जमीन है, बटाई भी कमा लेनेवाले समाँग (लोग) हैं, लकड़ी-बढ़ईगीरी, लोहारी, हजामत, धोबी, पनवाड़ी, पंसारी, बरतन-भाँड़े, रस्सी-टोकरी बनाने जैसे जातिगत काम हैं तो यह बाहर से आती आमद घर को ज्यादा खुशहाल बनाती है। अगर ऐसा कुछ नहीं है और गाँव में बचे लोगी—बीवी-बच्चे, बूढ़े-बीमार माँ-बाप—कमा-धमा नहीं सकते और इसी पैसे के भरोसे हों तो जैसे-तैसे काम चलता है, पर जिस घर से भी लड़के गए हैं (और पैसे भेजते हैं) उन घरों के लोग भी पहले से बेहतर स्थिति में हैं। हर तरह के सम्पर्क से कटे पजिअरवा पंचायत में ही इलाज करनेवाले-पानी चढ़ानेवाले दर्जन से ज्यादा डाक्टर 'पैदा' हो गए हैं। भले ही उनके पास एमबीबीएस की डिग्री न हो। पर समय से दवा मिल

जाने और पानी चढ़ जाने से हर साल कम-से-कम दर्जनों निश्चित मौतें टल जाती हैं। पहले तो गर्मियों में डीहाइड्रेशन से बच्चों की मौत बहुत आम थी। इन डाक्टरों के सक्रिय होने के पीछे पहला कारण पंजाब की कमाई से आए पैसे तो हैं ही, पंजाबी जवान के घरवालों द्वारा इलाज का महत्त्व मानकर खर्च करना भी है। आज प्राइवेट शिक्षा, ट्यूशन-कोचिंग पर भी काफी खर्च होने लगा है।

पैसे से सिर्फ पढ़ाई, इलाज ही नहीं होता। सामान्य खान-पान, कपड़े-लत्ते, घर का रख-रखाव भी सुधरता है। पंजाब में प्रवासी मजदूर चाहे जिस तरह रहे, घर लौटते समय वह खुद के लिए और घर भर के लिए कपड़े-लत्ते जरूर लाएगा। ऐसा नहीं है कि जब तक बेटा-पति-बाप पंजाब नहीं गया था, बिहार के इन गाँवों के गरीब लोग सर्दी-गर्मी नहीं काटते थे। पर पुआल ओढ़कर सोने, सस्ता ही सही, कंबल ओढ़कर सोने, स्वेटर पहनने, शाल ओढ़ने में फर्क तो है ही। उनके लिए तो और बड़ा है जो इसे सिर्फ मालिकों-बड़े लोगों की चीज ही मानते आए थे।

पंजाब जाकर कौन क्या काम करता है, कितना काम करता है, कैसे करता है—इन बातों पर जिस तरह से मजदूर की अपनी सामाजिक पृष्ठभूमि का असर दिखता है, ठीक वैसा ही असर गाँव में पंजाब की कमाई खर्च करने के मामले में भी दिखता है। अगर जाने और पैसे भेजनेवाला अगड़ा है तो उसके घर की सफाई, लेन-देन, व्यवहार, स्वागत-सत्कार का स्तर सबसे पहले बदलेगा। कपड़े-लत्ते का ढंग बदलेगा। अगर वह मँझली गाँव तथा खेती से जुड़े व्यवसायों वाली जाति का है तो उसकी कमाई का एक बड़ा हिस्सा उत्पादक निवेश के रूप में जाता है—जमीन खरीदने, खेती के उपकरण लेने, अपने काम के उपकरण खरीदने, घर बनवाने वगैरह में। दिखावे और 'व्यवहार' में उसका बड़ी जाति जितना खर्च नहीं होता। दिखावे में सबसे ज्यादा खर्च होता है सबसे पिछड़ी जातियों का, दलितों का। उनका पैसा शायद ही कभी आगे के लिए उत्पादक कामों में लगता दिखा हो। हाँ, कुछ ने ठीक-ठाक घर जरूर बनवा लिए हैं।

पजिअरवा पंचायत क्षेत्र क्षेत्रफल के हिसाब से छोटा है; पर पढ़ाई-लिखाईवाली पैदावार हो या खेती की पैदावार, दोनों में काफी उर्वर रहा है। आज ही नहीं, काफी पहले से। आज तो खेतीवाली उर्वरता बाढ़ और सूखे के चलते खत्म है। इसी चीज ने पलायन की मजबूरी पैदा की है। जिनके पास जमीन है उनमें से भी ज्यादातर परिवार के लगभग सारे ही युवा और उद्यमी लोग बाहर चले गए हैं।

पढ़ाई और सरकारी नौकरियों के मामले में आगे होकर जो गाँव से निकले हैं उनके मकानों में भी लगभग पूरे साल ताला ही पड़ा रहता है। घर-घर में विराजमान गृह देवता-गृह देवी की नियमित पूजा के लिए भी गाँव में बचे ब्राह्मण परिवार की किसी महिला या पुरुष सदस्य को जिम्मा दे दिया गया है। बदले में उन्हें नियमित कुछ पैसा, कपड़े, अनाज या फिर अधिया (आधे) पर खेती सौंप दी गई है।

अमराइयों की देखभाल और रखवाली बन्द हो गई। असली मतलबवालों को कोई मतलब नहीं रहा तो बाकी लोगों ने भी इनसे अपने जलावन की कमी पूरी की, बच्चों ने आमों को टिकोरे से ऊपर नहीं बढ़ने दिया। धीरे-धीरे करके सारी अमराई खत्म-सी हो गई।

सरकारी नौकरियों और गाँव से बाहर जानेवालों की फौज काफी बड़ी होने के चलते बगही की भी यही हालत है। 1994 में गाँव के बचे और सक्रिय लोगों में से एक नारद झा कहते हैं, "ब्राह्मण टोले की तो स्थिति एकदम बदल गई है। पहले से बहुत कमाई, खुशहाली आप घर-घर में पाएँगे, पर सारी खेती बटाई हो गई है और आँगन लीपने के लिए गोबर मिलना मुश्किल है।"

पजिअरवा हो या बगही, सबमें जमीन की मिल्कियत काफी बदली है। पहले भी इन गाँवों के ब्राह्मण या अगड़े किसान अपने हाथ से काम नहीं करते थे; पर उनको खेती की जमीन से अलग करके नहीं देखा जा सकता। उनकी पूरे दिन और साल की चिन्ता का केन्द्र खेती ही रहा था। पूरा परिवार उसी में लगा रहता था। मजदूरों को भोर में या पिछली रात में ही जाकर काम बताने, दस-ग्यारह बजे उनके लिए नाश्ता (जिसे 'पनपियाई' कहा जाता है), पानी ले जाने, खेत में साथ खड़े होकर काम कराने से लेकर मजदूरी देने तक का काम तो था ही, बैल-गाय-भैंस की देखभाल, बगीचे, अमराई की देखभाल, नए पौधे लगाने की तत्परता, तालाब, मन्दिर (अक्सर ग्राम देवी का स्थान) से जुड़ाव था। गाँव के किस व्यक्ति को क्या हुआ, इतना ही नहीं, किसके बैल, किसकी बकरी को क्या हो गया, इसकी खबर और परवाह रखना उनके जीवन का अंग था।

आज यह 'चांक' खत्म है। इसलिए अगर अधिकांश खेती बटाई पर हो रही है तो ज्यादातर बटाईदार मझोली जातियों के हिन्दू और मुसलमान हैं (इनके यहाँ से ही पलायन ज्यादा हुआ है)। साथ ही यह हिसाब भी चलता है कि गाँव की जमीन बेचकर बैंक में पैसा रखना ज्यादा लाभकर है या बटाई हुंडा (साल भर में एक तय पैदावार) पर खेत देना; गाँव की जमीन बेचकर शहर में जमीन-मकान में लगा देना ठीक है, या गाँव में ही रहने देना। बैंक में पैसा रख देने या शहर में जमीन, मकान लेनेवालों की संख्या भी अच्छी खासी हो गई है। सुगाँव पंचायत में भी यह प्रवृत्ति है; पर वहाँ जमीन का हस्तान्तरण कम हुआ है। वहाँ के सरकारी नौकरी या सेना की अफसरीवाले लोगों में भी बाहर बसनेवाली प्रवृत्ति अभी कम है। वे गाँव लौटते हैं। सड़क-रेल-बिजली-फोन उन्हें इस जगह को भी बेकार नहीं मानने देते।

पर बगही और पजिअरवा में जमीन ज्यादा बिकी है। इन गाँवों में पहले दूसरे गाँव के जमींदारों की भी काफी जमीन थी। पजिअरवा के करीब 800 एकड़ रकबे में बाहर के जमींदारों के पास लगभग 200 एकड़ जमीन थी। छपरा जिले के मूल

निवासी यहाँ के जमींदार थे जिनके वंशज अब मोतिहारी और गोपालगंज में रहते हैं। उस परिवार ने अपनी लगभग सारी जमीन बेच दी। किसी एक हिस्सेदार की दस एकड़ जमीन मुश्किल से बची होगी। मोतिहारी के साव (बनिया) लोगों की काफी जमीन थी जो या तो बिक चुकी है या गाँव के लोगों द्वारा कब्जा कर लिए जाने से मुकदमे में फंसी है। मोकलिसपुर, बसघटिया, चैनपुर के कई लोगों के पास भी इस गाँव की काफी जमीन थी। आज यह सब स्थानीय लोगों के पास है।

ज्यादातर जमीन मुसलमानों और मझोली जातियों के लोगों ने ली है—पंजाब जाने या वहाँ की कमाई के चलते नहीं, पहले से मौजूद उद्यमशीलता के चलते। कुछ जमीन ब्राह्मणों ने भी ली है; पर पिछले दस वर्षों में ब्राह्मणों और ठाकुरों में सिर्फ उन्हीं तीन-चार परिवारों ने थोड़ी-बहुत जमीन खरीदी है या बन्धक पड़ी जमीन छुड़ाई है जिनके घर के मर्द पंजाब गए हैं। इन वर्षों में मझोली जाति या मुसलमानों के करीब 20 वैसे ही परिवारों ने जमीनें खरीदी हैं, जिनके मर्द-बच्चे पंजाब में हैं। पर पूरे पजिअरवा पंचायत में पंजाब की कमाई से दो एकड़ या उससे ज्यादा जमीन खरीद सकनेवाले सिर्फ दस से ज्यादा परिवार हैं—मुसलमान, राजपूत और बरई। तीनों ही के एक से ज्यादा सदस्य वहाँ नियमित तौर पर रहते हैं। तीनों ही परिवार के पास गाँव पर घर को ठीक से चला लेनेवाले और अपनी छोटी जोत को भी तत्परता से करनेवाले तथा कमाऊ पशुओं की देखभाल करनेवाले औरत-मर्द सदस्य मौजूद हैं। ये प्रवासी खुद भी घर आकर मुख्य कामों में मदद कर जाते हैं। इनके जमीन खरीदने में गाँव की पैदावार तथा पशुओं की बिक्री की रकम भी लगी होती है—कम या ज्यादा मात्रा में। इनमें एक असलम तो काफी पैसे कमा रहा है। उसने ठेकेदारी तथा दूसरे व्यवसाय भी शुरू किए हैं। उसे घर आने की फुरसत कम रहती है तथा उसे अब गाँव में निवेश खास लाभकर नहीं लगता। उसने पड़ोस के शहर सुगौली में भी जमीन ली है।

इन तीनों 'उजियाते' परिवारों के सदस्य कम-से-कम दस वर्ष पहले ही पंजाब गए थे, बिना परिवार के। शिवनाथ भगत और उसके भाई तो लगभग 30 वर्ष से वहाँ हैं। पर आधे से एक एकड़ जमीन खरीदनेवाले करीब 16-17 परिवारों में से किसी ने भी बहुत कम समय में जमीन नहीं खरीदी है। 5-7 साल की 'रगड़ाई' तो कम-से-कम हुई है। हाँ, अपनी बन्धक जमीन या 'जरपेशगी' पड़ी जमीन को छुड़ा लेना काफी हुआ है, क्योंकि यह जमीन बाजार भाव से काफी कम पर दूसरे के पास पड़ी होती है।

पर जब हम इन तीन या बीस की तुलना में लगभग उन डेढ़ सौ परिवारों को देखते हैं जिनके एक, दो या तीन सदस्य मिलकर पंचायत सें स्थायी रूप से जानेवाले 300 लोगों की फौज बनाते हैं तो हमें अधिकांश परिवारों की स्थिति में कोई ज्यादा फर्क नहीं दिखता। इनमें से करीब सौ परिवारों ने पंजाब और गाँव की कमाई (घर

के सदस्य या सदस्यों के बाहर चले जाने से खेती की उपज खानेवालों की संख्या घटती है और कुछ बचत भी होने लगती है) से अपने घर को दुरुस्त कर लिया है। एक घर या पक्की कोठरी बनवा ली है। किसी ने बरामदा डलवा दिया है। किसी ने पूरा 'चौपार' घर बना लिया है या शुरू कर दिया है।

पजिअरवा के सर्वेश कहते हैं लोगों के बाहर जाने से ही पंचायत के सभी चैन से रोटी खाते हैं। उनका अंदाजा है कि 20 साल में 3000-3500 लोग बाहर गए हैं।

इन तीन गाँवों में ही नहीं, उत्तरी और पूर्वी बिहार के गाँवों में स्थानीय खर, बाँस, रस्सी या मिट्टी के अच्छे घर बनते रहे हैं जो सस्ते और ठीक होते थे; पर इनमें हर साल खर बदलने के झंझट, आग लगने का डर, बाढ़ में भहराकर बैठ जाने की आशंका रहती थी। सो पक्के ईंट के घर सिर्फ समृद्धि और शहरी प्रभाव के चलते ही नहीं बनते थे। आज पंजाब की कमाई आने पर जो परिवार पैसे निकाल सकता है, वह घर का, उसके किसी हिस्से को पक्का करने जैसे काम करा लेता है। सर्वेक्षणवाले गाँवों में ईंट की नींव और ईंट के खंभों पर फूस की टाट लगा-चढ़ाकर काफी अच्छे मकान कई लोगों ने बनवाए हैं। इनको ऊपर से मिट्टी से लीप देने से आग का खतरा भी कम हो जाता है और ये टिकाऊ भी होते हैं। पूर्णिया, अररियावाले इलाके में, जहाँ ज्यादा बारिश होती है, वहाँ फूस की छप्पर पर टीन चढ़ा दी जाती है जिससे यह टिकाऊ हो जाती है। वहाँ टीन चढ़ाना समृद्धि की निशानी है। पंजाब जानेवाले काफी सारे जवानों के घरों पर भी छप्पर चढ़े हैं।

खाना, पहनना, ओढ़ना और स्वास्थ्य के बाद मकान का नम्बर आता है। प्रवासियों की कमाई और सरकारी योजनाओं के चलते अब कच्चे मकान कम रह गए हैं। बड़ा चौपार बनाना भी प्रवासियों का शौक है। और इसके बाद भी या इसमें कंजूसी करने से भी अगर कुछ पैसा निकला (और उसमें घर से भी कुछ योगदान हो गया) तो प्रवासी मजदूर जमीन पर नजर दौड़ाता है। उसे निवेश का दूसरा रास्ता मालूम नहीं है। अपने पुरखों को भी जमीन के लिए तड़पते देखने के बाद उसके मन में जमीन लेना ही सबसे बड़ी कमाई होती है। इसलिए जब कमाई हो तो बाकी सारे खर्चों में कंजूसी करके भी जमीन खरीदी जाती है। यह प्रवृत्ति अध्ययनवाले गाँवों में ही नहीं, पूरे बिहार में है (जमीन का मोह तो पंजाब के किसानों में और ज्यादा है)।

हमारे-आपके पास पैसा हों तो हम कहीं भी जमीन ले सकते हैं। जहाँ जमीन सस्ती हो, उपजाऊ हो, वहीं जाएँगे; पर इन प्रवासी मजदूरों के साथ ऐसा नहीं होता। गाँव के बाहर की जमीन लेने की ये सोचते भी नहीं। सो जिस गाँव से जितने बड़े पैमाने पर पलायन हुआ है उसमें जमीन की कीमत उतनी ही ज्यादा है।

जिन गाँवों का विशेष अध्ययन इस लेखक ने किया, उसमें समृद्धि और सुविधा के लिहाज से सुगाँव सबसे अच्छा है, पर उस गाँव में जमीन की दर इन सब गाँवों की तुलना में कम है। सुविधा-समृद्धि के मामले में सबसे पिछड़े पजिअरवा-पचभिड़वा गाँव में जमीन की कीमत सबसे ज्यादा है। खेती की जमीन कैसी है, भाव इसी हिसाब से ऊपर-नीचे होते हैं। पर यह चार से पाँच लाख प्रति एकड़ होगा, सुगाँव में यह दो-ढाई लाख रुपए प्रति एकड़ है। रिहाइशी जमीन या दुकान लायक जमीन की दरें तो पास के शहरों से मुकाबला करती हैं।

जमीन की कीमत बढ़ने के अलावा भी गाँव में काफी बदलाव आए हैं। एक बदलाव तो 'डॉक्टरों' और इलाजवाला ही आया है, जिसका जिक्र पहले हो चुका है। सो गाँव पीछे पाँच आदमी अगर 'डॉक्टर' का रोजगार पा गए हैं तो दो-तीन ने दवा की दुकान भी खोल ली है। जब इलाज करानेवाले हों, खरीदार हों, तो बेचनेवाले क्यों न आएँ! पजिअरवा में दवा की चार दुकानें हैं, पचभिड़वा में दो, बगही-धरमिनिया में करीब दस। पजिअरवा-पचभिड़वा के लोग रघुनाथपुर बाजार या रामगढ़वा बाजार से भी दवाएँ लाते हैं जहाँ से पहले पूरी दवाएँ आती थीं।

गाँव में पैसा आया है तो अन्य रोजगार भी शुरू हो गए हैं। फेरी लगाकर सब्जियाँ और फल बेचा जाता है। ऐसा काफी पहले भी होता था खास तौर से पजिअरवा जैसे एकदम कटे हुए गाँवों में; पर तब वहाँ धान की समृद्धि थी। बीच में क्रम टूट गया था। अब तो यहाँ पचभिड़वा और बगही में लोग रोज फेरी लगाकर फल-सब्जी बेचते हैं। दूध-दही की बिक्री पहले भी होती थी, पर अब गाँव का दूध जमा करके शहर भेजने के रोजगार में लोग लग गए हैं। गाँवों में किराने, खाद, डीजल तथा कपड़े की दुकानें खुल गई हैं। बगही-चैनपुर बाजार स्टेशन के ज्यादा करीब हैं तो वहाँ कम दुकानें खुली हैं। पजिअरवा, श्यामपुर, पचभिड़वा में ज्यादा खुली हैं। बाजाप्ता स्थायी बाजार सा बन गया है। मोबाइल कार्ड और डिश का कार्ड भराना एक नया धंधा है। डीजल गाँव-गाँव में मिलता है और इन बीस वर्षों में एक पंप भी खुल गया है। सो यह निष्कर्ष निकाला जा सकता है कि गाँव में पैसा आता है तो वह 'बँटता' भी है, नया पैसा सामान-सुविधा पैदा करता है।

पर इन गाँवों पर सबसे ज्यादा असर तो गाँव से जवान पुरुषों के निकलने का ही पड़ा है। पढ़े-लिखे और बेहतर आर्थिक पृष्ठभूमिवाले पहले निकल गए। उनमें जो बचे उन्होंने चावल, आटा, चिवड़ा का मिल लगा लिया। तेल पेरने-निकालने का मिल लगा लिया। ट्यूबवेल गड़वा लिया। पम्प सेट खरीद लिया। ट्रैक्टर ले लिया। भाड़े पर चलनेवाली गाड़ियाँ ले लीं (बगही और सुगाँव पंचायत में ऐसी जीप, कारें, मिनी बस हैं)। ये कमाई कराती हैं, मजदूरों की कमी की भरपाई

करती हैं तथा नए मजदूरों के विदा होने का कारण बनती हैं। पर दूर-दराज के हर गाँव से भारी संख्या में मजदूरों के निकल जाने से गाँव सूने पड़ गए हैं। उनमें रमन-चमन गायब हो गई है। बेकार बैठे रहनेवाले युवकों का उत्पात भी कम हो गया है। जैसे पजिअरवा, बगही वगैरह में पहले तैयार अनाज काट लेने, भैंस चरा देने, काटकर सूखने के लिए रखे अनाज में दाने निकाल लेने, चारे के लिए तैयार दलहन को उजाड़ लेने जैसी छोटी-मोटी चोरियाँ खूब होती थीं। आज गाँव में यह काफी कम हो गया है।

पर इन गाँवों में मजदूरों का घोर अकाल भी हो गया है। गाँव में औरतों, बूढ़ों और अपंगों के अलावा मुट्ठीभर स्वस्थ जवान लोग रह गए हैं। सो अब ये जवान भी मोल-तोल करके मजदूरी बढ़वाने में सफल हो रहे हैं। ये लोग तो आम तौर पर ठेके पर काम करते हैं—धान का बीज उखाड़ना हो (जो रोपनी से ज्यादा मेहनत का काम है), पुआल काटना हो, लकड़ी काटना-फाड़ना हो, खेत खोदना हो—ठेका लेकर ये भी 'पंजाबी जवान' की तरह भोर में कौवा बोलने के समय से लेकर शाम तक जान लगाकर काम करते हैं और औसत मजदूरी से डेढ़-दोगुना कमा लेते हैं। पर रोपनी के 'ताक' पर चाहे बूढ़ी औरत आए या 12-13 साल का बच्चा, सबको पहले से कई गुना दिहाड़ी मजदूरी मिलने लगी है। 200 रुपए रोज से कम पर काम करने नहीं हैं। पर साल भर का काम नहीं है।

पहले खेती अच्छी थी, सस्ती थी, 'चांक' भी ज्यादा था। आज की खेती अच्छी करने का सीधा-सा मतलब है—खर्च ज्यादा करना। अपने अध्ययनवाले गाँवों में बाढ़ के चलते (यह किस्सा पूरे उत्तरी और पूर्वी बिहार का है) धान और खरीफ की अन्य फसलों का भरोसा नहीं रह गया है। दो-तीन बार तक रोपनी (एक बार के बीज बाढ़ में निकल जाएँ तो फिर से रोपनी करा दी जाती है) के बाद भी भरोसा नहीं रहता कि दरवाजे तक धान आ भी पाएगा या नहीं। 15 जून से लेकर देर अक्टूबर तक बरसात कोई भी 'खेल' कर सकती है। कभी सूखा पड़ जाए तो कभी तैयार धान खेत में ही गल जाए।

ऐसी स्थिति में अधिक कायमी खेती रबी की है—खास कर गेहूँ की, जो शुद्ध रूप से 'पैसा फेंको तमाशा देखो' ही है। उसमें भी सिंचाई सुविधाओं का अभाव या बेमौसम बरसात से बरबादी का डर तो रहता है पर कमोबेश यही अब पश्चिमी और उत्तरी बिहार की सबसे प्रभावी फसल हो गई है। पजिअरवा, पचभिड़वा, बगही, चैनपुर वगैरह में अभी हाल तक गेहूँ सिर्फ छठ में (जो इस इलाके का सबसे बड़ा पर्व है) पूजा के लिए ठकुआ पकाने वगैरह के लिए उपयोग होता था, आज नियमित एक वक्त का भोजन बन गया है। गेहूँ का बीज प्रायः हर साल खरीदना होता है। उसके लिए खास-खास रासायनिक खाद हैं, कीटनाशक हैं। उन्हें भी किसान घर में नहीं बना सकता। भीषण सर्दी में फसल को सींचना,

लगाना होता है। पानी 'खरीदना' पड़ता है, पम्प से। पर एक ही भरोसा है कि सब लगाकर भी कुछ न कुछ लाभ ही होगा। आज धान की खेती में वह भरोसा भी नहीं है।

गेहूँ की फसल में कम-से-कम दो बार पानी देना ही होता है। अपने पम्प सेट, हल, बैल, हलवाहा रखना मुश्किल होता जा रहा है—इस पलायन के दौर में और भी। सो ट्रैक्टरों का जोर बढ़ रहा है। गेहूँ की दौनी मुश्किल चीज है। कई-कई दिन लगातार बैल घुमाने पर भी पूरे दाने सफाई से नहीं निकल पाते। पर जब मजदूर, बैल सबका अभाव हो तो थ्रेशर आएँगे ही। खेती के अन्य बदलावों के मामले में तो उतना नहीं, पर थ्रेशर विशुद्ध रूप से तभी से आने लगा है जब से मजदूरों का पंजाब जाना बढ़ा है और आज पजिअरवा, पचभिड़वा, बगही में गेहूँ निकालने का लगभग पूरा ही काम थ्रेशर से होने लगा है। पंपिंग सेट, ट्रैक्टर, थ्रेशर और चावल, आटा-चिवड़ा मिल जैसी मशीनों का चलन बढ़ा है और बिजली का दूर-दूर तक पता नहीं है, सो डीजल की खपत बढ़ती जा रही है। 20 वर्ष पहले की तुलना में बिजली का प्रसार हुआ है पर उसके भरोसे कोई काम नहीं हो सकता। इन दस गाँवों में मुश्किल से तीन या चार पंपिंग सेट थे, एक या दो ट्रैक्टर थे, आज पजिअरवा में 30 पंपिंग सेट, 30 थ्रेशर मशीनें; बगही में 75 ट्रैक्टर, 43 पंपिंग सेट, 36 थ्रेशर; सुगाँव में 13 ट्रैक्टर, 50 पंपिंग सेट, 45 थ्रेशर हैं। बगही और सुगाँव पंचायत के लोग तो आम तौर पर सीधे पेट्रोल पम्पों से डीजल लेते हैं; पर पजिअरवा में बाजार से एक रुपए लीटर ऊँची कीमत पर डीजल मिलता है और सीजन में खूब बिकता है।

खेती में सिर्फ धान, गेहूँ में फर्क नहीं आया है, और भी बदलाव हुए हैं। जैसे सब्जियों की खेती खूब बढ़ी है। इस अध्ययन में आनेवाले दस गाँवों की लगभग आधी आबादीवाले इलाकों—पूरा सुगाँव पंचायत और बगही पंचायत के ननकार और सिरखिंडी गाँव—में सब्जी की खेती बहुत बड़ी है। यह पहले भी थी, पर अब उससे कहीं ज्यादा है। गाँवों से फुलवाड़ी, बाँसवाड़ी, घर बनाने के मैदान गायब हुए हैं। चरागाह कम हुए हैं। पजिअरवा में ही चरागाह और श्मशान की सार्वजनिक जमीन पहले काफी थी, अब नाममात्र की रह गई है।

और इन दसेक गाँवों से निकले निष्कर्षों को हम चाहें तो पूरे बिहार पर लागू कर सकते हैं। किसी एक-दो पैमानों से बिहार पर इन लाखों मजदूरों के निकलने के असर को नहीं मापा जा सकता। मजदूर का अपना स्वास्थ्य, अपनी आदतों, परिवार की स्थिति, उसके मकान की स्थिति, उसका जमीन भी लेना हर कहीं हुआ है। पर प्रदेश की आर्थिक समृद्धि के किसी चार्ट को ऊपर के आँकड़ों में दिखाने लायक कोई क्षेत्र है तो वह है गाँवों में न्यूनतम मजदूरी बढ़ने जैसी छोटी चीजें या फिर खेती में बदलाव और (अगर इसे सुधार मानें तो) सुधार। यह विवाद का

विषय रहेगा कि धान-रबीवाली पुरानी व्यवस्था सस्ती, अच्छी, धरती के लिए आरामदायक और उपजाऊ थी या अब वाली।

बिहार से मजदूरों के जाने और कमाकर पैसा भेजनेवाली प्रवृत्ति पर गम्भीर अध्ययन तो कम हुए हैं पर बैठे-बैठे इससे बड़े और काल्पनिक निष्कर्ष निकालने के काम काफी हुए हैं। मजदूरों के ऐसे ही पलायन से समृद्ध हुए इलाकों से बिहार की तुलना की जाने लगी है, पर मजदूरों का पलायन आजाद भारत के लिए कोई नई चीज नहीं है। आजादी के पहले भी कलकत्ता की फैक्टरियों और असम के चाय बागानों ने बड़ी संख्या में बिहारी मजदूरों को आकर्षित किया था। मुम्बई ने पूर्वी उत्तर प्रदेश, आंध्र और गुजराती मजदूरों को बुलाया था। उत्तर प्रदेश के पहाड़ी लोग इसी तरह दिल्ली आए थे। अमीर और गरीब इलाकों के बीच यह रिश्ता रहा है और आजाद भारत में यह धारा मजबूत ही हुई है। इससे अमीर इलाके ज्यादा अमीर हुए हैं, गरीब ज्यादा गरीब। और विडंबना यह है कि अमीरों की अमीरी में गरीब इलाके के लोगों की बड़ी भूमिका रही है, और कमाऊ जवान लोगों के जाने से गरीब इलाकों की दरिद्रता बढ़ी है।

पर सत्तर के दशक में जब केरल के गाँव-गाँव में पढ़े-लिखे ही नहीं, अनपढ़ जवान लड़के-लड़कियों का पलायन शुरू हुआ तो एक नया ही अनुभव देश को हुआ। केरल से पलायन पहले भी होता रहा था, पर खाड़ी के देशों में 'पेट्रो क्रान्ति' के बाद तो लगभग पूरा ही जवान केरल से वहाँ जाने की लाइन में लग गया और तत्काल केरल में समृद्धि आने लगी। वहाँ हर गाँव में खेती सुधर गई, बागबानी (नारियल, रबड़, मसाले) बढ़ी, छोटे उद्योग लगे, घरों की स्थिति सुधरी, शिक्षा और स्वास्थ्य में आश्चर्यजनक सुधार हुआ, और तो और अखबारों और पत्रिकाओं-किताबों की बिक्री में भी आश्चर्यजनक वृद्धि हुई।

सो जब अस्सी के दशक में बिहारी मजदूरों के पंजाब, दिल्ली और फिर पश्चिमी उत्तर प्रदेश, हरियाणा, सूरत, चंडीगढ़, जयपुर, जम्मू तक जाने का क्रम बड़े पैमाने पर शुरू हुआ तो काफी सारे लोगों को एक नया केरल बनता नजर आया। एक-एक गाँव के सैकड़ों जवान मजदूर बाहर गए और अगर उन्होंने पाँच सौ, सात सौ भी बचाकर (या पेट काटकर) घर भेजे तो हर गाँव में लाख दो लाख का मनीऑर्डर पहुँचने लगा। बाहर गए ऐसे मजदूरोंवाले परिवारों ने गाँव में थोड़ी-बहुत जमीन भी खरीदनी शुरू कर दी।

लालू-राबड़ी राज में बिहार की विकास दर ऋणात्मक हो गई। प्रति व्यक्ति आय में कमी आई। गरीबी रेखा के नीचे जीवन बसर करनेवालों की संख्या बढ़ी। पूँजी का पलायन बढ़ा। औद्योगिक उत्पादन गिरा। सिंचाई के साधन नहीं बढ़े। सड़कों और रेल सेवा की हालत खराब हुई। राज्य पर उसकी कुल परिसम्पत्तियों से ज्यादा का कर्ज हो गया। कर्मचारियों को वेतन देना भी मुश्किल हो गया।

इस परिदृश्य में यह सहज कल्पना की जा सकती है कि खेती में भी अन्य क्षेत्रों की तरह गिरावट आई रहती, पर ऐसा नहीं है। खेती में हुई प्रगति का श्रेय बिहार की सरकारों को नहीं जाता। जनता राज में ही नहीं, मिश्र राज, सिंह राज, दूबे राज, झा राज के पिछले बीस वर्षों में भी न तो भूमि सुधार के लिए कोई कदम उठा है, न सिंचाई की सुविधा के लिए; न तो बिजली का उत्पादन-वितरण बढ़ाने का काम हुआ है, न सूखा-बाढ़ रोकने का ही। किसानों को खाद, बीज, कीटनाशक नहीं दिए और न बेहतर ढंग की मशीनें उपलब्ध कराई गई हैं।

पर खेती से जुड़े हर आँकड़ों में साफ प्रगति दिखती है। खाद, बीज, कीटनाशकों की खपत हो या ट्रैक्टर, पम्प सेट और थ्रेशरों की बिक्री का, हर मद में उल्लेखनीय वृद्धि हुई है। यह किसानों-मजदूरों का अपना पूँजी निवेश है।

बिजली न रहने से सारा काम डीजल सेटों के जरिए करना पड़ रहा है और बिहार में डीजल की खपत बड़ी तेजी से बढ़ी है। 1980-81 में यह 1407 हजार टन थी, जो 1993-94 में 3336 हजार टन हो गई थी। रासायनिक खादों की खपत 1975-76 में 135 हजार टन से बढ़कर 1992-93 में 596 हजार टन हो गई। इस दौरान प्रति हेक्टेयर खाद की खपत 12.5 किलो से बढ़कर 57.2 किलो हो गई। डीजल पम्प सेट 1968-69 में मात्र 28 हजार थे जब कि 1987-88 में 211 हजार हो गए थे।

आँकड़ों के इस खेल में न भी पड़ें तो एक आँकड़े का उल्लेख बहुत जरूरी है। बिहार की खेती में खरीफ फसल और खास कर धान की पैदावार में कोई खास वृद्धि नहीं हुई है। धान के मामले में तो एक अजीब प्रवृत्ति देखने को मिल रही है। सत्तर के दशक की तुलना में अब तथाकथित उन्नत किस्म के धान की खेती कम हुई है। पर पिछले 30-35 वर्षों में बिहार में रबी की पैदावार काफी बढ़ी है। इसमें भी गेहूँ की खेती काफी बढ़ी है। गेहूँ उगाने में काफी खर्च और मेहनत लगती है। पर रबीवाली अन्य फसलों की तुलना में इसकी उपज ज्यादा है। हाल में बाढ़ से प्रभावित पूर्वी बिहार में गरमा धान और मकई की खेती भी बड़े पैमाने पर शुरू हुई है।

और लगभग इसी अवधि में पंजाब में रबी की पैदावार स्थिर हो गई है और अगर इसमें वृद्धि भी हुई है तो बहुत मामूली। पंजाब में खेती में जो भी बढ़ोतरी हुई है वह विशुद्ध रूप से धान की खेती में ही है। बिहार में ठीक उलटी धारा है। वहाँ से मजदूर निकले कि खरीफ की फसल पूरी तरह मानसून और बाढ़ पर आश्रित है। पर अपने दम पर धरती के नीचे से पानी निकालकर रबी और खास कर गेहूँ की खेती करना मजदूरों ने सम्भव कर दिखाया है। इसमें पंजाब में लाख मुश्किलें सहकर-पेट काटकर जमा किए गए कुछ पैसों की अपनी भूमिका है।

पंजाब और बिहार एक दूसरे की समृद्धि में सहयोगी दिखते हैं और इसी के आधार पर खाड़ी और केरल के विकास का उदाहरण रखा जाने लगा है। खाड़ी के

मुख्य पेट्रोलियम पदार्थों की खपत

('000 टन)

राज्य	डीजल तेल	किरासन	ईंधन		मोटर स्पिरिट	नेप्था	घरेलू ईंधन	उड़ानों में प्रयुक्त ईंधन	डीजल	अन्य टन	हजार	प्रतिशत
बिहार	1,530	578	433	87	155	119	86	27	176	198	3,389	6.0
हरियाणा	945	153	271	140	116		88	24	31	89	1,857	3.3
हिमाचल प्रदेश	122	37	5	7	23		14		2	14	223	0.4
ओड़ीसा	504	156	273	15	56	108	25	13	14	76	1,240	2.2
पंजाब	1,314	328	569	183	219	57	118	62	42	161	3,053	5.4
राजस्थान	1,487	268	69	120	136	171	106	45	40	153	2,595	4.6
उत्तर प्रदेश	3,187	928	179	162	340	603	322	59	119	353	6,252	11.0
भारत	24,451	8,585	5,286	3,615	3,994	3,382	2,873	1,586	1,404	4,029	59,205	100.0

स्रोत : सेंटर फॉर मोनिटरिंग इंडियन इकोनॉमी।

देशों की तरक्की कुछ और ज्यादा तेजी से हुई थी। सो केरल का विकास भी उसी के अनुपात में तेज हुआ। पंजाब में प्रगति खाड़ीवाली रफ्तार में नहीं है, सो बिहार में भी असर धीमी रफ्तार से ही पड़ रहा है।

पर वह व्याख्या पूरी तरह सही नहीं दिखती। खेती और उसके भी एक अंग में जरूर वृद्धि हुई है। पंजाब में हरित क्रान्ति लाने या उसकी वाहवाही लूटनेवालों का मानना है कि इस क्रान्ति से इलाके का विस्तार हो रहा है, पूरब की ओर। पहले हरियाणा, पश्चिमी उत्तर प्रदेश इसके दायरे में आए। फिर पूर्वी उत्तर प्रदेश और पश्चिमी बिहार की बारी थी और अब उत्तरी और पूर्वी बिहार में इसका विस्तार हो रहा है। इस तर्क में भी पर्याप्त दम है।

लेकिन बिहार को केरल के रास्ते पर चलते देखने के खिलाफ सबसे बड़ा तर्क तो यह है कि बिहार की प्रगति गरीब, भूमिहीन, जान पर खेलकर पंजाब से चार पैसे कमा लानेवालों की आय, उनकी उद्यमशीलता और उनकी ताकत भर से नहीं होने वाली है। अगर एक रिक्शावाला, एक ठेलेवाला, एक दिहाड़ी मजदूर पेट काटकर हर महीने सात-आठ सौ रुपए तक बिहार भेज देता है तो इतनी रकम घर में बैठी बीवी, बच्चे, माँ-बाप की बुनियादी जरूरतों को भी पूरा करने के लिए पर्याप्त नहीं है। अगर अपनी बचत का कुछ भाग वह या उसके परिवार के अन्य सभी कमाऊ सदस्य मिलजुलकर खेत खरीदने, पम्प सेट लेने, डीजल खरीदने में खर्च करते हैं तो इतने भर से कोई हरित क्रान्ति नहीं आनेवाली है।

बिहार में आज भी बड़े-बड़े सामंतों के पास जितनी जमीन बेकार पड़ी है, उसका ठीक से बँटवारा हुए बगैर किसी हरित क्रान्ति की शुरुआत भी नहीं हो सकती। फिर हजार-दो हजार रुपए की रकम भले ही दो-चार कट्ठा जमीन खरीदने, उसमें बहुत अच्छी खेती करने के लिए पर्याप्त है, पर पूरे राज्य के पैमाने पर यह ऊँट के मुँह में जीरे के समान ही है। अगर सिंचाई (और उद्योग) के लिए बिजली की बड़ी परियोजनाओं, नहरों में होनेवाले अरबों के निवेश की जगह कोई अन्य पद्धति भी अपनाई जाती है तो तालाब, कुएँ, छोटी नहरें, छोटे उद्योगों के लिए ही भारी निवेश की जरूरत होगी। दुखद यह है कि हर मामले में प्रगतिशील नजरिया रखनेवाले बिहारी मुख्यमंत्री नीतीश कुमार जमींदारी उन्मूलन और खेत बाँटने के सवाल पर ही भड़क जाते हैं।

इस निवेश से भी ज्यादा जरूरत समाज के मौजूदा प्रभावी और शासक जमात में इसके प्रति चेतना आना है। जब तक नेता, जमींदार, अधिकारी, ठेकेदार हर चीज को लूटने में ही जुटे रहेंगे तब तक स्वस्थ विकास सम्भव नहीं है। अपने बाल-बच्चों को प्रदेश से बाहर, देश से बाहर भेजकर पढ़ाने का क्रम भी बिहारी मजदूरों के पंजाब जाने के साथ ही शुरू हुआ है और यह संयोग नहीं है कि इसी के साथ बिहार में शिक्षा व्यवस्था पूरी तरह चौपट हो गई है।

सो भारी निवेश का मामला हो या नेतृत्व की पहल का, बाहर की कमाई से से आनेवाले रकम की मात्रा हो या शिक्षा-स्वास्थ्य में सुधार का, कहीं भी बिहार और केरल में तुलना सम्भव नहीं लगती। बिहार की तुलना पहाड़ से की जा सकती है। मुम्बई-कलकत्ता गए मजदूरों से की जा सकती है। आजादी के पहले ही नहीं, साठ के दशक तक खुद बिहार के भोजपुरीवाले इलाके से काफी बड़ी संख्या में मजदूर कलकत्ता के कारखानों और असम के चाय बागानों में गए थे। उन्होंने भी मनीऑर्डर भेजा। उनके यहाँ भी घड़ी-छड़ी, जूता, रेडियो आया था। और यह कहावत ही चल पड़ी थी कि 'बाटा-टाटा की कमाई, जूता-छाता में उड़ाई'। आज उतना पैसा उड़ाया नहीं जाता है।

अगर हम ज्यादा दूर न जाकर खुद बिहार के अन्दर ही पलायनवाले और बिना पलायनवाले क्षेत्रों में तुलना करें तो पाएँगे कि 20 वर्षों में ज्यादा समय से बाहर से कमाकर घर भेजने की शुरुआत होने के बावजूद ये इलाके अपने प्रदेश के ही अपेक्षाकृत समृद्धि इलाकों या शहरों की बराबरी पर भी नहीं आ पाए हैं। उत्तरी और पूर्वी बिहार या फिर पूर्वी उत्तर प्रदेश और पश्चिमी ओड़िसा ही अपने प्रदेशों के सबसे पिछड़े इलाके हैं तथा ये और भी पिछड़ते जा रहे हैं।

यह निष्कर्ष विशेष अध्ययनवाली तीन पंचायतों से भी निकलता है। पजिअरवा पंचायत से करीब तीन हजार लोग बाहर गए हैं, जिनमें छह सौ पंजाब गए हैं। कई लाख का मनीऑर्डर आता था। कई लाख बाहर भी खर्च होता होगा। पर आज भी सुगाँव पंचायत में ज्यादा खुशहाली है, ज्यादा सुविधाएँ हैं, ज्यादा समृद्धि है। बगही पंचायत इन दोनों के बीच की स्थिति वाली है और पजिअरवा या उससे और भी दूर-दराज के इलाकों में बसे गाँवों से ऊपर है। सुगाँव का पानी ठीक नहीं है, इन गाँवों का पानी अच्छा है, यहीं की जमीन अच्छी है, हवा अच्छी है, नदी है। पर अब मूल्यांकन का आधार और फायदा दूसरे क्षेत्रों में है। सुगाँव संचार साधनों से जुड़ा है। कहीं भी निकलना हो, रात-दिन का कोई फर्क नहीं है। फोन आना, करना बच्चों का खेल है। घर-घर टीवी और डिश है। कमाऊ खेती और कमाऊ काम या जाना आसान है। पजिअरवा सारी प्राकृतिक सम्पदा के रहते हुए इतने लोगों की बाहरी कमाई लाकर भी उसकी बराबरी नहीं कर पा रहा है।

हम जब कभी भी पलायन के विशुद्ध असर को बिहार पर देखेंगे तो यह हमें न तो पूरे प्रदेश की अर्थव्यवस्था के स्तर पर खास दिखेगा, न इसके कृषि, उद्योग और न ही सेवा क्षेत्र जैसे नए विभाजनों पर। राजनीति पर तो इसका कोई असर है ही नहीं, वरना ये मजदूर इतने उपेक्षित नहीं रहते। सिर्फ संख्या के बल पर जिस तरह से पंजाब के समाज वहाँ की राजनीति में अभी या आगे एक बड़ा कारक बन जाने की सम्भावना रखते हैं वैसा भी बिहार के सन्दर्भ में नहीं दिखता। सौ-पचास मजदूर बाहर जाकर मर जाएँ, इससे भी खास फर्क नहीं पड़ता क्योंकि खुद बिहार

में हिंसक वारदातों में हर साल औसतन 5000 से ज्यादा लोग मरते हैं। पंजाब में आतंकवाद जब अपने भीषण रूप में था तब भी इतनी मौतें वहाँ नहीं हुई थीं। और जो राज्य सरकार सरकारी अस्पतालों में परची, बस का टिकट, यूनिवर्सिटी की डिग्री तक का कागज उपलब्ध कराने की स्थिति में न हो, उससे यह उम्मीद तो नहीं की जा सकती कि वह इतनी जल्दी बिहार को स्वर्ग बना देगी, जिसमें अपने मजदूर तो लौट आएँगे ही, बाहर के लोग भी आकर्षित होकर पहुँचेंगे।

मजदूरों के पलायन का जो भी असर बिहार पर पड़ रहा है वह बहुत कुछ व्यक्तियों के निजी जीवन, उनके घर-परिवार और वहाँ के सामाजिक सम्बन्धों पर ही है। जिस तरह से पलायनवाले इलाके अपने मजदूरों को बाहर भेजकर किसी तरह भी अपने से थोड़ा बेहतर स्थितिवाले इलाकों, शहरों वगैरह की बराबरी पर आने की असफल कोशिश कर रहे हैं, इसी तरह इन गाँवों के गरीब भी बाहर जाकर गाँव के ही अपने से मजबूत स्थितिवालों के बराबर पहुँचने की कोशिश करते हैं। अगर गाँव से गया मजदूर वापसी पर दिल्ली सेट-पंजाब सेट ट्रांजिस्टर जोर-जोर से बजाते हुए गाँव के जमींदार के दरवाजे से गुजरता है तो उसे यह आवाज सुनाकर एक आनन्द आता है, कहीं न कहीं बराबरी पर आने का अहसास होता है। और अगर जमींदार के यहाँ से कोई तीखी टिप्पणी आ जाती है तो उसे अपना प्रयास सफल होने का सन्तोष मिलता है।

समाज में व्यक्ति का मूल्यांकन किसी तय फार्मूले या एक-दो चीजों के आधार पर नहीं होता। उसमें पैसा, शिक्षा, जाति, व्यवहार, उम्र जैसी काफी सारी चीजों का अपना-अपना वजन होता है। सो पंजाब से जाकर कुछ पैसा कमा लाए, कुछ नई बातें सीख आए, व्यवहार सुधार आए लोगों का मोल गाँव में बढ़ता ही है। जो लड़का कल तक तैयार धान-रबी चराकर भैंसों का दूध बढ़ाने का 'उत्पात' करता था, वही बाहर जाकर सज्जन हो जाए, चार पैसे कमा लाए तो गाँव के समाज से मिलनेवाला व्यवहार तो बदलेगा ही। और यह बदलाव ही शायद बाहर जाने की सबसे महत्त्वपूर्ण कीमत है।

पर लाखों परिवारों के मुख्य सदस्य, कमाऊ सदस्य के बाहर जाने का उसके परिवार पर, उसकी औरत पर, उसकी माँ पर, उसके बच्चों पर जो असर होता है, उसकी कीमत बहुत ज्यादा है। इसकी भरपाई किसी भी चीज से नहीं हो सकती। इन सभी घरों के लोग जब रात में सोते होंगे, जब इन पर कोई विपदा आती होगी, जब सामान्य सामाजिक जिम्मेदारियों में भी घर के मर्द के खड़ा रहने की बारी आती होगी तो जो सूनापन लगता होगा, उसकी कीमत कोई नहीं चुका सकता। यह सही है, गाँव का समाज खासकर बिहार, पूर्वी उत्तर प्रदेश, ओड़िसा, दक्षिण बिहार का आदिवासी समाज अभी बहुत बिखरा नहीं है। गाँव में किसी व्यक्ति के सुख-दुख की कौन कहे, गाय-भैंस के दुख में भी सारे लोग खड़े हो जाते हैं। पर अपने

मर्द की, अपने बेटे की, अपने बाप की कमी जिनको महसूस होती है, उनके कष्ट को कोई सोच भी नहीं सकता।

पुरुष तो आम तौर पर अकेले ही जाते हैं और जब घर आते हैं तो 'पाहुन' ही बने रहते हैं। नाते-रिश्तेदारों से मिलना, यार-दोस्तों के यहाँ जाकर गप्प लड़ाना, शादी-ब्याह में शरीक होना जैसे काम ही करते हैं। सो जिस दिन से उनका पहला टिकट पंजाब के लिए कटता है उस दिन से घर चलाने, बाल-बच्चों को पालने-पोसने, जानवरों की देख-रेख, थोड़ी-बहुत खेती और मजदूरी करने जैसे सारे बोझ औरत पर ही आ जाते हैं। चूल्हा-चौकी, बरतन-भाँड़े करने, पानी लाने, ईंधन जुटाने, बड़े-बूढ़ों की तीमारदारी करने, बच्चे जनने जैसे काम तो उनको करने ही होते हैं। हर हालत में पति के परदेस जाने से बाकी सब जिम्मेदारी भी उनकी हो जाती है।

इन सब दबावों को झेलने में, अपने शरीर की भूख को न रोक पाने में काफी सारी औरतें अपने रास्ते से 'बहकती' भी हैं। गाँव में बचा पुरुष वर्ग, जो अक्सर ज्यादा धूर्त, स्वार्थी या फिर बूढ़ा बीमार ही होता है, इस चक्कर में भी रहता है। सो प्रवासी बने अनेक मजदूरों के परिवार टूटते हैं। जब तक वह कमा-धमाकर घर लौटे, मालूम होता है कि उसका घर ही उजड़ चुका है। जिन गाँवों का विशेष अध्ययन इस लेखक ने किया, उसमें कम-से-कम ऐसी दस शादियाँ टूटी हैं। पंजाब में आतंकवादियों के हाथ मारे गए युवकों के घर क्या हुआ, उसकी चर्चा पहले की जा चुकी है।

तो अगर बिहार (या पलायनवाले अन्य राज्यों) पर मजदूरों के पलायन के असर को देखना है तो यह विशुद्ध रूप से मजदूरों के अपने जीवन से ही जुड़ा दिखेगा। वे खुद, उनका परिवार, उनके गाँव और उनका इलाका अपनी कंगाली, अपनी दरिद्रता से लड़ते दिखेंगे। उसी दरिद्रता से जिससे बचने और जिसे हटाने के लिए लाखों मजदूर बाहर जाते हैं। पर इन सबमें कमी भले आए, यह कमी समृद्धि में बदलती नहीं लगती। इन सबकी जो कीमत मजदूर चुका रहा है, उसका परिवार चुका रहा है, उसकी बीवी, उसके बच्चे चुका रहे हैं उसकी भरपाई तो किसी चीज से नहीं की जा सकती।

मददगार सन्दर्भ

1. डॉ. अलख ना. शर्मा, पूर्वोक्त
2. डॉ. अनिल कुमार, बिहार का भूगोल, पूर्वोक्त
3. ,बहादुर चन्द, 'स्ट्रेटजी फॉर डेवलपमेंट ऑफ पावर इन बिहार' शीर्षक सेमिनार, नई दिल्ली, 1994
4. चार वर्षों का प्रयास महान : बिहार सरकार, 1994
5. बिहार की आर्थिक स्थिति पर श्वेत-पत्र, पूर्वोक्त

अध्याय-11

बलम परदेसी

पजिअरवा गाँव के भागीरथ साह और उनकी पत्नी राधिका ने अपने अन्तिम बेटे का नाम 'बलम परदेसी' क्यों रखा, इस लेखक को मालूम नहीं है। यह नाम वैसे तो अटपटा है ही, भागीरथ के अन्य चार बेटों के नाम जंग बहादुर, बीर बहादुर, तेज बहादुर और राम बहादुर को देखते हुए और भी ज्यादा अटपटा लगता है। कायदे से तो इसे भी कोई बहादुर ही होना चाहिए। यह शायद उस दौर में पैदा हुआ जब भागीरथ लुधियाना जाने-आने लगा था। पाँच बेटों और दो बेटियोंवाले इस परिवार से सबसे पहले भागीरथ नहीं निकला था। परिवार बड़ा था तब भी अपनी थोड़ी खेती, कुछ बटाई की खेती, दरवाजे पर रखे एकाध पशु, पत्नी द्वारा झोंके जानेवाले 'घोंसार' (अंसार)की आमद से घर चल रहा था। घोंसार के लिए सूखे पत्ते बटोरने में भागीरथ और राधिका की मदद उनके बच्चे भी कर देते थे। बड़े दो बच्चे नौकर थे—गाँव के ही एक परिवार में। नौकरी की परेशानियाँ थीं या गाँव के अन्य लड़कों द्वारा पंजाब जाकर कमाने की चर्चाएँ, भागीरथ के दोनों लड़के बारी-बारी से पंजाब चले गए। लुधियाना में रहे। मेहनती तो उन्हें गाँव में भी नहीं माना जाता था। उन्होंने कुछ खास कमा-धमाकर नहीं दिया। बस, अपने घर से बाहर थे, इतना ही। निश्चित रूप से उनकी कमाई ने भागीरथ को पंजाब जाने के लिए नहीं ही प्रेरित किया होगा। पर इन लड़कों के जाने से उसका भटभट खुल गया था। खुद उसके साथ के लोग भी पंजाब चले गए थे और उनमें से एकाध अच्छा पैसा घर भेज रहे थे। उसका अपना छोटा भाई गंगा साह भी ठेकेदार बन गया और खूब कमा रहा था।

भागीरथ भी पंजाब गया। इसी के आसपास बलम परदेसी पैदा हुआ था। पर उसको पंजाब जाना रास नहीं आया। घर में पत्नी को साँप ने काट लिया। वह नन्हे बलम परदेसी को छोड़कर मर गई। बड़ी विवाहित बेटी शोभा पर उसके ससुरालवालों ने दुश्चरित्र होने का आरोप लगाया तो उससे बर्दाश्त नहीं हुआ और उसने आत्महत्या कर ली। उसी सिलसिले में उसे दहेज के लिए मार दिए जाने की अफवाह भी

उड़ी। जब शोभा के आत्महत्या की बात ही सही निकली तो फिर छोटी बेटी उमरावती की शादी उसी लड़के से करके भागीरथ वापस पंजाब चला गया।

घर पर रह गए सिर्फ दो लोग। पंजाब से लौटकर चूड़ी-सिन्दूर वगैरह बेचने का फेरीवाला धन्धा करने लगा बीर बहादुर। बलम परदेसी दिन भर इधर-उधर खेलता, जिस-तिस के घर कुछ खा लेता। सुबह-शाम बीर बहादुर अगर कुछ बनाए तो उसमें भी वह खाता था। अब तक तेज बहादुर और राम बहादुर नौकरी करने लगे थे।

पर भागीरथ का दुर्भाग्य इतने पर भी नहीं रुका। भागीरथ बताता है कि पिछले सावन की 6 तारीख (सम्भवत: यह तारीख 6 जुलाई, 94 है) को वह मरते-मरते बचा। जिस ट्रक पर वह ईंट लादने-उतारने की मजदूरी करता था, उसका एक पल्ला खुल जाने से एकसाथ सैकड़ों ईंटें उसके ऊपर गिर पड़ीं। पूरा जिस्म दब गया और जगह-जगह से टूट गया। दाहिने पाँव की हड्डी तो टुकड़े-टुकड़े हो गई और पाँव लटक गया। चेहरा उभारनेवाली जो हड्डी आँख के ठीक नीचे होती है, वह टूटकर धँस गई। खोपड़ी में भी ईंट का एक बड़ा टुकड़ा धँस गया। शाम का वक्त था। हालत यह हो गई कि गाँव के मजदूर यह सोचकर उसको उठाकर गिल रोड स्थित अपने क्वार्टर पर ले आए कि अगले दिन उसका दाह-संस्कार कर दिया जाएगा। यहाँ आकर सांस चलने और जिस्म में हरकत से उसके जिन्दा होने का पता चला।

उसे उसी रात लुधियाना के दयानन्द अस्पताल ले जाया गया। उसकी जान बच गई। जान भर ही बची है। वह पूरा बेकार हो गया है। मुँह-नाक-चेहरा तो बिगड़ा ही है, उसका पैर भी ठीक नहीं हुआ। कई कच्चे-पक्के प्लास्टरों और हड्डी में स्टील की छड़ डालने से उसकी टाँग के सीधी और ठीक हो जा सकने की सम्भावना थी, पर वह सब कौन कराता। भट्ठे के मालिक या ट्रक के मालिक, किसी को भी पकड़ा नहीं जा सकता था। वह किसी का कर्मचारी नहीं था। गलती ड्राइवर की थी पर वह पड़ोसी गाँव का था, सो उसके खिलाफ भी मामला दर्ज नहीं कराया गया। खुद उसके पास पैसे नहीं थे। तभी लुधियाना में ही मौजूद एक बेटे ने मरने की खबर सुनी तो जहर खाकर आत्महत्या करने की कोशिश की। वह अलग पड़ा रहा। भागीरथ के लगभग डेढ़ महीने चले जान बचाऊ इलाज का बिल आया करीब दस हजार रुपए। अपनी ही पंचायत के पड़ोसी गाँव पचभिड़वा के जिन लोगों के साथ वह रहता था, उन्होंने चन्दा करके चार हजार रुपए दिए। ड्यूटी ? ओवरटाइम छोड़ कर बारी-बारी से यही लोग उसके पास देख-रेख के लिए रहा भी करते थे। बाद में जब अस्पताल के प्रबन्धकों ने देखा कि भागीरथ कहीं से भी बिल चुकाने की हालत में नहीं है तो उसे उसके क्वार्टर तक छोड़ आए। बाकी बिल माफ।

पर इलाज अधूरा रह गया। आज भी है। साल भर में उसके पैर की मुख्य हड्डी जुड़ी है तो एक पर एक चढ़कर। बड़ा-सा गूमड़ निकल आया है, पर वहाँ का घाव सूख गया है। यह हड्डी की गड़बड़ भर है। लुधियाना के क्वार्टर से जब उसे गाँव लाया गया तो चलना-फिरना सम्भव नहीं था। अब वह लाठी टेककर चल लेता है। गाँव का चक्कर भर लगा सकता है। हल, कुदाल, कुल्हाड़े वगैरह से काम नहीं कर सकता। 48 वर्ष की उम्र में ही सारा कुछ देख-भोगकर वह बेकार हो गया है।

भागीरथ आज बेचारा है। बेकार है। पहले तो वह गाँव का सबसे शरारती और मजाकिया था। गाँव में सबसे ज्यादा गाली देनेवाली शंकर की माँ के आँगन में गोबर-मिट्टी से भरा मटका पटककर भागनेवाला वही था। माना जाता था कि जब शंकर की माँ खूब गाली देगी तो उतनी ही बारिश होगी। बारिश का तो पता नहीं, पर इस नाम से हर साल भागीरथ दो-चार दिन 'रौनक' करा देता था। डायन भगाने के लिए लड़कियों के खेल 'झिझिया' का दीप रखनेवाला छेददार घड़ा भी वही फोड़कर भागता था और गाँव में हड़कम्प मच जाता था। छठ पर (आग का) 'लुकार' भाँजने में भी उसका जोड़ न था।

भागीरथ का परिवार भी पूरे इलाके में नामी था। यह परिवार पूरे इस क्षेत्र के कई गाँवों के गोंड़ों (भड़भूज) का 'मानजन' है और परिवार का बड़ा जीवित लड़का होने के चलते भागीरथ ही मौजूदा मानजन है। पर आज यह संगठन कमजोर पड़ा है और उसके मुखिया का तो इतना किस्सा हो ही चुका है। इसे तो अपने दादा की शान-शौकत की याद नहीं है पर गाँव के बुजुर्ग बताते हैं कि उनका जीवन और बात-व्यवहार कैसा था। इस बेकारी में भी भागीरथ ने फिर से घर सँभालने की पहल की है। सबसे बड़े लड़के का विवाह-गौना हो गया है। बहू के आने से घर आबाद-सा लगता है। खुद वह भी घर पर ही रहता है। पर बड़ा बेटा जंग बहादुर शादी-गौने के बाद फिर पंजाब गया है और घर के सबसे कम उम्र सदस्य बलम परदेसी फिर किसी की याद का मूर्त्त रूप बना दौड़ता-कूदता फिरता है। भागीरथ कहता है, इसका नाम तो उसकी बीवी की सुविधा के लिए रखा है। तो क्या यह भी पंजाब जाएगा? जाएगा ही, "जाएगा नहीं तो यहाँ क्या रखा है, जो खाएगा।"

(यह कहानी 1995 तक की है)

पुनश्च :

23 अगस्त, 2012 को बलम परदेशी उर्फ परदेश कुमार की राजा हुलम (तमिलनाडु) बस स्टैंड के पास हुई सड़क दुर्घटना में मौत हो गई। बंगलोर-चेन्नई मार्ग पर

स्थित इस जगह पर दो गाड़ियों की टक्कर में यह हादसा हुआ और परदेश कुमार के शव को, जिसकी उम्र एफआईआर में 25 वर्ष बताई गई है, कांचीपुरा श्मशान में जला दिया गया। पिता भागीरथ साह कई दिन बाद पहुँचे तो अस्थियाँ मिलीं। कुछ पैसे भी मिले। पर मुआवजे का मुकदमा अब भी चल रहा है। एक स्थानीय वकील ने मुआवजे में एक निश्चित अनुपात लेकर मामला लड़ने की अनुमति ले ली है। पर भागीरथ को न मुकदमे की प्रगति का पता है न कोई पैसा मिला है। इस वकील से उसकी बात भी संभव नहीं है क्योंकि उसे न तमिल आती है न अँगरेजी। बस एफआईआर की कापी और वकील साहब का नंबर उसके पास रह गया है।

अध्याय–12

निष्कर्ष और सुझाव

व्यवहार में आने पर विज्ञान के नियम वही नहीं रह जाते जो कागज पर होते हैं। विज्ञान का एक बहुत स्थापित नियम है कि दो भिन्न सतहवाली, स्तरोंवाली चीजों को आपस में जोड़ देने पर दोनों एक सतह पर, एक स्तर पर आ जाती हैं। पानी और अन्य तरल पदार्थों के मामले में ही नहीं, उष्मा, चुम्बकीय बल और वियुत, सब पर यह नियम लागू होता है। पर व्यावहारिक जीवन का अनुभव इससे ठीक उलटा है। विकास के मामले में, अमीरी–गरीबी के मामले में इसका ठीक उलटा हो रहा है। अमीर देश–गरीब देश की दोस्ती में समृद्धि का स्तर बराबर होने की जगह दूर भागता जाता है।

और लगभग यही प्रक्रिया हम एक देश के अन्दर विकास के असमतल धरातलों–इलाकों के बीच घटते भी देखते हैं। एक देश में होने के चलते इनका आपसी सम्बन्ध किसी संधि, किसी घोषणा, किसी अन्तर्राष्ट्रीय करार से बनने की जरूरत भी नहीं रहती पर विकास के मामले में यही अन्तर्राष्ट्रीय खेल यहाँ भी खेला जाता है। अपने देश के राज्यों में इस उलटे वैज्ञानिक नियम का सबसे अच्छा उदाहरण पंजाब और बिहार का सम्बन्ध है। दिल्ली, मुम्बई, मद्रास, बंगलौर तथा देश के देहाती इलाकों के बीच भी यह सम्बन्ध हम देख सकते हैं। महाराष्ट्र, गुजरात, पंजाब और अन्य इलाकों के बीच भी यही रिश्ता दिखेगा। मुख्यत: इसी रिश्ते को देखने, विकास की इसी प्रक्रिया को जानने और इसके चलते मात्र पेट भरने की मजबूरी से घर से हजारों मील दूर गए मजदूरों के दुख–दर्द और उनके ऊपर इस परदेसी जीवन के असर को देखने के लिए ही यह अध्ययन किया गया। एक आदमी के लिए एक साल का समय विषय के आकार–प्रकार के हिसाब से कुछ भी नहीं है। पर कुछ अपने अध्ययन, कुछ पहले हुए अध्ययनों को जाँचने–परखने के बाद कुछ निष्कर्ष बहुत आसानी से निकाले जा सकते हैं।

सबसे पहला निष्कर्ष तो यही है कि अगर विकास की यही प्रक्रिया चलती रही तो मजदूरों का पलायन बढ़ता जाएगा। दूसरे, काम के चरित्र, कमाई और काम के समय, सभी हिसाब से प्रवासी मजदूर सबसे कमजोर स्थिति में हैं। अपने समाज का

कोई वर्ग (इन मजदूरों की पत्नियों या फिर पलायन कर जाने की चेतना से भी वंचित आदिवासियों को छोड़कर) इनके जितनी मुश्किलें कोई नहीं उठाता—मात्र रोटी के लिए। इनका कोई संगठन नहीं है। इनके संगठित होने की दूर-दूर तक कोई सम्भावना नहीं है और इसी के चलते समाज की शासक जमात इनकी मुश्किलों से आँख मूँदे पड़ी है।

फिर यह निष्कर्ष निकालना या भविष्यवाणी करना भी मुश्किल नहीं है कि अब पंजाब के विकास की रफ्तार धीमी नहीं पड़नेवाली है तथा बिहार जैसे इलाकों के फिर से उठ खड़े होने की सम्भावना नहीं के बराबर रह गई है। अगर पंजाब पहुँचकर प्रवासी उसके विकास का एक मजबूत आधार बन गए हैं तो इनका निकलना ही बिहार जैसे गरीब इलाकों में बदहाली के अन्तिम चरण को दिखाता है। पंजाब जैसे इलाकों की समृद्धि और बिहार जैसे इलाके की बढ़ती जानेवाली बदहाली ही मजदूरों के पलायन की प्रवृत्ति को बढ़ाती जाएगी।

यह भी कहा जा सकता है कि मजदूरों को 'भगाने' के मामले में अगर बिहार के समाज का अपना वर्गीकरण ही आज तक मुख्य भूमिका निभाता दिखता है तो पंजाबी समाज भी अपने पुराने वर्गीकरण के हिसाब से ही प्रवासी मजदूरों के साथ अलग-अलग व्यवहार कर रहा है। जातियों में ज्यादा तीखे विभाजन से बँटा बिहारी समाज मुख्यतः जमींदारों, खेतिहर किसानों और भूमिहीन मजदूरों वाले तीन खानों में बँटा है। इनमें जमींदारों के घर से पलायन की बात नहीं सोची जा सकती। शहरों ने कई लाभ देकर समाज के एक वर्ग को आगे किया है—वह भी नहीं निकला है। खेतिहर किसानों में भी कुछ घरों से लोग निकले हैं। मजदूरों में से निकले हैं। छोटे किसानों में से निकले हैं।

पंजाब भी कहीं न कहीं अपने पुराने विभाजनों—खेतिहर किसान, महाजन-व्यापारी और मजदूरवाले आधार पर ही प्रवासी मजदूरों से सम्बन्ध रखता है। किसानों से उन्हें बेहतर, प्रेम-भरा व्यवहार मिलता है, पर एक हद तक ही। सामाजिक, राजनीतिक प्रमुख में यह समूह कोई हिस्सेदारी देने को तैयार नहीं है। व्यापारी-महाजन वर्ग ज्यादा शोषक है, ज्यादा घनिष्ठता बनने नहीं देता, धन्धे से मतलब रखता है। मजदूर वर्ग बाहरी मजदूरों के आने से परेशान हुआ था—है भी। पर अवसर बढ़ने से उसकी परेशानियाँ कम हुई हैं। प्रवासियों के प्रति पहले सबसे ज्यादा आक्रामक रुख रखे हुए था। आज यह बदला है—पूरा नहीं। फिर भी यह समूह ही प्रवासियों को बराबर मानने के मामले में सबसे ऊपर है।

आज का पंजाब आधुनिक विकास के दूसरे चरण में है। खेती के धन और महाजनी पूँजी ने मिलकर पूरे राज्य में छोटे-बड़े उद्योगों का जाल बिछा दिया है। थापर समूह हो, ओसवाल हो, जिन्दल हो, मुंजाल हो, पंजाब में काम कर रहा हर औद्योगिक समूह पंजाब के लोगों की मिल्कियतवाला है। पंजाब में अकेले पेप्सी ही

नहीं आया है, अनेक विदेशी कम्पनियाँ भी पहुँच रही हैं। शान्ति कायम होने पर यह क्रम बढ़ेगा। खेती में भी रबी के साथ खरीफ का जोर बढ़ा है। खेती में आए इस बदलाव ने मजदूरों की माँग बढ़ा दी है। खेती तथा उद्योग के जिस दौर में पंजाब आज पहुँच गया है उसमें अब उसे पूँजी, तकनीक और मजदूरों की कमी नहीं रहनेवाली है। पाकिस्तान लाख सिर पटक ले परन्तु पंजाब में खुशहाली का नशा अलगाववाद और नशाखोरी से काफी ऊपर आ चुका है।

पंजाब की सीमा बिहार से नहीं लगती, पर पंजाब–बिहार का रिश्ता नया नहीं है। नेपाल, उत्तर प्रदेश, ओड़िसा–मध्य प्रदेश और बंगाल की चौहद्दी से घिरे बिहार के लोग अपने एकमात्र अमीर पड़ोसी बंगाल की तरफ जाते थे। उनका रेला पंजाब की तरफ उमड़ा लेकिन अब दिशा बदली है। पर पहले और आज की स्थिति में काफी फर्क आ गया है। कभी 'परदेसी बलम कलकत्ता में लालटेन' जलाते थे (प्रसिद्ध भोजपुरी गायिका विंध्यवासिनी देवी के एक लोकप्रिय गीत का मुखड़ा) अब उनका परदेस पंजाब हो गया।

इन मजदूरों के परदेस पहुँचने के बदले बिहार को कुछ पैसे मिल रहे हैं। मजदूर भी वहाँ पंजाब के विकास के लिए नहीं गए हैं। अपने यहाँ पेट नहीं भरता, कुछ अधिक कमाने का अवसर नहीं है, इसलिए जाते हैं। गाँवों में यह पैसा आकर कई बदलाव करता है। ईंट का घर बना लेना, थोड़ी जमीन खरीद लेना, कृषि के औजारों पर खर्च करना भी हो रहा है। पर एक तो संख्या और उन पर निर्भर परिवारों की संख्या बहुत अधिक है। सो एक बार में अधिक दिखनेवाली यह रकम भी भोजन, कपड़े, दवा की कमी दूर करने में ही खर्च हो जाती है और अगर कुछ हिस्सा बचा भी तो फैशन–टीवी–रेडियो–जूता–घड़ी जैसी चीजों पर खर्च होता है। इसमें से अधिकांश खरीदारी भी पंजाब में ही हुई होती है।

जिन इलाकों से ज्यादा पलायन हुआ है वहाँ आज खेती में सुधार दिखता है। गाँव में पैसा आने से वहाँ व्यापार बढ़ा है। एक भी बेटा बाहर भेजनेवाले परिवार की स्थिति थोड़ी सुधर गई है।

पर ओस चाटने से प्यास नहीं मिटती। पंजाब, दिल्ली और सूरत से कश्मीर तक जाने तथा जान लगाकर काम करने की यह कीमत न तो सारे बिहारी मजदूरों की, न उनके परिवारों की और न ही इस तरह से पूरे बिहार की स्थिति सुधार पाएगी। सच कहें तो अपने बास छोड़ने, अपना घर छोड़ने की कोई मजदूरी नहीं हो सकती। पर परदेसी बनकर ही केरल के लोगों ने जो कुछ पाया है वह बिहारी लोगों को, पुरबिया लोगों को, पहाड़ी लोगों को नहीं मिलनेवाला है। बिहार के विकास, बिहारियों के विकास में काफी पूँजी लगेगी, काफी यत्न लगेगा, काफी उद्यम करने होंगे, काफी मेहनत करनी होगी। जिन कारणों से पलायन हो रहा है, वे बहुत बड़े हैं; बहुत गहराई तक गए हैं।

पंजाब को भी खाड़ी के देशों की तरह कोई गड़ा हुआ धन नहीं मिला है। पंजाब की समृद्धि गाढ़े पसीने की कमाई है। इसलिए पंजाबी मालिक भी काम कराते वक्त काम की कीमत जानता है। यह कीमत भी डॉलर, दीनार में नहीं, रुपए में मिलती है। समृद्धि ने पंजाबी लोगों को भी काम से दूर किया है। उनमें भी विलासिता आई है, पर खाड़ी जितनी नहीं। सो यहाँ से झोली भर कमाई की गुंजाइश नहीं है। और जैसाकि पहले कहा गया है, विकास की यह प्रक्रिया एक ओर अमीरी तो दूसरी ओर गरीबी लाती जाएगी और इसमें पलायन बढ़ता जाएगा।

यह सब देख-समझ लेने के बाद अगर कुछ सुझाव देने की बारी आए तो यह काम सबसे मुश्किल लगेगा ही; क्योंकि विकास की इस धारा का झंडा आज जितनी बुलंदी से फहरा रहा है उतना पहले कभी नहीं फहराता था। इसमें इसे उलटने का सबसे पहला सुझाव तो तूफान में तिनके जैसा ही रहेगा। इसके बावजूद यही पहला सुझाव रखना होगा।

जैसाकि पुस्तक में पहले ग्रामीण श्रम पर बने राष्ट्रीय आयोग के सुझावों (देखे परिशिष्ट-1) का जिक्र किया गया है, उन पर तत्काल अमल का सुझाव भी यह लेखक देगा। वे अपने आप में काफी बड़े और महत्त्वपूर्ण हैं।

तीसरा सुझाव तो प्रवासी मजदूरों सम्बन्धी जानकारियों के पंजीकरण का है। अन्तर-राज्य प्रवासी कानून के हिसाब से प्रदेश से बाहर जानेवालों का पंजीकरण कलक्टर के जिम्मे दे दिया गया है। हम व्यावहारिक अनुभव से जानते हैं और इस अध्ययन के दौरान भी जाहिर हुआ कि कलक्टर को जितने काम हैं उनमें यह पंजीकरण कहीं महत्त्व नहीं पाता और पंजीकरण एकदम नगण्य संख्या में हुआ है। अधिक उपयोगी यही होगा कि इस काम को पंचायत और वार्डों के जिम्मे दिया जाए। गलती होने पर जवाबदेही तय की जाए और फिर प्रखंड, जिले के स्तर से निगरानी-निर्देश का काम हो।

जैसाकि बिहार के पूर्व श्रममंत्री वशिष्ठ नारायणसिंह ने सुझाया था—जहाँ प्रवासी मजदूरों की संख्या बहुत अधिक हो, वहाँ उनके मूल राज्यों की तरफ से सूचना और सहायता केन्द्र हो। गाँव-गाँव तक इस काम को करना तो सम्भव नहीं है, पर प्रदेशों के मुख्यालय, बड़े औद्योगिक शहरों वगैरह में यह जरूर सम्भव है।

पाँचवाँ सुझाव न्यूनतम वेतन, काम का समय और अन्य मूल सुविधाओं को तत्काल लागू करने से सम्बन्धित है। यह गृह प्रदेश में भी होना चाहिए और प्रवासी मजदूरों के पहुँचनेवाले प्रदेश में भी। लुधियाना जैसे बड़े शहर में भी न्यूनतम मजदूरी, ओवरटाइम, छुट्टी, बोनस, भविष्यनिधि, मेडिकल जैसी बुनियादी चीजों को भी कायदे से लागू नहीं कराया जा सका है। प्रवासी मजदूरों के सन्दर्भ में इनकी जरूरत और ज्यादा है क्योंकि उनकी परेशानियाँ ज्यादा हैं।

फिर प्रवासी मजदूरों के मामलों में उनकी तरफ से तीसरे पक्ष को कानूनी या अन्य तरह की दखलंदाजी का वैध हक होना चाहिए। श्रम संगठनों में भी तीसरे पक्ष के भागीदार बनने की अनुमति है। पर सबसे कमजोर, सबसे असंगठित, सबसे बदहाल और सबसे अनपढ़ प्रवासी मजदूरों की तरफ से अदालतों और सरकारी दफ्तरों का दरवाजा खटखटाने का हक राजनीतिक कार्यकर्ताओं, समाजसेवी संगठनों या स्वयंसेवकों को नहीं है।

यह सवाल आज जितना बड़ा है, उस हिसाब से न प्रचारित हुआ है न इस पर ध्यान दिया गया है। असंगठित, अनपढ़ और मात्र रोटी कमाने में दिन के 12–14 घंटे का श्रम करनेवाले लोगों से यह उम्मीद नहीं की जा सकती कि वे संगठित होकर या व्यक्तिगत स्तर पर भी इस सवाल को उठाकर जनमत को प्रभावित कर पाएँगे। सो मीडिया और प्रचार से जुड़े लोगों का यह दायित्व बनता है कि वे इस मुद्दे को ज्यादा जोर-शोर से उठाएँ। पर्यावरण का सवाल हो या बन्धुआ मजदूरी या फिर दहेज-हत्या जैसे सवाल, हाल के वर्षों में मीडिया के ध्यान देने से क्या बदलाव आया है, यह जगजाहिर है। इस सवाल पर भी ध्यान देना जरूरी है।

काम की जगह पर आना-जाना प्रवासी मजदूरों के लिए एक बड़ी समस्या है और इसमें जान तक जाती रही है। सो उनके आने-जानेवाले सीजन में अतिरिक्त रेलगाड़ियों और अन्य सार्वजनिक वाहनों की व्यवस्था सरकार या नियोक्ताओं को करनी चाहिए।

परिशिष्ट–1

ग्रामीण श्रम पर राष्ट्रीय आयोग के प्रवासी मजदूरों सम्बन्धी सुझाव

अपने सामने आए तथ्यों और विश्लेषण के आधार पर हम दो तरह के सुझाव दे रहे हैं। एक तरह के सुझाव आर्थिक नीति और विकास की प्रकृति से जुड़े हैं। दूसरे तरह के सुझाव प्रशासनिक और कानूनी कदमों से सम्बन्धित हैं। हमारा मानना है कि प्रवासी मजदूरों की बदहाली और समस्याएँ आजादी के बाद देश में हुए आर्थिक विकास से बहुत गहरे तौर पर जुड़ी हैं। आर्थिक विकास की दिशा, विकास की नीतियों और वितरण व्यवस्था में बड़े बदलाव किए बगैर उनको बहुत प्रभावी तौर पर दूर नहीं किया जा सकता। इनके बगैर कल्याण कार्यक्रमों और प्रशासनिक तथा वैधानिक कदमों का बहुत सीमित मतलब ही रह जाता है।

आर्थिक नीति और विकास

प्रवासी मजदूरों की समस्याएँ आर्थिक विकास के चरित्र से जुड़ी हैं। अस्थायी तौर पर घर छोड़नेवाले काफी सारे ग्रामीण मजदूर अपना पेट पालने भर के लिए खेती और दूसरे कामों में रोजगार तलाशने निकलते हैं। मूलत: यह कदम वे अपने आपको जीवित रखने और बचाने के लिए करते हैं क्योंकि उनके अपने रहनेवाली जगह के आसपास पूरे साल भर लायक रोजगार नहीं मिलता। औपनिवेशिक काल और आजादी के बाद हुआ असमान विकास ही इस मजबूरन परदेसी बनने का कारण है। कुछ ही कामों और इलाकों में सारे संसाधन लगा दिए गए हैं जबकि शेष इलाके उपेक्षित हैं और उन्हीं विकसित इलाकों के और विकास के लिए शोषित हो रहे हैं। उद्योग के मुकाबले खेती की कोई पूछ नहीं रह गई है। उद्योगों और शहरी इलाकों में अधिक मात्रा में संसाधन जा रहे हैं जबकि गाँवों को कोई नहीं पूछता। सिंचाई से जुड़ी तकनीक का विकास तो हुआ है, पर शुष्क खेती उपेक्षित है। वनों, पहाड़ों और नदियों के प्राकृतिक संसाधनों का दोहन करके बाँध, उद्योग और मौज–मस्ती मनानेवाले

आरामगाह बनाए जा रहे हैं और गरीबों तथा आदिवासियों से उनके जीवन बसर करने का आधार छीना जा रहा है। उन्हें विकास के नाम पर सस्ते श्रम के लिए इस्तेमाल किया जा रहा है। विकास के इस नजरिए और रणनीति में मौलिक बदलाव किए जाने की जरूरत है। ऐसा न करने पर प्रवासी मजदूरों की स्थिति दिन-ब-दिन खराब ही होती जाएगी। पिछड़े इलाकों के विकास, शुष्क इलाकों में खेती की नई तकनीक विकसित करने और वनों के विकास को प्राथमिकता दी जानी चाहिए।

गरीबी उन्मूलन के कार्यक्रम प्रभावी तौर पर गरीबी दूर करने में एकदम असफल रहे हैं; बल्कि गरीबी रेखा के नीचे जीवन बसर करनेवालों की संख्या बढ़ी ही है। इसके साथ ही छोटे और सीमान्त किसानों की ऐसी बहुत बड़ी संख्या है जिसका जीवन स्तर गरीबी रेखा के नीचे जीवन बसर करनेवालों से बहुत अलग नहीं है। एक या दो साल की बरसात के न होने या मुद्रास्फीति की दर के बढ़ते ही वे कभी भी गरीबी रेखा के नीचे आ सकते हैं। ग्रामीण इलाकों में जमीन ही मुख्य उत्पादक सम्पत्ति है और गरीबी उन्मूलन कार्यक्रम के तहत भूमिहीन परिवारों को जमीन देने की कोई योजना नहीं है। गरीबी उन्मूलन के विभिन्न कार्यक्रमों के तहत हुए विकास कार्यों का लाभ अक्सर ग्रामीण समाज के अपेक्षाकृत समृद्ध तबके ने उठाया है। भूमि सुधार कानूनों को लागू करने में ढील बरती गई है। उनको ज्यादा जोर-शोर से और तत्काल लागू किया जाना चाहिए। गरीबों को सिर्फ जमीन ही नहीं, खेती के उपकरण, खाद, बीज, सिंचाई के साधन, ऋण और नवीनतम जानकारियों जैसी संरचनात्मक सुविधाएँ भी दी जानी चाहिए। उनकी पैदावार लाभदायक मूल्य पर बिक जाए, यह व्यवस्था भी की जानी चाहिए। भूमि सुधार और गरीबों के लिए कृषि विकास को अलग-अलग नहीं किया जाना चाहिए। एक ही कार्यक्रम के अंग के तौर पर इन्हें साथ-साथ चलाना चाहिए।

आजादी के पाँच दशक बाद अब काम के अधिकार को जरूर मान्यता मिलनी चाहिए। इसे सिर्फ नारा न रखकर इस पर अमल होना चाहिए और हर आदमी को काम या उसके घर के पास पर्याप्त जमीन दी जानी चाहिए। उन्हें आठ घंटे काम की न्यूनतम मजदूरी दी जानी चाहिए। न्यूनतम मजदूरी से कम राशि देनेवाले रोजगार गारंटी योजना जैसे कार्यक्रम सफल नहीं हो सकते। काम का अधिकार देते ही सरकार को अपनी विकास रणनीति बदलनी पड़ेगी। इससे गरीबों में भी अपने अधिकारों के प्रति चेतना आएगी और वे अधिक संगठित रूप में एकजुट होंगे।

वैधानिक व्यवस्थाएँ

अन्तर-राज्य प्रवासी मजदूर कानून के अलावा न्यूनतम मजदूरी कानून 1895; मजदूर क्षतिपूर्ति कानून 1923; मजदूरी भुगतान कानून 1936; औद्योगिक विवाद कानून

1947; कर्मचारी राज्य बीमा कानून 1948; कर्मचारी भविष्य निधि कोष एवं विविध प्रावधान कानून 1952; मातृत्व लाभ कानून 1961; बन्धुआ मजदूर (समाप्ति) कानून, 1976; बाल मजदूर (समाप्ति एवं नियमन) कानून 1986; खदान कानून, 1952; खदान शिशु कल्याण नियम, 1966; मजदूरी भुगतान (खदान) नियम, 1966; जैसे अनेक कानून हैं जो मजदूरों के हितों की रक्षा के लिए बनाए गए हैं। पर ये कानून मोटे तौर पर सिर्फ कागजों पर ही हैं। कुछ अपवादों में ही इन पर अमल होता है। इस स्थिति को बदलना चाहिए। उनको शब्दश: और उनके पीछे की भावना के अनुरूप लागू करने के लिए सारे प्रशासनिक और वैधानिक उपाय किए जाने चाहिए। 1984 में दिए अपने एक फैसले में न्यायमूर्ति भगवती ने सही ही कहा था कि "अगर समाज कल्याण कानूनों को लागू नहीं किया जाता तो कानून की किताबों में उनको बनाए रखने का कोई उपयोग नहीं है। हमें किताबों में कानून बन जाने से सन्तुष्ट नहीं होना चाहिए बल्कि हमें व्यवहारवाले कानून चाहिए। अगर हम अपने लोकतंत्र को व्यापक भागीदारीवाला बनाना चाहते हैं तो यह जरूरी है कि कानून सिर्फ न्याय की बात ही नहीं करें बल्कि न्याय सुलभ भी कराएँ" (बन्धुआ मुक्ति मोर्चा बनाम भारत सरकार और अन्य, 1984)। सार्वजनिक मीडिया को समाज के लिए अतिरिक्त उत्पादन करनेवाले मजदूरों के हितों के पक्ष में आम राय बनानी चाहिए।

स्थानीय और प्रवासी मजदूरों समेत पूरे ग्रामीण श्रमिकों के लिए अर्थव्यवस्था के संगठित क्षेत्र के मजदूरों जैसे समस्त कानून और कल्याणकारी व्यवस्था करने की जरूरत है। इनमें रोजगार की शर्तें और नियम तथा अन्य व्यवस्थाएँ (वृद्धावस्था पेंशन, भविष्य निधि कोष, दुर्घटना मुआवजा और आश्रितों के लिए पेंशन) शामिल हैं।

प्रत्येक दो वर्ष पर कृषि और अन्य अंगों के लिए न्यूनतम मजदूरी की दर को सुधारा जाना चाहिए और इसे उपभोक्ता मूल्य सूचकांक से जोड़ा जाना चाहिए। जैसाकि संसदीय सलाहकार समिति की उपसमिति (1988) में सुझाव दिया गया था, न्यूनतम मजदूरी की दर, गरीबी रेखा, पौष्टिक खुराक की जरूरत, कपड़ा, मकान, ईंधन, रोशनी, चिकित्सा और शिक्षा-खर्च जैसे तथ्यों को ध्यान में रखते हुए तार्किक आधार पर तय की जानी चाहिए। अगर ठेके पर काम की मजदूरी तय करनी हो तो काम की अवधि, वयस्क मजदूर का औसत काम, न्यूनतम मजदूरी और हफ्ते में एक दिन की छुट्टी को ध्यान में रखना चाहिए।

वैसे तो अन्तर-राज्य प्रवासी मजदूर कानून अपने-आपमें एक व्यापक कानून है पर इसमें कई कमियाँ रह गई हैं। हम इसमें निम्नलिखित बदलावों का सुझाव देते हैं :

1. कानून की अनुच्छेद धारा 1.4 को बदला जाना चाहिए। इसे हर उस संस्थान पर लागू होना चाहिए जहाँ एक या एक से अधिक प्रवासी मजदूर काम करता हो।

2. अनुच्छेद-2(1) ई के तहत दी गई प्रवासी मजदूर की परिभाषा का विस्तार किया जाना चाहिए। जो मजदूर खुद से दूसरे प्रदेशों में जाते हैं या वहाँ जाकर अपना ठेकेदार बदल लेते हैं, उनको भी इस परिभाषा के अन्दर लाया जाना चाहिए।
3. अनुच्छेद 28 को बदला जाना चाहिए। कानून के उल्लंघन को संज्ञेय अपराध बना दिया जाना चाहिए। गड़बड़ की स्थिति में तीसरे पक्ष को भी आरोप दाखिल करने का हक होना चाहिए। अगर तीसरे पक्ष की शिकायत सही पाई जाती है तो इस गड़बड़ी पर निष्क्रिय रह जानेवाले श्रम निरीक्षक को नौकरी से हटा देना और जेल भेजा जाना चाहिए।
4. एक नया प्रावधान जोड़ा जाना चाहिए जिसके अनुसार कानून का उल्लंघन चाहे ठेकेदार ने किया हो या उप-ठेकेदार ने, उसका दोषी पहले ठेकेदार को ही माना जाएगा। अगर दूसरा ठेकेदार गड़बड़ करे तो पहला ठेकेदार उसके खिलाफ कार्रवाई कर सकता है। पर मुख्य ठेकेदार को प्रधान नियोक्ता नहीं माना जा सकता है।
5. कानून में कहा गया है कि अगर ठेकेदार या उप-ठेकेदार कानून का उल्लंघन करते हैं तब भी प्रधान नियोक्ता ही जवाबदेह होंगे, पर व्यवहार में अदालतें सिर्फ ठेकेदार को ही प्रधान नियोक्ता मानती रही हैं। इस मामले में ज्यादा स्पष्टता जरूरी है और मुख्य नियोक्ता को भी जवाबदेह बनाना चाहिए।
6. अनुच्छेद-2(1) (जी) को व्यापक किया जाना चाहिए। अगर किसी परियोजना की जिम्मेदारी सरकार की है तो सम्बन्धित मंत्री को प्रधान नियोक्ता माना जाना चाहिए।
7. अनुच्छेद-27 के प्रावधान को हटा दिया जाना चाहिए। अभी की स्थिति में प्रमुख नियोक्ता यह कहकर सजा पाने से बच सकता है कि उसके यहाँ हुई गड़बड़ी की जानकारी उसे नहीं थी।
8. अनुच्छेद-32(1) अच्छी मंशा से काम करने के नाम पर सरकारी कर्मचारियों को दंड पाने से मुक्त कर देता है। अनुच्छेद-32(23) के तहत सरकार भी नुकसान का मुआवजा देने से मुक्त हो जाती है। इस पूरे अनुच्छेद को हटा दिया जाना चाहिए। इसी प्रकार भारतीय दंड संहिता के अनुच्छेद-197 को, जो सरकारी कर्मचारियों पर कार्रवाई नहीं होने देता, हटा दिया जाना चाहिए।
9. अपंग मजदूरों या मृत मजदूर के उत्तराधिकारियों के दावों सम्बन्धी मामलों को उसी राज्य में स्थानान्तरित कर दिया जाना चाहिए।

10. प्रवासी और ठेका मजदूरों से जुड़े विवादों के निपटारे के लिए विशेष अदालतों का गठन किया जाना चाहिए। ऐसे मामले नागरिक अदालतों में नहीं जाने चाहिए, जहाँ पहले से ही जरूरत से ज्यादा मामले चल रहे हैं।

इस कानून में वर्णित कुछ सुविधाएँ जैसे कि इलाज, मजदूर को अस्पताल में भर्ती कराने का खर्च, पोशाक वगैरह की व्यवस्था, प्रवासियों के साथ ही स्थानीय—सभी मजदूरों के लिए होनी चाहिए।

श्रमिक क्षतिपूर्ति कानून 1932 में इस तरह के बदलाव किए जाने चाहिए जिससे प्रवासी मजदूरों और परिवारों को भी काम के दौरान हुई दुर्घटना या मौत के लिए पूरा मुआवजा मिल सके। इस प्रावधान को अच्छे ढंग से लागू नहीं किया जा रहा है जैसाकि हमारे संयुक्त अध्ययन दल नं.-2 ने भी बताया है। केन्द्रीय सरकार के दायरेवाले कामों में मुआवजा आयुक्त जैसे पद पर कोई अधिकारी तैनात नहीं है। क्षेत्रीय श्रम आयुक्त (केन्द्रीय) को मुआवजा आयुक्त के तौर पर नियुक्त किया जाना चाहिए, जो यह देखें कि उनके दायरे में आनेवाले मजदूरों को जल्दी से राहत मिले।

निर्माण मजदूरों के लिए 1986 में नेशनल कम्पेन कमेटी ऑन कंस्ट्रक्शन लेबर ने जिस विधेयक का प्रारूप तैयार किया था उसे सरकार को मान लेना चाहिए। इस विधेयक में राष्ट्रीय, प्रान्तीय, जिला और स्थानीय स्तर पर नियोक्ताओं, मजदूरों और सरकारी प्रतिनिधियों का एक त्रिपक्षीय बोर्ड गठित करने का सुझाव दिया गया था। ऐसा ही बोर्ड न्यूनतम मजदूरी, वेतन समेत अवकाश, भविष्य निधि कोष, कर्मचारी स्वास्थ्य योजना (ईएसआई.) जैसी मजदूर कल्याण योजनाओं का लाभ अधिक से अधिक मजदूरों को दिलाने में मददगार होगा। गोदी कर्मचारी (रोजगार नियमन) कानून 1948 के तहत इस तरह के गोदी श्रमिक बोर्ड कई प्रमुख बन्दरगाहों पर काम कर रहे हैं।

इस मॉडल विधेयक की अन्य विशेष बातें—

(अ) मजदूरों की श्रेणियों के हिसाब से उनका और नियोक्ता का अनिवार्य पंजीकरण।

(ब) काम देने में सबको बारी-बारी से अवसर देने की व्यवस्था।

(स) सेवा और खातों की निरन्तरता बनाए रखने के लिए अन्तर-राज्य और अन्तर-जिला स्तर पर होनेवाली अदला-बदली का सम्मिलित हिसाब रखना और

(द) नियोक्ता को निर्माण शुरू कराने से पहले बोर्ड को कल्याणकारी रकमें चुकाकर वहाँ से स्वीकृति लेने की अनिवार्य व्यवस्था करना।

बोर्ड को वेतनमान तय करने के साथ ही कल्याणकारी कार्योंवाली राशि के प्रबन्ध और विवादों के निपटारे का अधिकार भी हो। चूँकि केन्द्र और राज्य सरकारें प्रमुख नियोक्ता हैं, इसलिए उन्हें भी इस व्यवस्था के अधीन आना होगा।

न्यायिक व्यवस्था

अन्तर-राज्य प्रवासी कानून, 1979 और केन्द्रीय श्रम कानून, 1970 के उल्लंघन सम्बन्धी मामलों के निपटारे के लिए चल अदालतें गठित की जाएँ जिनमें हाई कोर्ट के एक वरिष्ठ जज और जिला कोर्ट के वरिष्ठ जज रहें।

इन अदालतों को न्यायमूर्ति भगवती के उस कथन के अनुसार यह महसूस करना चाहिए कि "अब समय आ गया है कि अदालतें देश के गरीबों और संघर्षशील जनता की अदालत बनें। व्यवस्था के रक्षक और यथास्थिति को बनाए रखनेवाले अपने पुराने स्वरूप को उन्हें बदलना चाहिए। उन्हें समाज की उस बहुसंख्य जनता के साथ न्याय करने की जरूरत महसूस करनी चाहिए जिन्हें क्रूर और निर्दयी समाज ने पीढ़ियों से न्याय नहीं दिया है। उन्हें यह अहसास होना चाहिए कि सामाजिक न्याय ही हमारे संविधान का मुखड़ा है और संविधान के तहत उनका यह पवित्र कर्तव्य है कि गरीबों तथा समाज के कमजोर वर्गों के मूल अधिकारों को बनाएँ और संवैधानिक लक्ष्यों को वास्तविकता में उतारने की दिशा में सक्रिय मदद करें।" उन्होंने ये बातें 'एशियाड' से जुड़े एक मुकदमे के सिलसिले में कही थीं।

प्रशासनिक उपाय

कृषि के क्षेत्र में भी न्यूनतम मजदूरी लागू कराने के लिए इंस्पेक्टरों की नियुक्ति की केन्द्र द्वारा प्रायोजित योजना अभी सिर्फ चार राज्यों में लागू है। इसका विस्तार अन्य राज्यों में भी होना चाहिए।

कानून बनाकर या सरकारी आदेशों के जरिए यह अनिवार्य कर देना चाहिए कि प्रवासी मजदूरों की पहचान और खोज के प्रति केन्द्र और राज्य सरकारों के अन्य विभाग तत्पर हों और पर्याप्त ध्यान दें। जिस राज्य में मजदूर जाएँ या जहाँ काम करके दूसरे राज्य में जाएँ वहाँ का श्रम विभाग उनके पहुँचनेवाले राज्य या केन्द्र सरकार के श्रम मंत्रालय से जुड़े अधिकारियों को तुरन्त अन्तर-राज्य प्रवासी कानून के खंड 8 ए (ब) के तहत जारी लाइसेंस तथा नए काम की जगह की पूरे विवरणों के साथ सूचना भेजें।

गृह राज्य के श्रम विभाग के लिए यह कानूनी प्रावधान किया जाए या उसे आदेश दिए जाएँ कि वह प्रवासी मजदूरों के मूल निवास पर जाएँ और यह पता करें कि कहीं मजदूरों को जबरन या बहला-फुसलाकर तो नहीं ले जाया गया है। अगर उनको किसी भी गड़बड़ी का पता चलता है तो उस स्थिति में जरूरी कदमों का सुझाव देते हुए मजदूर के पहुँचनेवाले प्रदेश को तत्काल सारा विवरण भेजा जाना चाहिए।

मजदूर के आनेवाले प्रदेश को जैसे ही प्रवासी मजदूर कानून के खंड (1) (अ) के तहत लाइसेंस या मजदूरों के आने सम्बन्धी खबर मिले, उसे बिना समय गँवाए इन मजदूरों की प्रवासी मजदूर कानून के तहत मिलनेवाली सुविधाएँ दिलाने की कार्रवाई शुरू कर देनी चाहिए और प्रवासी मजदूर के मूल राज्य को इसकी खबर भेज देनी चाहिए।

प्रवासी मजदूर जब तक अपना काम पूरा करे उससे पहले ही रोजगारी, गैर-रोजगारी या रोजगार की शर्तों को लेकर विवाद खड़ा हो सकता है। दरअसल रोजगारी के समय ऐसे विवाद अक्सर उठते रहते हैं। सामान्य स्थिति में मजदूर कभी भी इस मसले को उठा सकता है और उसे यह करने में कोई मुश्किल नहीं होती। सो प्रवासी मजदूरों को भी इस मामले में वैसी ही सुविधा होनी चाहिए जो आम मजदूरों से ज्यादा मुश्किल स्थितियों में काम करते हैं। इसलिए प्रवासी मजदूर कानून के खंड 22 (i) (अ) में तदनुसार बदलाव करने पर विचार किया जाना चाहिए।

श्रम विभाग में पर्याप्त लोग और संरचनात्मक सुविधाएँ होनी चाहिए जिससे कि वह मजदूरों के हितों की प्रभावी ढंग से रक्षा कर सके। अन्तर-राज्य प्रवासी मजदूर कानून और अन्य श्रम कानूनों के लागू होने-न होने की सही निगरानी के लिए ग्रामीण श्रम से सम्बन्धित एक अलग निदेशालय बनाया जाना चाहिए। हर श्रम इंस्पेक्टर को एक-एक स्कूटर/मोटरसाइकिल दिया जाना चाहिए और पेट्रोल तथा रख-रखाव के खर्च के लिए हर माह निश्चित भत्ता दिया जाना चाहिए। अगर सरकार स्कूटर/मोटरसाइकिल नहीं दे सकती तो इसकी कीमत आसान किस्तों में इंस्पेक्टरों से वापस पाई जा सकती है। इसके साथ ही अगर विभिन्न कानूनों के प्रावधानों और नियमों को लागू नहीं किया जाता तो उन लोगों को ही जवाबदेह ठहराया जाना चाहिए।

जिन राज्यों से काफी संख्या में मजदूर बाहर जाते हैं उन्हें उन राज्यों में पर्याप्त कर्मचारियों और अन्य सुविधाओं से लैस दफ्तर खोलने चाहिए जहाँ उनके काफी सारे लोग काम करने गए हों। इस दफ्तर के लोगों को स्थानीय श्रम आयुक्त के सहयोग से समय-समय पर उन जगहों पर जाकर निरीक्षण करना चाहिए जहाँ प्रवासी मजदूर काम करते हैं और उनकी मजदूरी, उनके स्वास्थ्य और अन्य सुविधाओं के बारे में पूछताछ करनी चाहिए। उनकी रिपोर्टों को गृह प्रदेश और मजदूरों के काम करनेवाले प्रदेश के श्रम आयुक्तों के पास भेजा जाना चाहिए। उनकी एक विस्तृत रिपोर्ट हर छह माह पर श्रम गजट में छपनी चाहिए जिसमें सिर्फ दौरों और मामलों के आँकड़े ही नहीं, जाँच किए गए प्रतिष्ठानों के नाम, दौरों की तारीखें और की गई कार्रवाई का विवरण भी होना चाहिए।

विभिन्न श्रम कानूनों को लागू कराने में ग्रामीण श्रमिकों के संघों, उनके बीच काम करनेवाले समूहों और उनके चुने हुए प्रतिनिधियों को जरूर शामिल किया

जाना चाहिए। प्रखंड स्तर पर सरकारी, ग्रामीण मजदूर संगठनों और उनके बीच काम करनेवाले समूहों तथा नियोक्ताओं के प्रतिनिधियों की एक कमेटी गठित की जानी चाहिए जो ग्रामीण इलाकों में श्रम कानूनों को लागू कराने की जिम्मेदारी लेनेवाले कर्मचारियों के कामों का मूल्यांकन कर सके।

अन्य

प्रवासी मजदूरों को अस्थायी राशन कार्ड दिए जाने चाहिए, जिससे कि वे उचित मूल्य की दुकानों से राशन पा सकें।

मजदूरों के साल में कुछ समय के लिए काम करने बाहर निकलने का सबसे बुरा असर बच्चों पर पड़ता है। उनकी पढ़ाई एकदम चौपट हो जाती है और इसका सीधा-सा मतलब होता है कि भविष्य में वे भी सिर्फ शारीरिक श्रम करने लायक ही रह जाते हैं। जिन जगहों पर प्रवासी मजदूर सौ से ज्यादा संख्या में छह से आठ महीने रहते हैं, वहाँ प्राथमिक कक्षाएँ और आँगनबाड़ी लगनी चाहिए। इनमें अध्यापन का माध्यम भी प्रवासी मजदूरों की भाषा में ही होना चाहिए। उनके बड़े बच्चों (दस साल से ऊपरवाले) के लिए कल्याण छात्रावास सहविद्यालय में जगह होनी चाहिए। ग्रामीण इलाकों से मजदूरों के पलायन करनेवाले समय के हिसाब से अनुकूल बैठनेवाले दिनों में ही वहाँ के स्कूलों में पढ़ाई चले। इसके लिए वहाँ के स्कूलों के कार्यक्रम में बदलाव भी किया जाना चाहिए।

परिशिष्ट–2

अन्तर-राज्य प्रवासी कानून का संक्षिप्त विवरण

प्रवासी मजदूरों से सम्बन्धित कानून भारत सरकार ने 1980 में बनाया, अन्तर–राज्य प्रवासी मजदूर कानून (रोजगार नियमन एवं कार्य स्थिति) 1979 को बनाने की जरूरत कई कारणों से आई। सबसे बड़ा कारण तो बड़े पैमाने पर मजदूरों का एक राज्य से दूसरे राज्य में जाना और रोजगार के मामले में अनेक परेशानियों से जूझना था। कुछ राज्यों ने कानून बनाकर दबाव बनाया तथा सरकार के अन्दर भी इसके लिए जोर डालनेवाले लोग थे। फिर अन्तर्राष्ट्रीय श्रम संगठन का दबाव था जो 1956 में ऐसे सुझाव दे चुका था। 1975 में ही ओड़िसा सरकार ने ओड़िसा खदान श्रमिक नियंत्रण एवं नियमन कानून बनाया था। 1976 में हुई श्रम मंत्रियों की बैठक में यह मसला उठा और इस पर विचार के लिए एक छोटी कमेटी गठित की गई। इसी कमेटी ने माना कि पुराने कानूनों से काम नहीं चल पाएगा और नए कानून की सिफारिश की। इसी सिफारिश पर 1979 का यह कानून बना जो महात्मा गांधी के जन्म दिन, 2 अक्टूबर, 1980 से लागू हुआ। पर व्यवहार में इस पर अमल जून, 1982 से ही हो पाया।

इस कानून की कुछ खास–खास बातें इस प्रकार हैं :

1. यह कानून सभी प्रवासी मजदूरों पर अलग–अलग की हैसियत से लागू नहीं होता। ''यह पाँच या पाँच से अधिक प्रवासी मजदूरों (चाहे वहाँ दूसरे भी मजदूर काम करते हों या नहीं) काम लेनेवाले या पिछले बारह महीनों में किसी दिन से काम कराए हुए संस्थानों'' (4. अ); 'इतनी न्यूनतम संख्या में प्रवासी मजदूरों से काम कराने (चाहे और मजदूर हों या नहीं) वाले या पिछले बारह महीनों में किसी भी तारीख से काम करा चुके ठेकेदारों (4. ब) पर' लागू होता है।
2. अपने गृह प्रदेश से बाहर जाकर निजी हैसियत से काम करनेवाले मजदूर इस कानून के दायरे में नहीं आते। सिर्फ ठेकेदारों/खातेदारों/सरदारों के माध्यम से काम पानेवालों को ही अन्तर–प्रान्त प्रवासी मजदूर माना

जाता है। कानून (2. ई) के अनुसार, 'अन्तर-राज्य प्रवासी कामगार' का अर्थ उस व्यक्ति से है जो अपने गृह प्रदेश के बाहर किसी ठेकेदार द्वारा या उसके माध्यम से अपने गृह प्रदेश से उस प्रदेश में मुख्य नियोक्ता की जानकारी के या बिना जानकारी के रोजगार के लिए चुना जाए।

3. यह कानून किसी भी 'मुख्य नियोक्ता' (विभाग या कार्यालय प्रमुख, फैक्टरी मालिक-प्रबन्धक, खदान मालिकी-प्रबन्धक को 'इस कानून के तहत जारी पंजीकरण प्रमाण पत्र' के बिना किसी भी प्रवासी मजदूर को रोजगार देने से रोकता है।
4. किसी भी दूसरे राज्य में किसी संस्थान में काम देने के लिए किसी अन्य राज्य से किसी आदमी का चुनाव करने से पूर्व हरेक ठेकेदार को उस राज्य सरकार द्वारा नियुक्त लाइसेंसिंग अधिकारी से लाइसेंस प्राप्त करना जरूरी होता है।
5. ठेकेदार को (धारा 12 के अनुसार), प्रत्येक अन्तर-राज्य प्रवासी मजदूर को उसके पासपोर्ट साइज फोटो लगी एक पासबुक देनी होती है जिसमें उस मजदूर के बारे में, उसके भुगतान और अग्रिम भुगतान वगैरह के बारे में हिन्दी और अंग्रेजी में तथा जहाँ के मजदूरों की भाषा हिन्दी या अंग्रेजी न हो, वहाँ मजदूर की भाषा में भी सारे विवरण दर्ज होने चाहिए।
6. किसी भी स्थिति में किसी भी अन्तर-राज्य प्रवासी मजदूर को न्यूनतम मजदूरी कानून, 1948 के तहत तय मजदूरी से कम रकम नहीं दी जानी चाहिए।
7. हर प्रवासी मजदूर की भर्ती के समय ठेकेदार को उसे मिलनेवाली मासिक मजदूरी का 50 फीसदी या 75 रुपए, दोनों में जो ज्यादा हो, का विस्थापन भत्ता देना होता है। यह रकम मजदूरी के अतिरिक्त है और इसे वापस नहीं करना होता।
8. ठेकेदार को, अन्तर-राज्य प्रवासी मजदूर को उसके घर और काम करने के बीच आने और जाने के भाड़े जितनी रकम यात्रा भत्ता के तौर पर देनी पड़ती है और साथ ही यात्रा की अवधि की मजदूरी भी देनी होती है।
9. अगर कोई ठेकेदार अन्तर-प्रान्त प्रवासी मजदूरों की भर्ती करता है तो
   (अ) इस मजदूर को नियमित रूप से वेतन मिलने की व्यवस्था देखने, (आ) अपने प्रदेश से अलग माहौलवाले प्रदेश में काम करने के चलते उनका काम का अच्छा माहौल मिले-यह देखने; (इ) उनके रोजगार की अवधि में उनको अच्छा आवास मिले और इसका रख-रखाव ठीक हो, यह व्यवस्था करने; (ई) इन मजदूरों के लिए वर्णित स्वास्थ्य सुविधाएँ मुफ्त उपलब्ध कराने;

(उ) उनके लिए वर्णित सुरक्षात्मक पोशाकें उपलब्ध कराने;
(ऊ) जानलेवा या गम्भीर दुर्घटना की स्थिति में दोनों राज्यों के सम्बद्ध अधिकारियों तक मजदूर के करीबी रिश्तेदार को सूचना देने का काम भी उसकी जिम्मेदारी में शामिल है।

10. प्रवासी मजदूर की मजदूरी के भुगतान की जवाबदेही मुख्य नियोक्ता पर है और अगर ठेकेदार कानून के हिसाब से प्रवासी मजदूरों को सुविधाएँ उपलब्ध नहीं कराते तो यह सब देने का जिम्मा भी मुख्य नियोक्ता का ही है।

11. इस कानून में प्रवासी मजदूरों से जुड़े औद्योगिक विवादों के निपटारे के लिए कुछ विशेष प्रावधान भी हैं। यह कानून केन्द्र सरकार को, अगर वैसे विवाद में सही उपयुक्त सरकार है तो, यह अधिकार देता है। वह ऐसे मामले को नियोक्ता संस्थानवाले प्रदेश या मजदूर के गृह-प्रदेश, अगर मजदूर यह आवेदन करे कि वह अपना काम पूरा करके अपने गृह प्रदेश आ गया है, के किसी औद्योगिक संचार, श्रम अदालत के पास भेज दे। ऐसे मामलों में जिनमें केन्द्र सरकार उपयुक्त सरकार नहीं है, यह कानून उस राज्य की सरकार को, जहाँ से भर्ती की गई है, ऐसे ही अधिकार देती है कि अगर कोई मजदूर वहीं वापस आ जाने के आधार पर मामले को यहीं निपटाने का आवेदन दे तो राज्य सरकार अपने यहाँ के किसी अदालत, संचार को यह मामला सौंप सकती है, पर ऐसा आवेदन मजदूर को अपने लौटने के छह महीने के अन्दर ही करना होगा। छह महीने के बाद मजदूर अपनी शिकायतों के लिए अदालतों का दरवाजा खटखटाने के अधिकार से वंचित हो जाता है।

12. अगर कोई व्यक्ति या कम्पनी इस कानून की किसी धारा या प्रावधानों के ऐसे कानूनों का उल्लंघन करता है जिसके लिए कहीं और सजा का उल्लेख नहीं है, तो उसे दो साल तक की कैद या 2000/- रुपए तक का जुर्माना या दोनों ही सजाएँ साथ-साथ मिल सकती हैं। लेकिन यह एक ऐसा प्रावधान है जो मुख्य नियोक्ता के लिए राहत बन जाता है। धारा 27.1 के अनुसार "अगर वह यह साबित कर दे कि गलती उसकी जानकारी के बगैर हुई है या उसने ऐसी गड़बड़ी रोकने की हर सम्भव कोशिश की, तो वह आदमी इस सजा से मुक्त हो सकता है।"

13. लेकिन यह अपराध असंज्ञेय है। कानून की धारा 28 के अनुसार कोई भी अदालत शिकायत हुए बगैर या पूर्व लिखित अनुमति से दायर, इंस्पेक्टर या अधिकृत व्यक्ति द्वारा दायर मामलों के बगैर इनकी सुनवाई नहीं कर सकती तथा मेट्रोपॉलिटन मजिस्ट्रेट या प्रथम श्रेणी के न्यायिक

मजिस्ट्रेट से नीचे स्तर की कोई अदालत इस कानून के तहत हुए गड़बड़ी की सुनवाई नहीं कर सकती।

14. समय–सीमा भी है। कानून की धारा 29 के अनुसार ''ऐसी गड़बड़ की जानकारी इंस्पेक्टर या अधिकृत व्यक्ति को होने के तीन महीने के अन्दर कोई शिकायत नहीं होती तो कोई अदालत इस अपराध पर सुनवाई नहीं कर सकती। जिन मामलों में इंस्पेक्टर या अधिकृत व्यक्ति के लिखित आदेश के उल्लंघन का मामला भी जुड़ा हो, उनमें गड़बड़ की तारीख के छह महीने बाद तक मामला दायर किया जा सकता है।'' इसके बाद प्रवासी मजदूर के पास कोई और रास्ता नहीं रह जाता।
15. यह कानून (धारा 31 के तहत) सरकार को विशेष मामलों में किसी भी संस्थान, विभाग या ठेकेदार को कानून की किसी धारा या पूरे ही कानून को मानने या छूट देने का अधिकार देता है पर इसके लिए सरकारी गजट में अधिसूचना करनी होती है।

[नेशनल कमीशन ऑन रूरल लेबर की रिपोर्ट से साभार और अनूदित]

परिशिष्ट–3

चम्पारण की चीनी मिलें

[यह लेख 1984 में लिखा गया था। तब भी आँकड़े एक–दो साल पुराने ही थे। जाहिर है, आज इन आँकड़ों में और भारी बदलाव आ गया होगा। बिहार और उसमें भी चम्पारण की जो हालत है, उसमें हुआ ज्यादातर बदलाव ज्यादा ऋणात्मक ही हुआ होगा। चम्पारण में गन्ने की खेती और किसानों की जिस बदहाली को दिखाने के लिए यह लेख लिखा गया वह आज ज्यादा ही भयावह रूप में है। फिर से आँकड़े जुटाने का समय और साहस (बिहार में सरकारी आँकड़े लेने के इस बार के अनुभव के चलते) नहीं जुटा पाया।

इन 33 वर्षों में प्राय: सभी मिलों की अपनी स्थिति भी बदली है। इनमें से सुगौली, चकिया और लौरिया तो बहुत खस्ताहाल में हैं। उनमें दो का सरकारी अधिग्रहण हुआ था पर आज हालत फिर से इतनी खराब है कि इन्हें निजी हाथों में पकड़ा देने की बात चल रही है। 33 वर्षों की देरी और इस बीच हुए बदलावों को न लेने पर भी यह लेख अपनी बुनियादी बातों, जिससे किसानों और गन्ने की खेती की बेचारगी का पता लगता है, को सामने ला देता है :]

'अब कइसे जीयबू बकरिया, भइल बा निलहवा के राज'। करीब सौ साल पहले लोकप्रिय हुआ यह गीत आज भी चम्पारण के लोग भूले नहीं हैं। उलटे अब तो उनको इसकी और याद आ रही है। इस बार संकट बकरी के जीने का नहीं है, बल्कि लोगों के अपने जीने का है। इस बार उनके दामन पर नील का धब्बा नहीं लगा है, बल्कि गन्ने की मिठास जहर बनी हुई है। इस बार जिन नए निलहों का राज हुआ है उससे छुटकारा दिलाने कोई गांधी भी नहीं आ रहा है।

'धान का कटोरा' समझा जानेवाला यह जिला गन्ना मिल मालिकों के चंगुल में फँस गया है। धान के लिए प्रसिद्ध 'मझौआ' गन्ना उत्पादन में भी बहुत ऊँचा स्थान

रखता है। नेपाल और उत्तर प्रदेश की सीमा से सटे इस जिले में 1982-83 में सवा दो करोड़ टन गन्ना पैदा हुआ। चम्पारण के किसानों के लिए गन्ना एकमात्र नकदी फसल है। अपना घर बनाना हो या बेटी की शादी करनी हो, दवा-दारू, तीज-त्योहार और कोर्ट-कचहरी—सबका खर्च यहाँ का किसान गन्ने के पैसे से करता है। आज मिल मालिक, सरकार, स्थानीय व्यापारी, सूदखोर और जमींदार उसके इस पैसे से अपना हिस्सा लेते जा रहे हैं और अब गन्ना किसानों के गले में भार बन गया है। किसानों द्वारा गन्ना खेत में ही जला देने की घटनाएँ आम होती जा रही हैं।

बिहार में कुल 25 चीनी मिलें हैं। इनमें से 10 चम्पारण (पूर्व और पश्चिम) में है। इनमें से छह के पास करीब 10,000 एकड़ जमीन है, दस में चार पर किसानों के गन्ने का साढ़े बारह करोड़ रुपए बकाया है। तीन पर सरकार का सात करोड़ रुपए कर्ज है। (बाकी मिलों के आँकड़े नहीं मिले) खाद-दवा-बीज और सूद का धन्धा इन्हीं के सहायक व्यापारी करते हैं। गन्ना ले जाने के परमिट और पेमेंट रसीद की खरीद-फरोख्त में करोड़ों का गोलमाल होता है।

चम्पारण की चीनी मिलें हरिनगर, बगहा, नरकटियागंज, लौरिया, चनपटिया, मझौलिया, सुगौली, मोतिहारी, बाराचकिया और मोतीपुर में हैं।

इनमें से सबसे पुरानी है लौरिया चीनी मिल। इसके मालिक हैं, साहू जैन उद्योगपति घराने के अशोक जैन। 1982-83 में इस मिल ने 35 लाख क्विंटल और 1983-84 में 16 लाख क्विंटल गन्ने की पेराई की। किसानों के गन्ने का मूल्य और सरकारी कर्ज मिलाकर इस मिल पर कुल 17 करोड़ रुपया बकाया है। भुगतान की गड़बड़ी के कारण बेतिया के जिला मजिस्ट्रेट ने मिल को नीलाम करने का आदेश दिया था। साथ ही 1.20 लाख बोरी चीनी और 20 लाख रुपए मूल्य का दूसरा सामान भी जब्त कर लिया था। नीलामी की कार्रवाई भी चल रही थी लेकिन पटना हाई कोर्ट ने इस पर रोक लगा दी। अदालत ने मिल मालिकों को निर्देश दिया है कि वे प्रति माह 10 लाख रुपए बकाया का भुगतान करें। साधारण हिसाब से भी जोड़ा जाए तो 11 करोड़ रुपए का एक महीने का सूद 10 लाख रुपए से कहीं ज्यादा होता है।

इसी प्रकार विवादास्पद सुगौली मिल भी है। इसके बारे में बिहार विधानसभा में काफी शोर-शराबा हो चुका है। इसकी मालिक है—बलिया की मुहम्मद इकबाल एंड कम्पनी। इस मिल पर पिछले दो साल का किसानों का बकाया करीब तीन करोड़ रुपए है। एक विशेषज्ञ कमेटी की राय में मिल की कुल कीमत इसकी आधी भी नहीं है। ऊपर से इस पर पंजाब नेशनल बैंक का करीब ढाई करोड़ रुपए कर्ज है। सुगौली बेतिया संसदीय क्षेत्र का हिस्सा है। किसानों को खुश कर बेतिया संसदीय उपचुनाव में वोट बटोरने के लिए सरकार ने इस मिल को फिर बड़ा कर्ज दिया। कहते हैं, इस कर्ज का एक हिस्सा मिल मालिकों ने स्थानीय इंका उम्मीदवार को चुनाव खर्चे के लिए दे दिया। स्थानीय नेता सुभाष चन्द्र ने किसानों को गन्ने की

कीमत दिलाने के लिए लगातार आन्दोलन चलाया और अन्त में आमरण अनशन पर बैठे। तब जाकर करीब साठ लाख रुपए का भुगतान हुआ। जो सरकारी कर्ज दिया गया था उसमें किसानों को भुगतान देने की सीमा मार्च 83 तय की गई थी। जिस पर अमल नहीं किया गया।

किसानों को भुगतान देने के मामले में बगहा चीनी मिल की हालत भी बहुत खराब है। इसके मालिक हैं कलकत्ता के उद्योगपति तुलसी प्रसाद कनोडिया। इस मिल पर किसानों का करीब 3.5 करोड़ रुपए बकाया है। 1982-83 में इसने 20 लाख क्विंटल गन्ने की पेराई की थी जबकि 1983-84 में 11 लाख क्विंटल।

कानपुर शुगर वर्क्स (पूर्व नाम ब्रिटिश इंडिया कॉर्पोरेशन लिमिटेड) की चनपटिया चीनी मिल की हालत भी बहुत खराब है। इस मिल ने विस्तार कार्यों के नाग पर सरकार से चार करोड़ रुपए कर्ज ले रखा है। 1982-83 में इसने 21 लाख क्विंटल और 1983-84 में नौ लाख क्विंटल गन्ने की पेराई की। पिछले साल का 60 लाख रुपया मिल ने अभी किसानों को नहीं दिया है जबकि इस साल का पूरा का पूरा भुगतान बाकी है।

हैदराबाद के पित्ती खानदान की हरिनगर मिल ने 1982-83 में 44 लाख क्विंटल गन्ने की पेराई की थी, जिसका भुगतान कर दिया गया। पर इस साल के 30 लाख क्विंटल गन्ने में से बहुत कम का भुगतान हुआ है। आँकड़े अनुपलब्ध)।

जे.के. ग्रुप (कानपुर) से जुड़े महावीर प्रसाद और बीरू प्रसाद के मझौलिया चीनी मिल, बिड़ला ब्रदर्स के नरकटियागंज, बजाज परिवार से जुड़े एक मारवाड़ी की मोतिहारी चीनी मिल की हालत आर्थिक रूप से ठीक-ठाक मानी जाती है। इन पर सरकारी कर्ज नहीं है और किसानों को भी ठीक-ठाक भुगतान मिला है। फिर भी नरकटियागंज मिल को इस साल के 13 लाख क्विंटल गन्ने की कीमत में से 25 फीसदी का भुगतान करना है। मझौलिया चीनी मिल को भी इस साल के 22 लाख क्विंटल गन्ने में से 20 फीसदी का भुगतान करना है। मोतिहारी मिल के भुगतान के आँकड़े नहीं मिल सके।

कानपुर शुगर वर्क्स दूसरी मिल बाराचकिया और बिहार सरकार के शुगर कार्पोरेशन द्वारा लिए गए चीनी मिलों की आर्थिक हालत बहुत खराब हैं। बाराचकिया मिल पर कर्ज करोड़ों में है (इन दिनों मिलों की भुगतान की स्थिति और कर्ज के आँकड़े नहीं मिल सके)।

यह तो हुआ नए निलहों का अपने काश्तकारों से मुख्य रिश्ता। पुराने चम्पारण में निलहे इसी रिश्ते से नील खरीदते थे। किसानों की सबसे अच्छी 'गोएंड़ा' जमीन पर नील बोने की जबरदस्ती और बीघे में तीन कट्ठा जमीन रोपवाने के अलावा निलहों के पास बड़े-बड़े फार्म थे। आज ये फार्म स्थानीय मारवाड़ियों और जमींदारों के कब्जे में चले गए हैं। इन नए निलहों ने अपने नए विशाल फार्म भी खड़े कर लिए हैं।

हरिनगर चीनी मिल के पास 4500 एकड़, नरकटियागंज के पास 1300 एकड़, मझौलिया के पास 3200 एकड़, चनपटिया के पास 100 एकड़, सुगौली के पास 300 एकड़, और मोतिहारी मिल के पास 400 एकड़ जमीन है। बगहा और लौरिया मिल के पास इतनी जमीन नहीं है। बाराचकिया और मोतीपुर मिल के पास कितनी जमीन है, इसकी जानकारी नहीं है।

इतनी जमीन होने के बावजूद इन लोगों पर सीलिंग कानून क्यों नहीं लागू होता, यह एक दिलचस्प राज़ है। जैसाकि स्थानीय जमींदारों और व्यापारियों ने फर्जी नाम से जमीन रखने का तरीका अपनाया है वैसा ये उद्योगपति नहीं करते। कुछ जमीन तो सरकार 'मॉडर्न फार्मिंग' के नाम पर सीलिंग से छोड़ती है, पर शेष जमीन पर विवाद चलता रहता है।

हरिनगर मिल का किस्सा ही लें। यहाँ 4500 एकड़ जमीन है। मालिकों ने पूरी जमीन को आयकर के बकाए खाते में डाल दिया है और इसकी व्यवस्था के लिए खुद को 'रिसीवर' बना लिया है। सीलिंग और आयकर का मुकदमा चल रहा है और चलेगा भी। मालिकों की मौज है।

मझौलिया चीनी मिल के पास 3200 एकड़ जमीन है। यह जमीन पूर्वी और पश्चिमी चम्पारण के विभिन्न जगहों पर है। भिन्न-भिन्न लोगों के नाम पर भी है। सरकार ने मिल मालिकों से अब तक आठ सौ एकड़ ज़ुमीन सीलिंग में ले ली है। छह सौ एकड़ शायद और छीन ली जाए। अदालत में इस पर कार्रवाई चल रही है। शेष 2600 एकड़ जमीन पर काफी दिनों से अदालत में मामला पड़ा हुआ है।

यही हाल नरकटियागंज चीनी मिल का भी है। इसके पास 1300 एकड़ जमीन है। अब तक सरकार उसकी एक एकड़ जमीन भी नहीं छीन पाई है। पूरी जमीन पर मुकदमा जाने कब से चल रहा है।

मोतिहारी मिल की 400 एकड़, सुगौली की 100 एकड़ और चनपटिया की 100 एकड़ जमीन पर भी सीलिंग कानून लागू नहीं हो पाया है।

पुराने निलहों को केवल 'अबवाब' और 'तावन' वसूली से मुक्ति दिलाने ही गांधी नहीं आए थे बल्कि पइन खर्चा (नहर-कर), 'बपही-पुतही' (बाप के मरने पर कर), 'घोड़ही' (नया घोड़ा खरीदने पर कर) जैसे सैकड़ों करों से मुक्ति दिलाने भी आए थे। आज भी कुछ इस तरह के संकट किसानों के सामने हैं। सबसे बड़ा संकट चालान का है। मिल में गन्ना आने को नियंत्रित करने के लिए सभी मिलों ने रोज निश्चित मात्रा में चालान जारी करने का फैसला किया है। ये चालान गन्ना सहकारी समितियों (जिन पर इलाके के बड़े किसानों का कब्जा है) के माध्यम से बँटते हैं। कुछ चालान मिल खुद जारी करते हैं। कहने को तो ये चालान इलाके के गन्ने की किस्मों के सर्वेक्षण के आधार पर जारी होते हैं लेकिन एक बैलगाड़ी गन्ना ले जाने का चालान 40-50 रुपए तक में बिकता है। एक बैलगाड़ी में मुश्किल से

16–17 क्विंटल गन्ना आता है। अत: किसानों को तो सीधे तीन रुपए क्विंटल कम दाम मिला। अगर उसकी अपनी गाड़ी नहीं है तो भाड़े की गाड़ी से गन्ना भेजना होता है जिसमें किराया प्रति क्विंटल दो रुपए होता है। गन्ने की दुलाई के लिए बड़े लोगों ने ट्रक और ट्रैक्टर की ट्रालियाँ रखी हैं। चालान की गड़बड़ चनपटिया, लौरिया, मझौलिया और सुगौली मिलों में सबसे ज्यादा है। मिलों में गन्ने का वजन कम तौलना और कम लिखने के मामले भी सामने आए हैं। हरिनगर मिल में गन्ना देनेवालों में कम वजन की सबसे अधिक शिकायत है।

इन मिल मालिकों ने किसानों के गले में ही फंदा नहीं डाला है, सरकार का गला भी फाँसा है। कभी-कभी तो लगता है कि सरकार ने जान-बूझकर अपना गला फँसाया है। सुगौली मिल का किस्सा तो नामी ही है। वहाँ तो साफ लगता है कि सरकार ने मिल की हालत सुधारने की जगह बेतिया संसदीय उपचुनाव को देखते हुए कर्ज दिया। बहरहाल, लौरिया मिल पर 1.5 करोड़, चनपटिया पर 4 करोड़ और सुगौली पर 2.5 करोड़ का कर्ज है।

इन मिलों में अधिकतर मजदूर अस्थायी हैं जो पेराई के दिनों में ही काम पाते हैं। नौकरी देने और छुड़वाने में कोई कायदा-कानून मिल मालिक नहीं मानते। हर मिल की मजदूर-यूनियन पर 'इंटक' का कब्जा है, लेकिन हर जगह मजदूर संगठन नपुंसक हैं। रामनगर क्षेत्र में वहाँ के राजा और विधायक अर्जुन विक्रम ने जरूर एक छोटा आन्दोलन खड़ा किया था। सुगौली में सुभाष और अशोक मिश्र जैसे लोग लगे हैं लेकिन बहुत कुछ बदलता नजर नहीं आता।

आजकल एक और संकट खड़ा हो गया है। किसानों को गन्ने की कीमत की जो रसीद दी जाती है, उससे पैसे का भुगतान कोई भी करा सकता है। पैसे के भुगतान के लिए किसानों की जरूरत तो रुकती नहीं है अत: वे इस रसीद को बेच देते हैं। चम्पारण में कम-से-कम दो सौ ऐसे बड़े लोग होंगे जो 10 से 25 फीसदी कमीशन काटकर किसानों को पैसा दे देते हैं। यह धन्धा बड़े जोर-शोर से चल रहा है। जिस मिल में किसानों के भुगतान में जितनी गड़बड़ी है वहाँ यह धन्धा उतने ही बड़े पैमाने पर हो रहा है।

पुराने निलहों के मुलाजिमों और सेवकों का राज यहाँ अब भी बना हुआ है। इन 'राजों' ने ही विनोबाजी की हजारों एकड़ जमीन भूदान में दे दी जिसमें से ज्यादातर जमीन खेती लायक नहीं थी। बड़गाँव, डुमरिया, बेतिया, मधुबन, जमुनिया और रामनगर राज के अलावा भी यहाँ सैकड़ों-हजारों एकड़ जोतवाले अनेक लोग हैं। इनका गन्ना उत्पादक संघों पर कब्जा है और मिल मालिकों से दोस्ती। इस मिलीभगत से इन्हें न तो चालान की दिक्कत होती है, न भुगतान की। अगर पास की मिल गड़बड़ीवाली है तो इनके ट्रक दूसरे मिलों पर पहुँचने लगते हैं। बेचारे किसान की बैलगाड़ी कहाँ तक जाएगी।

सबसे दुख की बात तो यह है कि गन्ना किसानों की समस्याओं से जुड़े किसी नेता को पूरी समस्या की समझ ही नहीं है। जिले तीन में से दो संसदीय क्षेत्रों पर कम्युनिस्ट पार्टी का कब्जा है लेकिन भाकपा सांसद कोई 'क्रान्ति' नहीं कर सकता है। चाहे सुभाष हों या अशोक मिश्र, सबने किसानों के भुगतान के सन्दर्भ में यही कहा कि मिल मालिक इन पैसों को बैंक में रखकर सूद कमाते हैं। और तो और, गन्ना मंत्री ललितेश्वर प्रसाद शाही ने भी सूद के हिसाब से बात की। अब इन लोगों को कौन कहे कि व्यापारी बैंक में पैसा रखकर सूद नहीं कमाता। वह बैंक को सूद देकर कर्ज लेता है।

इस सबको मिलाकर तो यही लगता है कि आज नए गांधी के मिलने की बात कौन सोचे और नए 'राजकुमार' शुक्लों को अपनी समस्या की जानकारी ही नहीं है। न ही ये लोग स्व शुक्ल की तरह स्थानीय स्तर पर लड़ाई ही चला रहे हैं।

परिशिष्ट–4

वर्ष 1988 में पंजाब राज्य में आतंकवादी गतिविधियों से हताहत बिहारी प्रवासी मजदूरों का ब्यौरा

जिला मधेपुरा

मृत

1. दयानन्द यादव, वल्द—दिलवर यादव — ग्राम सिकिवाहा, थाना कुमारखंड, जिला मधेपुरा
2. जयकुमार यादव, वल्द—विन्देश्वरी यादव — ग्राम सिकियाल, थाना कुमारखंड, जिला मधेपुरा

   क्रमांक एक और दो—प्राथमिकी संख्या–50, दिनांक–18.5.88, थाना खरार, जिला रोपड़-पंजाब।
3. शम्भु — ग्राम टेहरी, जिला मधेपुरा
4. अभीलाल — ग्राम टेहरी, जिला मधेपुरा
5. सुधीर यादव — ग्राम टेहरी, जिला मधेपुरा
6. दिनेश यादव — ग्राम टेहरी, जिला मधेपुरा
7. अशोक कुमार यादव — ग्राम टेहरी, जिला मधेपुरा
8. शतरंज यादव — ग्राम टेहरी, जिला मधेपुरा
9. सिमन यादव — ग्राम टेहरी, जिला मधेपुरा
10. जैलाल — ग्राम टेहरी, जिला मधेपुरा
11. जगदीश प्रसाद — ग्राम टेहरी, जिला मधेपुरा

   क्रमांक तीन से ग्यारह, प्राथमिकी संख्या–76, दिनांक–21.5.88, थाना अजनाला, जिला अमृतसर

घायल

1. सीताराम सरदार, वल्द—मितर सरदार — ग्राम सिकियाल, थाना कुमारखंड, जिला मधेपुरा

2. कमलेश्वरी ग्राम सिकीयाहा, पो. मरनी
वल्द—पाजू मेहता थाना कुमारखंड, जिला मधेपुरा
क्रमांक एक एवं दो, प्राथमिकी संख्या-50, दिनांक 18.2.88, थाना खरार, जिला रोपड़, पंजाब
3. मोती प्रसाद ग्राम टेहरी, जिला मधेपुरा
4. हरकीरत यादव ग्राम टेहरी, जिला मधेपुरा
5. विक्रम यादव ग्राम टेहरी, जिला मधेपुरा
क्रमांक तीन, चार और पांच, प्राथमिकी संख्या-76, दिनांक-21.5.88, थाना अजनाला, जिला अमृतसर, पंजाब

जिला मधुबनी

मृत

1. महावीर यादव ग्राम वेलामलिन, पो. खुटोना
वल्द—मुनीलाल यादव जिला मधुबनी
2. फेंकू यादव ग्राम वेलामलिन, पो. खुटौना,
वल्द—बच्चा यादव जिला मधुबनी
3. धनिक लाल ग्राम मन्सपुर, जिला मधुबनी
वल्द—सीताराम

घायल

1. लक्ष्मी यादव ग्राम वेलामलिन,
वल्द—महावीर यादव जिला मधुबनी
2. लक्ष्मण यादव ग्राम वेलामलिन,
वल्द—महावीर यादव जिला मधुबनी
3. तिरपाल यादव ग्राम वेलामलिन,
वल्द—ऊरीलाल यादव जिला मधुबनी
सभी मामलों (मृत तथा घायल) में प्राथमिकी संख्या-50, दिनांक-18.5.88, थाना खराड़ू, जिला रोपड़, पंजाब

जिला दरभंगा

मृत

1. निन्दी यादव ग्राम बजरा, दडरथ,
वल्द—छेरिया शरण बिहारी जिला दरभंगा
2. बंजन यादव ग्राम बजरा, दडरथ, जिला दरभंगा

3. कालू राम — ग्राम बजरा, दडरथ,
वल्द—श्री जी राम वधरिया — जिला दरभंगा
4. भगवान दाव, — ग्राम बजरा, दडरथ,
वल्द-रामचन्द — जिला दरभंगा
5. कमला — ग्राम बजरा, दडरथ,
वल्द—राम प्रकाश वधरिया — जिला दरभंगा
6. नारायण यादव — ग्राम बजरा, दडरथ, जिला दरभंगा
7. राजेन्द्र यादव — ग्राम बजरा, दडरथ, जिला दरभंगा

क्रमांक एक से सात, प्राथमिकी संख्या-75, दिनांक 18.5.88, थाना अजनाला, जिला अमृतसर, पंजाब

8. मोहीन मोहम्मद — ग्राम कतराई, जिला दरभंगा
9. हकीम मोहम्मद — ग्राम कतराई, जिला दरभंगा
10. अख्तर — ग्राम कतराई, जिला दरभंगा
11. मस्तदीन मोहम्मद — ग्राम कतराई, जिला दरभंगा
12. रतीलाल — ग्राम कतराई, जिला दरभंगा

क्रमांक आठ से बारह, प्राथमिकी संख्या-75, दिनांक 20.5.88, थाना अजनाला, जिला अमृतसर, पंजाब

घायल

1. बुआलाल — ग्राम बजरा, दडरथ, जिला दरभंगा
2. जियस राम — ग्राम बजरा, दडरथ, जिला दरभंगा
3. राम नारायण — ग्राम बजरा, दडरथ, जिला दरभंगा
4. लक्ष्मी — ग्राम बजरा, दडरथ, जिला दरभंगा
5. मोती यादव — ग्राम बजरा, दडरथ, जिला दरभंगा
6. मो. मुख्ताक — ग्राम कतारई, जिला दरभंगा

क्रमांक एक से पाँच, प्राथमिकी संख्या-73, दिनांक, 18.5.88, थाना अजनाला, अमृतसर

वर्ष-1990 में पंजाब राज्य में आतंकतादी गतिविधियों से हताहत बिहारी प्रवासी मजदूरों का ब्यौरा

जिला अररिया

मृत

1. रामटहल सिंह — ग्राम खेरा, कोशलापुर टोला
वल्द—मैदेश्वर सिंह — लसका (नरपतगंज)

2. दयानन्द सिंह वल्द—सीताराम सिंह — ग्राम खेरा, कोशलापुर टोला लसका (नरपतगंज)।

%जिला मधेपुरा

मृत

1. चुरन ऋषिदेव वल्द—मोती ऋषिदेव — ग्राम रामपुर, गाड़ा (कुमारखंड)
2. उपेन्द्र ऋषिदेव वल्द—महेश्वरी ऋषिदेव — ग्राम रामपुर, गाड़ा (कुमारखंड)
3. नागों ऋषिदेव वल्द—महेश्वरी ऋषिदेव — ग्राम रामपुर, गाड़ा (कुमारखंड)
4. फुलेश्वर ऋषिदेव वल्द—रसिक ऋषिदेव — ग्राम रामपुर, गाड़ा (कुमारखंड)
5. बलदेव ऋषिदेव वल्द—भुनेश्वरी ऋषिदेव — ग्राम रामपुर, गाड़ा (कुमारखंड)
6. ब्रह्मदेव ऋषिदेव वल्द—पनी ऋषिदेव — ग्राम रामपुर, गाड़ा (कुमारखंड)
7. उर्मेश ऋषिदेव वल्द—ब्रह्मदेवऋषिदेव — ग्राम रामपुर, गाड़ा (कुमारखंड)
8. तारीणी ऋषिदेव वल्द—दुखा ऋषिदेव — ग्राम रामपुर, गाड़ा (कुमारखंड)
9. गेनीलाल ऋषिदेव वल्द—सोमन ऋषिदेव — ग्राम रामपुर, गाड़ा (कुमारखंड)
10. दिगम्बर सरदार वल्द—रामजी सरदार — ग्राम रामपुर, गाड़ा (कुमारखंड)

ये लोग लुधियाना जिले के सीलोन गाँव में मारे गए थे।

मारे गए मजदूरों का नाम एवं पता

1. इंदानन्द मंडल, उम्र 21 वर्ष, पिता श्रीसुखदेव मंडल, ग्राम खपरा, पो. सोहेन्द्र हाट, थाना पलासी, प्रखंड पलासी, जिला अररिया
2. कमला नन्द मंडल, उम्र 18 वर्ष, अविवाहित, पिता स्व. बलदेव मंडल, ग्राम खपरा, पो. सोहेन्द्र हाट, जिला अररिया
3. गंगा लाल मंडल, विवाहित, उम्र 35 वर्ष, पिता श्री राम खेलावन मंडल ग्राम खपरा, पो. सोहेन्द्र हाट, थाना पलासी, जिला अररिया

4. शिवजस मंडल, विवाहित, उम्र 21 वर्ष, पिता स्व.फकीरचन्द मंडल, ग्राम खपरा, पो. सोहेन्द्र, थाना पलासी, जिला अररिया
5. हरिहर मंडल, उम्र 15 वर्ष, अविवाहित, पिता स्व. हीरालाल मंडल, ग्राम खपरा, पो. सोहेन्द्र हाट, थाना पलासी, जिला अररिया
6. कामदेव मंडल, उम्र 21 वर्ष, विवाहित, पिता धनीलाल मंडल, (अन्धा), ग्राम खपरा, पो.सोहेन्द्र हाट, थाना पलासी, जिला अररिया
7. बैजनाथ मंडल, उम्र 30 वर्ष, पिता श्री उचित लाल मंडल, ग्राम खपरा, पो. सोहेन्द्र हाट, थाना पलासी, जिला अररिया
8. भटटू मंडल, उम्र 21 वर्ष, विवाहित, पिता श्री उचित लाल मंडल, ग्राम खपरा, पो. सोहेन्द्र हाट, थाना पलासी, जिला अररिया
9. कन्हैया लाल मंडल, उम्र 28 वर्ष, विवाहित, पिता स्व. चुभ्भी मंडल, ग्राम खपरा, टाला कारत, पो. सोहेन्द्र हाट, थाना पलासी, जिला अररिया
10. दिनेश मंडल, उम्र 18 वर्ष, अविवाहित, पिता श्री सुखाई मंडल, ग्राम खपरा, टाला कासत, पो. सोहेन्द्र हाट, थाना पलासी, जिला अररिया
11. डोमन लाल मंडल, उम्र 21 वर्ष, अविवाहित, पिता श्री महादेव मंडल, ग्राम खपरा, टाला करैहया, पो. सोहेन्द्र हाट, थाना पलासी, जिला अररिया
12. राम प्रसाद ठाकुर, उम्र 21 वर्ष, अविवाहित, पिता स्व. अमुन ठाकुर, ग्राम बडहौली, तरबी, थाना पलासी, जिला अररिया
13. देलू मंडल, उम्र 18 वर्ष, अविवाहित, पिता श्री नेगरू मंडल, ग्राम दौलतपुर, पो. सोहेन्द्र हाट, थाना पलासी, जिला अररिया
14. मंगलू मंडल, उम्र 35 वर्ष, पिता खुजरू मंडल, ग्राम दौलतपुर, पो. सोहेन्द्र हाट, थाना पलासी, जिला अररिया
15. सति लाल मंडल, उम्र 17 वर्ष, अविवाहित, पिता श्री सुखानू मंडल, ग्राम दौलतपुर, पो. सोहेन्द्र हाट, थाना पलासी, जिला अररिया

जख्मी व्यक्तियों का नाम एवं पता

1. सीता राम मंडल — (1) बाएँ पैर में गोली लगी है।
   वल्द—श्री सेम लाल मंडल, (2) बाएँ कंधे में गोली
   (3) दाईं ओर सिर में एवं कान भी जख्मी हैं।
   ग्राम कासत, पो.सोहेन्द्र हाट, थाना पलासी जिला अररिया
2. मक्का पंडित — (2) पेट में लगी गोली आर-पार हो गई है।
   वल्द—स्व. धद्रम लाल पंडित
   ग्राम खपरा, पो. सोहेन्द्र हाट, थाना पलासी, जिला अररिया

स्त्रोत : सामाजिक सुरक्षा विभाग, बिहार सरकार, पटना।

किशनगंज जिले के मारे गए मजदूरों के नाम एवं पते व साथ ही उनके आश्रितों के नाम एवं पते

1.	कारू मंडल, उम्र 18 वर्ष, अविवाहित वल्द—श्री कीन लाल मंडल,	ग्राम दुर्गापुर, पो. बेगना, थाना बहादुरगंज, जिला किशनगंज
2.	सोलाही मंडल, उम्र 18 वर्ष, अविवाहित वल्द—श्री धीर मंडल,	ग्राम दुर्गापुर, पो. बैगना, थाना बहादुरगंज, जिला किशनगंज
3.	पंच लाल ततमा वल्द—श्री सहदेव	ग्राम कजरा बसन्तपुर, थाना ममसारी, जिला कटिहार
4.	सुरेश ततमा वल्द—श्री जगदीश	ग्राम कजरा बसन्तपुर, थाना ममसारी, जिला कटिहार
5.	धुखा ततमा वल्द—श्री हिरामन	ग्राम कजरा बसन्तपुर, थाना ममसारी, जिला कटिहार
6.	डोमन ततमा वल्द—श्री माली ततमा	ग्राम कजरा बसन्तपुर, थाना ममसारी, जिला कटिहार
7.	बबलू ततमा वल्द—श्री गोवरधन	ग्राम कजरा बसन्तपुर, थाना ममसारी, जिला कटिहार
8.	देवानन्द ततमा वल्द—श्री दुखन	ग्राम कजरा बसन्तपुर, थाना ममसारी, जिला कटिहार
9.	रामेश्वर ततमा वल्द—श्री सीता राम	ग्राम कजरा बसन्तपुर, थाना ममसारी, जिला कटिहार
10.	श्री शीवन ततमा वल्द—श्री लात दर्शन	ग्राम कजरा बसन्तपुर, थाना ममसारी, जिला कटिहार

किशनगंज जिले के मृत मजदूर

1.	मोती पंडित वल्द—श्री हातुम लाल	ग्राम खपरा, थाना पलासी, जिला अररिया (बिहार)
2.	सीता राम वल्द—श्री शाम लाल	ग्राम कसीत, थाना पलासी, जिला अररिया (बिहार)

ooo